浙江省高职院校"十四五"重点立项建设教材

高速公路机电系统集成技术

高 华　主编

舒宇心　张勇敢　副主编

吴昊旻　李晓龙　审

化学工业出版社

人民交通出版社

·北京·

内容简介

本书立足交通强国战略背景，聚焦高速公路智慧化发展需求，系统构建机电系统集成与维护知识体系。全书采用项目化编排，涵盖机电系统认知、通信/监控/收费三大核心系统集成维护、隧道机电专项技术及 PLC 控制实训等内容，并前瞻智能化发展趋势。教材以活页式呈现理论实践要点，配套省级智能交通技术资源库线上资源，支持"教、学、做"一体化教学模式。

本书既可作为职业院校智能交通相关专业教学用书，系统培养技术技能人才；亦可为行业工程技术人员提供自主进阶学习资源，助力适应智慧高速建设对机电系统运维人才的新要求，推动产教深度融合发展。

图书在版编目（CIP）数据

高速公路机电系统集成技术 / 高华主编；舒宇心，张勇敢副主编 . —北京：化学工业出版社，2025. 5.（浙江省高职院校"十四五"重点立项建设教材）.
ISBN 978-7-122-48313-3

Ⅰ. U412.36

中国国家版本馆 CIP 数据核字第 2025P7E683 号

责任编辑：郝英华　　　　　文字编辑：袁　宁
责任校对：宋　玮　　　　　装帧设计：张　辉

出版发行：化学工业出版社
　　　　　（北京市东城区青年湖南街 13 号　邮政编码 100011）
印　　装：中煤（北京）印务有限公司
787mm×1092mm　1/16　印张 14　字数 354 千字
2025 年 6 月北京第 1 版第 1 次印刷

购书咨询：010-64518888　　　　售后服务：010-64518899
网　　址：http://www.cip.com.cn
凡购买本书，如有缺损质量问题，本社销售中心负责调换。

定　　价：49.00 元　　　　　　　版权所有　违者必究

前　言

中共中央、国务院于 2019 年印发《交通强国建设纲要》，明确交通行业在经济社会发展过程中的"先行官"作用，部署交通强国建设。党的二十大报告明确提出"要加快建设交通强国"，高速公路作为地面长途客货运输的主力，是交通强国建设不可或缺的重要内容。在我国高速公路通车里程已经位居世界第一、智能网联汽车和车路云一体化加快发展和普及的现实状况下，推动高速公路智慧化发展成为了当前和今后一段时期高速公路发展的重点和方向。

高速公路机电系统是高速公路智慧化实现的物理基础和基本支撑，高速公路的智慧化发展有赖于高速公路机电系统的广泛应用和创新发展，需要大量的高速公路机电系统集成和维护相关技术技能型人才。本教材针对高速公路机电系统集成和维护相关岗位的知识和技能需求，精心选取教材内容，并凝练为七个教学项目，具体划分如下：

项目一：认识高速公路机电系统。简要介绍高速公路机电系统的组成和发展情况，为后续内容的学习打下基础，并简要介绍了高速公路供配电系统。

项目二：高速公路通信系统集成与维护。主要介绍了高速公路通信系统的组成、应用场景、不同场景下所应用的主流通信技术，以及通信系统维护的相关知识。

项目三：高速公路监控系统集成与维护。主要介绍了高速公路监控系统的组成、主要设备，以及系统集成和维护的相关知识。

项目四：高速公路收费系统集成与维护。主要介绍了高速公路收费系统的组成、主要设备，以及系统集成和维护的相关知识。

项目五：高速公路隧道机电系统集成与维护。主要介绍高速公路隧道机电系统的通风、照明、交通控制、火灾报警子系统的组成和维护相关知识。

项目六：高速公路隧道机电控制系统开发训练。主要是对基于 PLC 的隧道机电控制系统进行实际操作训练。

项目七：了解智能化发展下的高速公路机电系统。主要介绍未来一段时期高速公路智慧化发展相关技术对高速公路机电系统的影响，以及高速公路机电系统未来的发展趋势。

本教材采用项目化方式组织教学内容，活页式呈现形式，并在省级智能交通技术专业教学资源库平台上配套有完善的线上数字化教学资源，既可极大地方便职业院校线上线下混合式教学的开展，也方便相关工程技术人员开展高速公路机电系统相关基础知识的自主学习。

本教材由浙江交通职业技术学院高华教授主编和统稿，并编写了教材的项目三和项目七，浙江交通职业技术学院舒宇心老师编写了项目一和项目五，张勇敢老师编写了项目二和项目六，陈思睿老师编写了项目四。全书由浙江中控信息产业股份有限公司吴昊旻副总裁、浙江宇视科技有限公司培训部李晓龙部长共同审核，在此一并表示感谢！

　　由于编者水平和时间有限，书中个别地方的疏漏在所难免，欢迎广大读者批评指正，谨表谢意。

高　华
2024 年 12 月于杭州

目录

认识高速公路机电系统

📖 项目描述

本项目旨在对高速公路机电系统建立整体认知，并初步了解其供配电系统，为后续项目学习奠定知识基础。

📚 学习目标

（1）知识目标
- ➤ 了解高速公路机电系统的概念和作用。
- ➤ 了解我国高速公路机电系统层次构建形式。
- ➤ 初步掌握高速公路机电系统的结构组成。
- ➤ 了解智慧高速公路行业运用及发展方向。
- ➤ 初步掌握供配电系统基础知识。
- ➤ 初步熟悉常见高速公路机电系统的组成设备。

（2）技能目标
- ➤ 能够正确描述高速公路机电系统及其作用。
- ➤ 能够根据具体场景下的系统功能需求，完成简单的机电系统集成方案设计。
- ➤ 能够根据系统需求选用合适的设备搭建所需的机电系统。
- ➤ 能够完成系统的主要维护操作。

（3）素养目标
- ➤ 具备较强的自主学习和团队合作精神。
- ➤ 具备较好的自我约束和管理能力。

📘 知识储备

模块一　初步认识高速公路机电系统

一、高速公路机电系统基础知识

（一）高速公路机电系统及其作用

高速公路机电系统是高速公路现代化管理的重要工具，它由多个子系统组成，包括监控系统、收费系统、通信系统、照明系统、广播系统、诱导系统、供配电系统以及隧道安全运行保障系统等。

高速公路机电系统在高速公路的运行管理和实施维护过程中，起着十分重要的作用，主要包括：

1. 实现对高速公路设施和交通运行状态的监控

高速公路监控系统可以监测高速公路交通流的状态及交通设施和交通环境，对交通流进行控制，以确保"安全""通畅"和"有序"。它具有监测和控制两大功能，是高速公路正常营运的重要保证。

2. 实现对高速公路通行车辆的收费管理

高速公路收费系统是经营型高速公路的重要组成部分，其基本功能是收取通行费用，用于偿还建设投资贷款和用于公路养护及日常运营等。

3. 提升高速公路车道和服务设施的服务水平

比如，高速公路照明系统可以为主车道、广场（立交和收费站）、隧道提供照明，为夜间行车提供必要的照明条件。长隧道建立的隧道安全运行保障系统，从通风、照明、消防、监控等多方面改善交通环境，保证车辆行驶安全。

相对于普通的机电系统，高速公路机电系统具有自己的特点，主要包括：

1. 跨区域性

高速公路机电系统在日常运行中具有独特性，鉴于高速公路通常跨越省区建设，其机电系统呈现出显著的跨区域特性。

2. 高技术含量

高速公路机电系统具有鲜明的特点：整体专业性强、技术含量高、涉及工作面广。

3. 耗资多

在高速公路的机电系统建设过程中，通常会有大量的成本投入，在经由较长的时间段之后，才会获取一定的经济效益。

4. 彼此穿插

高速公路呈现了纵横分布的路段形态，高速公路的机电系统也自然会呈现彼此穿插的交互形态，给机电系统维护增添了一定的难度。

5. 智能化与绿色环保

随着技术的发展，高速公路机电系统越来越多地采用智能化和绿色环保技术，如智能监控系统、太阳能光伏板的应用等，以提升道路安全、交通效率和用户体验。

（二）高速公路机电系统的组成

高速公路机电系统通常包括以下几个方面。

1. 通信系统

通信系统是高速公路的"神经网络"，它负责传输监控系统收集的数据，以及收费系统、隧道机电系统等其他子系统的信息。通信系统包括有线和无线两种方式，确保数据的实时、准确传输。在紧急情况下，通信系统还能用于协调救援行动，保障信息的畅通。

2. 监控系统

监控系统是通过对路况、突发交通事件、气象等信息的收集和归纳，为相关人员传输准确信息或将信息公之于众的重要渠道。

3. 收费系统

收费系统是依据相关部门发布的收费政策，构建一个全国联网的收费平台。高速公路收费系统主要由收费站、收费车道、收费中心和收费管理系统等组成。其中，收费站是设置在高速公路出入口的收费设施，包括收费亭、收费广场等。收费管理系统则是整个收费系统的管理和控制中心，对各个收费站和收费车道进行管理和监控。

4. 供配电系统

供配电系统是高速公路机电系统的"心脏"，负责为所有子系统提供稳定可靠的电力保障。供配电系统包括变电站、配电线路、不间断电源（UPS）等，确保在主电源故障时，关键设备仍能正常运行。供配电系统的可靠性直接关系到高速公路运营的连续性和安全性。

5. 隧道机电系统

主要包括照明、通风、交通控制、道路诱导、火灾报警、广播电话等子系统。

① 照明系统：一般由光源和灯具、照明控制系统、供电系统和输电线路、照明监控系统等组成。高速公路机电工程照明系统作为高速公路机电工程的重要组成部分，为高速公路提供了充足的照明和安全保障，同时也增强了道路的美观度和舒适性。

② 通风系统：高速公路通风系统用于确保高速公路隧道内空气的质量和循环。它包括供氧系统、排烟系统和降温系统等，旨在提供良好的空气质量、保持适宜的温度，并有效处理烟雾和有害气体。

③ 交通控制系统：监控隧道内的交通状况，必要时进行交通引导和管制。

④ 火灾报警系统：高速公路消防系统包括火灾报警、灭火器材和疏散通道等，旨在及时发现和控制火灾，并保证人员安全疏散。

（三）高速公路机电系统的发展情况

截至 2023 年年底，我国高速公路总里程已达到 18.36 万公里，高速公路机电系统作为高速公路的重要组成部分，随着高速公路的快速发展而不断发展，并呈现出如下一些主要特点。

1. 相关技术不断创新

高速公路机电系统具有较高的集成度，交叉运用了电子、自动控制、通信、电路以及交通机械等多学科技术。这些技术的不断进步和融合，为机电系统的稳定运行和性能提升奠定了坚实基础。同时，随着物联网、大数据、人工智能等新技术的兴起，高速公路机电系统需要不断创新性发展。

2. 智能化趋势日趋明显

智能化是高速公路机电工程发展的重要趋势。智能交通信号控制、智能视频监控、智能隧道照明等系统的应用提高了高速公路的管理效率和交通安全性。通过实时数据采集和分析，交通管理机构能够更好地监控路况，及时调整道路流量，减少交通拥堵。在运维模式上，智慧化运维成为新趋势。各地纷纷建立高速公路机电系统监测运维平台，通过数字化管理、智慧养护等手段，实现对机电系统的实时监测、预警和故障处理。这种智慧化运维模式不仅提高了运维效率，还降低了运维成本，为高速公路的安全、高效运行提供了有力保障。

3. 绿色环保要求不断提高

随着环保意识的增强，对高速公路机电系统的环保节能要求也不断提高。传统的机电设备存在能源浪费和环境污染等问题，而新型环保节能设备的需求逐渐增加，如照明系统中LED等节能型灯具使用日益增多。

4. 政策环境不断改善

高速公路机电市场的变化与政策息息相关。近年来，交通运输部围绕公路桥梁、服务区等专项场景和公路机电监控、收费系统，发布了一系列专项政策方案，为市场带来新的发展契机。

二、机电系统提供高速公路智慧化发展根基

（一）高速公路智慧化分级

智慧化是高速公路发展的必然趋势，其智慧化程度可从电子化、信息化、协同化、自动化和自主化等维度，由低到高分为无智慧、简单智慧、基本智慧、协同式智慧和可持续、自主可控智慧五个技术等级，具体划分如表 1-1 所示。

表 1-1　高速公路智慧化分级

智慧等级	等级名称	基本条件	实现目标	关键内容	服务及管理实施主体	信息服务方式	控制方式	外场设施设备
D0	无智慧	土木工程	满足车辆上路基本要求	应急电话、服务热线	人工	无	标识标牌	标识标牌
D1	简单智慧	传统三大系统	满足高速公路使用基本要求	ETC、视频监控、应急处置、信息查询服务	人工为主，智慧为辅	静态信息为主	被动	VMS、视频监控、交通检测器
D2	基本智慧	数字化和信息化基础设施	建设智慧化基础条件	基础设施数字化、自由流收费、智慧服务区	人工、智慧共管	动态实时信息	主动	高精定位、设施监测、智能感知监测设备
D3	协同式智慧	V2X、云控平台	具有支持高级别自动驾驶应用能力	编队行驶车队管控、车道路权分配	人工为辅，智慧为主	车道级高精准信息	智能协同	车路协同设施
D4	可持续、自主可控智慧	绿色能源供给体系	可持续、低排放、资源节约、抵御恶劣气象和自然灾害的能力	全天候、新能源供给，具有自我诊断和维修能力的绿色材料	无人工参与，人工可干预重要管理	按需提供信息	自动	新能源、新材料、高智慧化设施

各智慧化等级描述如下。

1. D0 级智慧化

高速公路无智慧化。道路为基本的土木工程，有交通标志、标牌，具备车辆上路行驶的条件，服务和管理完全靠人工方式。

2. D1 级智慧化

高速公路具有简单的智慧化。建设有传统的收费、通信、监控三大系统，满足高速公路使用者基本需求，提供电子不停车收费（ETC）、视频监控、应急处置、信息查询等基本服

务。路侧有可变情报板（VMS）、视频监控、交通检测器等。服务和管理以人工为主、智慧为辅。

3. D2 级智慧化

高速公路具有基本的智慧化。基础设施逐步实现数字化和信息化，为下一步的智慧化发展提供基础条件。在基础设施数字化和信息化的基础上，实现对重大基础设施的全方位数字化监测和管理，提供恶劣气象条件下的安全引导以及太阳能等新能源服务。路侧建设有高精定位、设施监测、智能感知监测等设施设备。服务和管理采用人工和智慧相结合的共同管理方式。

4. D3 级智慧化

高速公路具有协同式智慧化。建设有 V2X（车联网）、云控平台，实现网联协同的智慧化管控环境，具有支持高级别自动驾驶、货车编队行驶等新技术的能力。提供车路协同安全管控、车道级、伴随式的高精准信息服务等。路侧建设有车路协同设施设备。服务和管理采用以智慧为主、人工为辅的方式。

5. D4 级智慧化

高速公路具有自主可控的智慧化。提供自动驾驶混合交通流的管控、"全天候"通行、基础设施自我诊断能力、新能源供给应用等服务。智慧高速公路具有可持续、低排放、资源节约、抵御恶劣气象和自然灾害的能力。路侧建设有新能源、新材料、高智慧化设施。服务和管理采用完全的智慧化方式，人工可以干预重要的服务和管理。

从上面高速公路智慧等级的划分可以看出，高速公路的智慧化是依靠机电系统实现的，智慧化等级越高，机电系统的作用就越发显著。

（二）我国高速公路智慧化的试点探索

我国多个省份开展了高速公路智慧化的试点探索，通过强化相关高速公路运行状态监控、交通信息智慧化处理、诱导信息发布等机电系统建设，推动高速公路智慧化发展。

如：江苏省先后在沪宁高速、五峰山未来高速等高速公路上开展了新一代国家交通控制网试点，建设了主线车道级管控、匝道智能管控、快速应急救援等相关机电系统，提高了 12％的通行效率和 15％的通行速度，建设效果十分显著。五峰山未来高速公路则建成了全国首条车道级雾天行车诱导系统，可以保障恶劣天气下的行车安全。广东省相继在深圳外环高速、广深高速、乐广高速等高速公路，试点了路运一体化车路协同、北斗高精度定位综合应用路段建设。浙江省在沪杭甬高速、杭州绕城西复线、杭绍甬高速、杭绍台高速等高速公路上，以基础设施数字化、新一代国家交通控制网建设为智慧高速试点方向，重点打造高速公路云控平台；在杭绍台智慧高速高标准打造全接入、全感知、全协同场景，实现了平台搭建模式"新"、技术支撑管控"精"和智能引导服务"优"三大特色。按照"现有技术用足、未来技术预留"原则，重点推进智慧隧道、智慧服务区、准全天候通行、车路协同 4 个特色场景建设，实现协同管控和信息共享，提升交通运行效率和安全保障能力，进而提升用户出行体验和满意度。杭绍台智慧高速整体架构如图 1-1 所示。

下面将重点介绍高速公路机电系统中的供配电系统，其他相关机电系统会在本教材后续项目中做详细介绍。

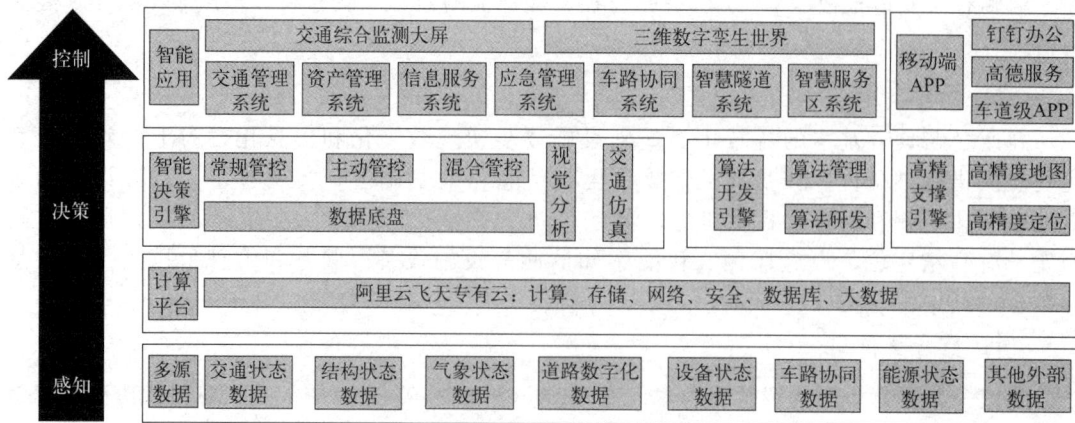

图 1-1 杭绍台智慧高速整体架构

模块二 认识高速公路供配电系统

一、供配电系统基础知识

高速公路沿线部署有照明、隧道通风、通信、监控等各种机电设备（见图 1-2）。

图 1-2 高速公路配套的各种机电设备

高速公路各种机电系统的稳定运行无一例外地依赖着稳定而可靠的电力供应，因此，有必要了解一些电力供应方面的基础知识。

（一）电力系统基础知识

1. 电力系统组成

现代电力系统的组成如图 1-3 所示。

电从发出到用户端主要包括如下主要环节和设备。

（1）发电环节

发电环节负责通过相应的发电机组，利用化石燃料、核能、水力、风能或太阳能等产生

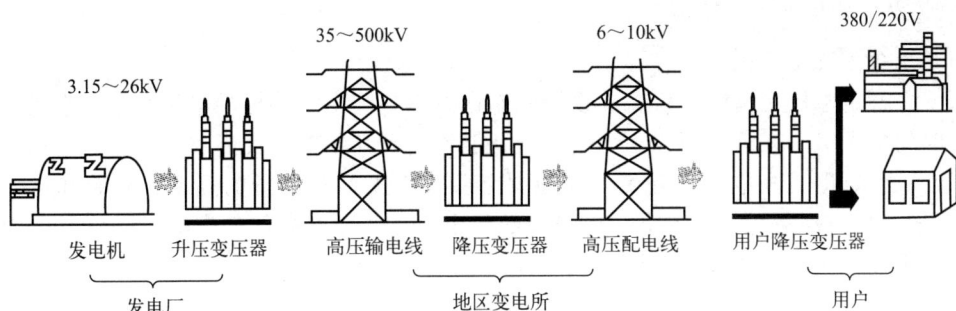

图 1-3　电从发出到用户端全过程示意图

电能。发电厂的发电机输出电压为 3.15～26kV，这是电力系统初始电压。我国是世界电力生产大国，根据国际能源署公布的 2023 年全球发电量统计数据，我国发电量占全球发电量的三分之一，居世界首位。在国家政策的正确引导和相关企业、科研院所坚持不懈的创新努力下，我国无论是传统的燃煤发电机技术、核电技术、水力发电技术，还是新兴的风力发电技术、太阳能发电技术等新型能源发电技术，均已处于世界领先地位。

（2）升压变压器

为了减少输电过程中的能量损失，发电厂内的升压变压器将电压从 3.15～26kV 提升至更高的电压水平，通常为 35～500kV。这一步骤是电力传输的关键，因为它允许电力在长距离输送时保持较高的效率。

（3）高压输电线

升压后的电能通过高压输电线输送至各个地区。这些线路通常架设在高塔上，以避免地面障碍物的干扰。在输电过程中，电能以极高的电压在导线中传输，从而减少因电流通过导线而产生的热损失。输电线路分为架空输电线路和电缆线路。通常将 35～220kV 的输电线路称为高压线路（HV）、330～750kV 的输电线路称为超高压线路（EHV）、750kV 以上的输电线路称为特高压线路（UHV）。长距离输电常常采用高压线路甚至特高压线路，以便降低长距离输电的电能损耗，我国的特高压输电技术世界领先：截至 2022 年，我国特高压设备专利申请量占全球特高压设备专利申请总量的 41.42%，我国制定的国际标准 14 项，国家标准 50 项，行业标准 73 项，是世界特高压输电标准的最主要贡献国。

（4）地区变电所

当电能到达目的地附近时，它首先进入地区变电所。在这里，降压变压器将电压从 35～500kV 降至 6～10kV，以适应配电网的要求。这一步骤确保了电力可以安全、有效地分配到更广泛的区域。

（5）高压配电线

经过降压的电能通过高压配电线进一步分配到各个社区和商业区。这些线路负责将电力输送至更接近用户的变电站或直接至大型用户。

（6）用户降压变压器

在电力最终到达用户端之前，它需要经过用户降压变压器的再次降压，将电压降至 380/220V，这是大多数家庭和商业用电的标准电压。

（7）用户端

最后，电能被输送至家庭、工业和商业用户，为各种电器和设备提供动力。用户端的电力系统设计确保了电能的稳定供应，以满足日常生活和工业生产的需要。

2. 电力系统相关基本概念

（1）系统主额定电压

系统主额定电压是指电气设备在设计和制造过程中被指定的标准电压水平，它是设备正常工作时的电压值。在这个电压下，电气设备能够达到其预期的性能和效率，同时保证安全和可靠性。额定电压是电气设备的一个重要参数，它关系到设备的选型、安装和运行。表1-2展示了不同电压等级下电网和用电设备的额定电压、发电机的额定电压，以及电力变压器一次绕组和二次绕组的额定电压。

表 1-2 不同电压等级下的额定电压

电压等级	电网和用电设备额定电压	发电机额定电压	电力变压器绕组额定电压	
			一次绕组	二次绕组
低压/V	220/127	230	220/127	230/133
	380/220	400	380/220	400/230
	660/380	690	660/380	690/400
高压/kV	3	3.15	3 及 3.15	3.15 及 3.3
	6	6.3	6 及 6.3	6.3 及 6.6
	10	10.5	10 及 10.5	10.5 及 11
	—	13.8,15.75,18,20	13.8,15.75,18,20	
	35	—	35	38.5
	110	—	110	121
	220	—	220	242
	330	—	330	363
	500	—	500	550
	750	—	750	—

线路首端与末端的平均电压即为电网的额定电压。用电设备的额定电压通常与同级电网额定电压相同，并允许存在 $\pm 5\%$ 的电压偏差，见图1-4。

发电机额定电压是指在设计和制造过程中为发电机设定的标准电压水平，这个电压是在特定的工作条件下，如规定的功率因数、频率和环境温度等，发电机能够稳定输出的电压值。

电力变压器一次绕组的额定电压分两种情况：

① 当变压器直接与发电机相连时，其一次绕组额定电压应与发电机额定电压相同，即高于同级电网额定电压。

② 当变压器不与发电机相连而是连接在线路

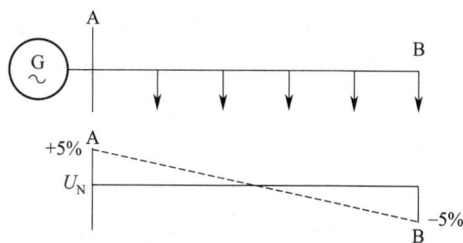

图 1-4 电压调节与允许偏差示意图

上时，则可看作是线路的用电设备，因此其一次绕组额定电压应与电网额定电压相同。

电力变压器二次绕组的额定电压也分两种情况：

① 变压器二次侧供电线路较长，如为较大的高压电网时，其二次绕组额定电压应比相连电网额定电压高。

② 变压器二次侧供电线路不长，如低压电网或直接供电给高低压用电设备时，如图1-5中变压器，其二次绕组额定电压只需要高于所连电网额定电压。

（2）电力系统中性点

在电力系统的三相四线供电体系中，三相电源绕组的尾端连接点称为中性点。我国电力系统中性点接地方式主要有中性点直接接地、中性点不接地和中性点经消弧线圈接地（图1-6）。

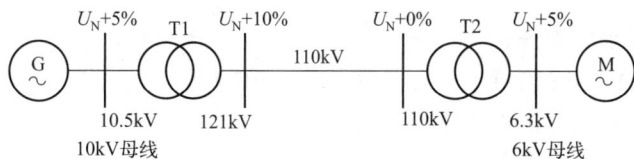

图 1-5　电力系统电压调节与变压器额定电压配置示意图

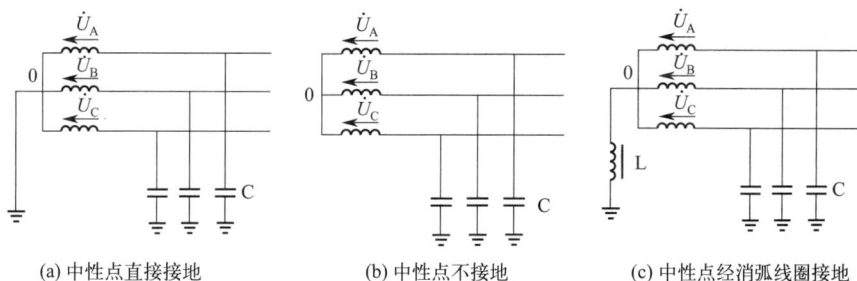

(a) 中性点直接接地　　　　(b) 中性点不接地　　　　(c) 中性点经消弧线圈接地

图 1-6　电力系统中性点接地方式

由中性点引出的导线称为中性线，一般用字母"N"表示。当中性点接地时，中性线称为零线。中性线主要作用：一是用来传导三相系统中的不平衡电流（包括谐波电流）和单相电流；二是便于连接单相负载及测量相电压；三是用来减小负荷中性点的电位偏移，保持三个相电压平衡。保护线（PE 线）是为了防止电击，而将电气设备的外露可导电部分、外部导电部分、总接地端子、接地干线、接地极、电源接地点或人工接地点进行电气连接的导体。

其中，中性点非有效接地系统也称为不接地或经消弧线圈或电阻接地系统，中性点有效接地系统被称为直接接地系统。

在我国的电力系统中：

110kV 及以上高压系统，为降低设备绝缘要求，通常采用中性点直接接地方式；

6～35kV 中压系统中，为提高供电可靠性，首选中性点不接地方式，当接地电流不满足要求时，可采用中性点经消弧线圈或电阻接地方式；

低于 10kV 的低压配电系统中，考虑到单相负荷的使用，通常均为中性点直接接地方式。

其中，低压配电有五种接地方式：TN（TN-C、TN-S、TN-C-S）、TT、IT。

第一个字母表示电源中性点的对地关系：

T——一点直接接地；

I——不接地或一点经阻抗接地。

第二个字母表示电气装置保护线对地关系：

T——对地直接电气连接，与电力系统的任何接地点无关；

N——与电力系统的接地点直接电气连接。

短横线后面的字母表示保护线与中性线的结合情况：

C——中性线 N 与保护线 PE 合二为一（PEN 线）；

S——中性线 N 与保护线 PE 分开；

C-S——在电源侧为 PEN 线，从某一点分开为中性线 N 和保护线 PE。

① TN-C 系统（图 1-7）。

系统特点：

三相四线制低压配电系统；

中性线 N 和保护线 PE 合并——保护中性线（PEN 线）；

接地短路故障时，用过流保护电器瞬时切断电源。

适用场合：在低压配电系统中应用普遍，不适于安全要求高，及抗电磁干扰要求高的场所。

② TN-S 系统（图 1-8）。

系统特点：

三相五线制低压配电系统；

N 线和 PE 线分开；

在一相接壳或接地故障时，过电流保护装置动作，切除故障线路。

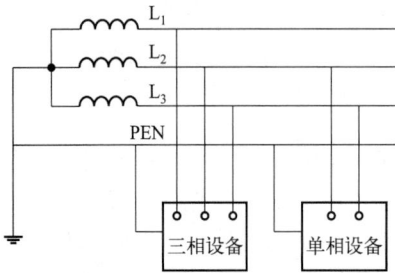 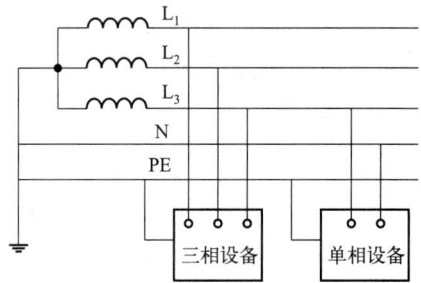

图 1-7　TN-C 系统　　　　　　　　　　　　　图 1-8　TN-S 系统

适用场合：数据处理和精密电子仪器设备及爆炸危险场合。

③ TN-C-S 系统（图 1-9）。

系统特点：

三相五线制低压配电系统；

TN-C 系统与 TN-S 系统的组合；

PEN 分开后，两者不能再相连。

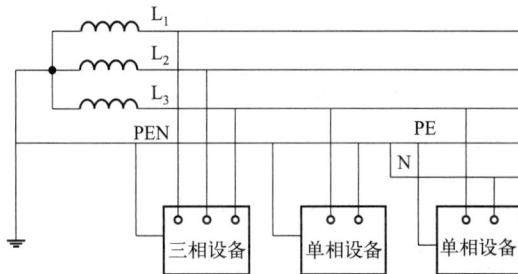

图 1-9　TN-C-S 系统

适用场合：广泛地应用于分散的民用建筑中，特别适合一台变压器供几幢建筑物用电的系统，或用于配电系统末端环境条件较差，且要求无电磁干扰的数据处理或具有精密检测装置等设备的场所。

④ TT 系统（图 1-10）。

系统特点：

三相四线制低压配电系统；

没有公共的 PE 线，设备金属导电外壳经各自的 PE 线分别接地；

一相接地故障时，短路电流不大。

适用场合：抗电磁干扰要求高的场所及分散的用电系统。

⑤ IT 系统（图 1-11）。

系统特点：三相三线制低压配电系统；电源中性点不接地或是经一定的阻抗（约 1kΩ）接地，且系统通常不引出 N 线，用电设备经各自 PE 线分别接地。

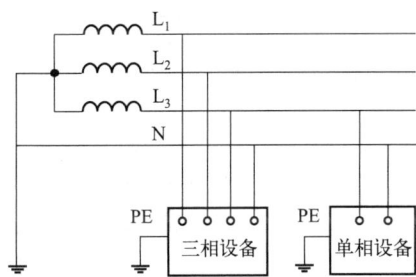

图 1-10　TT 系统

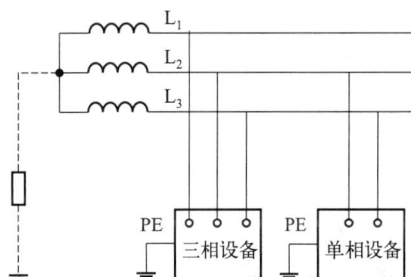

图 1-11　IT 系统

适用场合：连续供电要求高，数据处理、精密装置及易燃易爆危险场所。

（二）电气主接线

一次接线：供配电系统中担负输送和分配电力这一主要任务的电路，称为"一次接线"，也称为"主接线"，它是把一次设备连接在一起组成的电路，见图 1-12。表 1-3 为常见的电气符号示意。

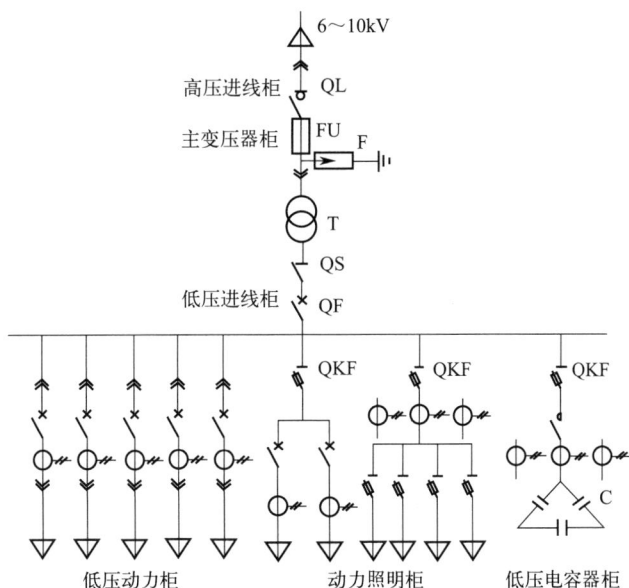

图 1-12　某变电所电气主接线图

二次接线：供配电系统中用来控制、指示、监测和保护一次电路及其中设备运行的电路称为"二次接线"，通称"二次回路"。这些设备通常与电流、电压互感器的二次绕组直流回路或厂用低压回路连接起来。二次系统是对一次系统和设备的运行状态进行测量、监察、控制和保护的电路。本章主要介绍一次接线。

表 1-3　常见的电气符号示意

序号	图形符号	电气符号	说明
1		QF	断路器
2		QS	隔离开关
3		F	避雷器
4		CT	电流互感器
5		QL	负荷开关
6		FU	熔断器
7		T	变压器
8		QKF	熔断器式隔离开关
9		×	电缆终端

变电所常用主接线方法如下。

1. 单母线制

特点：只有一路电源进线，适用于三类负荷，其接线简单、价格低廉、使用设备少、便于扩建、可靠性和灵活性较低，母线或直接连接于母线上的任一隔离开关发生故障或检修时，全部负荷都将中断供电。见图 1-13。

2. 单母线分段制

特点：2 路电源进线，分段开关可用隔离开关，也可用断路器（需要带负荷操作或继电保护和自动装置有要求时）。见图 1-14。

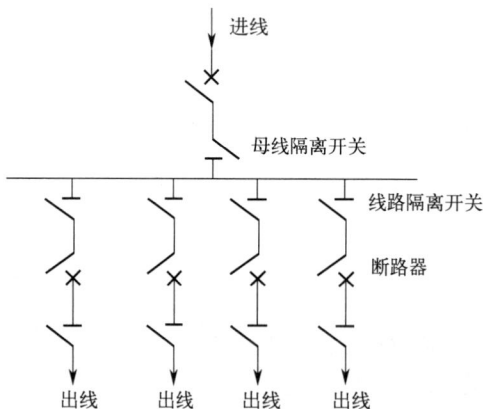

图 1-13　单母线制接线示意图　　　　图 1-14　单母线分段制接线示意图

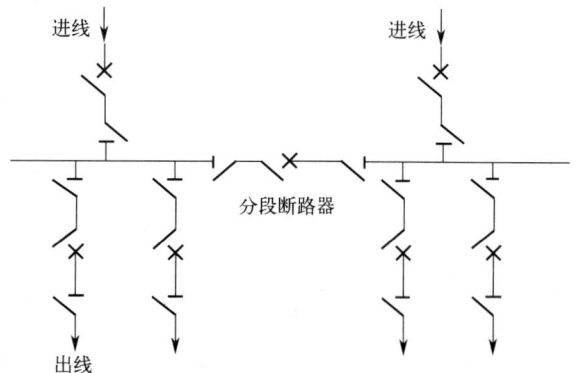

优点：可靠性和灵活性较高，检修也可采用分段方式。

缺点：发生故障或检修时，中断供电；电源只能通过一回进线供电。

3. 双母线制

特点：特别重要的负荷，可考虑双母线制；每一条进线或馈线经由 1 个断路器和 2 个隔离开关接于双母线上。见图 1-15。

优点：轮流检修母线或母线段隔离开关，不致引起供电中断；在工作母线发生故障时，通过备用母线能迅速恢复供电。

缺点：开关数目增多，联锁机构复杂，切换操作烦琐，造价高；在道路交通供配电系统中不推荐采用双母线制。

4. 线路-变压器组接线

特点：变电站只有 1 路进线与 1 台变压器，线路和变压器直接相连（最简单的接线），适用于小容量三级负荷、小型企业或非生产性用户。见图 1-16。

优点：断路器少、投资省、操作简便。

缺点：灵活性和可靠性较低。

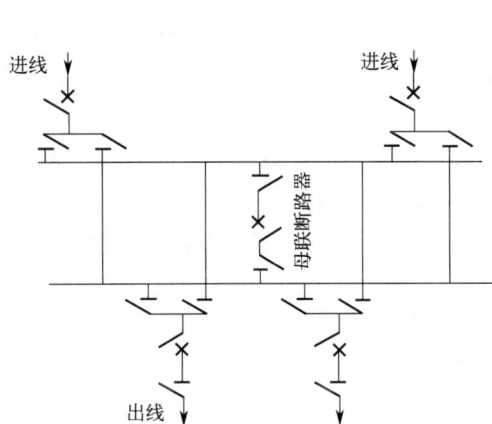

图 1-15　双母线制接线示意图

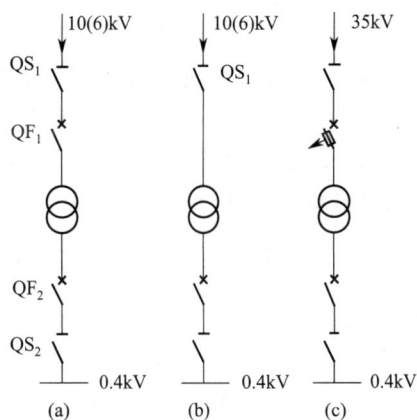

图 1-16　线路-变压器组接线示意图

5. 桥式接线

特点：桥式接线是指在两线路变压器接线的高压侧间连接一个断路器，如"桥"一样跨接在两线路之间。按跨接断路器的位置不同，桥式接线有内桥式接线和外桥式接线两种。见图 1-17。

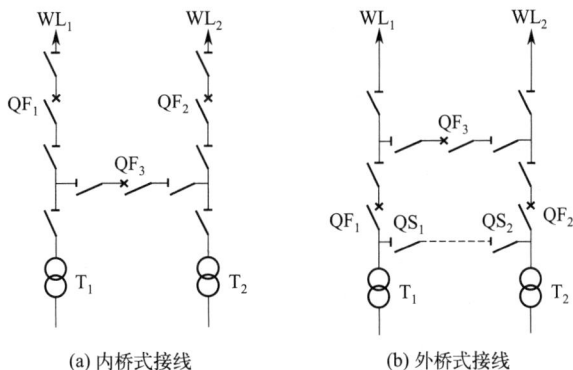

(a) 内桥式接线　　　　　　　　(b) 外桥式接线

图 1-17　桥式接线示意图

（三）接地与防雷应用

在学习接地与防雷应用前，我们需要掌握以下基本概念。

1. 基本概念

接地：接地是指将电气设备的特定部分与大地（土壤）建立良好的电气连接。这种连接可以确保电气设备在发生故障时，能够通过接地路径安全地将电流引导至大地，从而减少设备损坏和人员触电的风险。

接地体：接地体是与土壤直接接触的金属物件，它的作用是提供一个与大地连接的低电阻路径。接地体可以是金属棒、金属板或金属网等形式，它们被埋入地下，以保证电气设备与大地之间的电气连接。

接地线：接地线是连接接地体与电气设备接地部分的金属线。它的作用是将电气设备的接地部分与接地体连接起来，形成完整的接地系统。接地线需要具有良好的导电性能，以确保在发生故障时能够迅速将电流引导至大地。

接地短路电流：当电气设备发生接地短路时，电流会通过接地装置向大地做半球形散开，这种电流被称为接地短路电流。接地短路电流的流动有助于维持电气设备和电力系统的稳定性，同时减少故障电流对人员和设备的危害。

大地：在电气工程中，大地通常被视为电位为零的参考点，称为电气上的"地"或"大地"。它是接地系统的另一端，为电气设备提供了一个稳定的电位参考。

中性线（零线 N）：在用星形连接的三相电路中，三个线圈连接在一起的一点称为三相电路的中性点。当中性点接地时，该点称为零点。由中性点引出的线称为中性线，它在三相电路中起到平衡电压和电流的作用，同时在单相负载中提供回路。

零点：零点是根据接地的中性点定义的。当中性点接地时，该点的电位被定义为零，称为零点。零点的存在使得三相电路中的电压更加稳定，并且为单相电路提供了一个参考电位。

当电气设备发生接地时，电流通过接地体向大地做半球形扩散，这一电流称为接地电流。当电流通过接地体流入大地时，在土壤中形成电位梯度，使整个大地不再是一个等电位体。接地体周围的电流分布会随着距离的增加而逐渐减小，同时电位梯度也会随着距离的增加而逐渐降低。电位梯度的大小不仅与电流密度有关，还与土壤的电阻率等因素密切相关。

接地体以外约 20m 处电位等于零的地方称为电气地，并将电气设备接地部分与"地"之间的电位称为电气设备接地部分的对地电压。见图 1-18。

通常情况下，电气设备的金属外壳不带电，但当电气设备的绝缘损伤或意外情况发生时，其金属外壳会带电，从而造成触电事故。因此有必要采取技术保护措施，即将电力设备和系统进行接地处理。电力设备的接地按其功能分为工作接地和保护接地两大类，此外还有进一步保证保护接地的重复接地。接地系统如图 1-19 所示。

首先，工作接地是为保证电力系统和设备实现正常工作要求而进行的接地。如供配电系统中电源中性

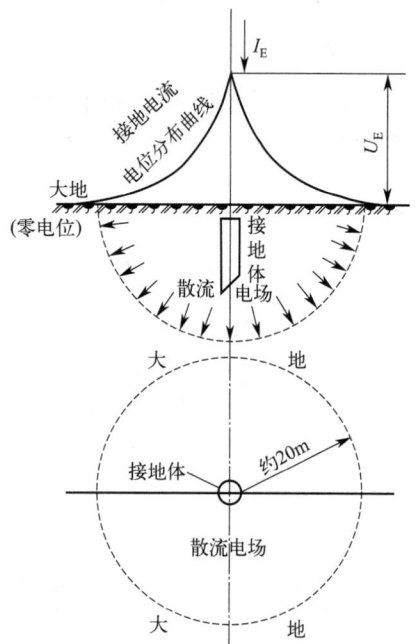

图 1-18　接地体电位分布
与电流散流示意图

图 1-19　接地系统示意图

点接地、高压消弧线圈接地和设备防雷采取的接地等。

其次，保护接地是为保障人身安全，防止间接触电而将设备外壳进行的接地。保护接地的形式有两种：一种是把设备金属外壳经各自的 PE 线分别直接接地；另一种是将设备金属外壳经公共的 PE 线与供电线路的中性线做金属连接，这种连接称为保护接零。

最后，重复接地是为确保公共 PE 线的安全可靠，除了需要在电源中性点进行工作接地外，还需在 PE 线的架空线路的干线和分支线的终端及沿线每 1km 处以及电缆和架空线引入建筑物处进行必要的接地。三者关系如图 1-20 所示。

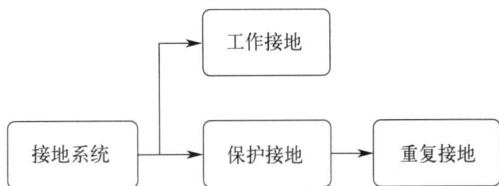

图 1-20　接地系统接地类型及其关系示意图

2. 常见的高速公路接地形式

① 直接土壤接地：将接地电极埋入土壤中，与土壤形成良好的接触以实现接地。适用于地质条件良好、土壤电阻率低的情况。

② 表面接地：在高速公路表面铺设金属网或金属带，通过将其与接地电极连接，形成接地系统。

③ 绿化带接地：在高速公路周围设置绿化带，并将绿化带与接地电极连接，以实现接地效果。

④ 特殊接地措施：根据具体情况，还可以采用其他特殊的接地措施，如钢筋混凝土结构的接地、地下水埋管接地等。

在选择高速公路的接地形式时，需要综合考虑地质条件、道路结构特点、地面电位分布和安全要求等因素，并遵循相关的标准和规范，以确保接地系统的有效性和可靠性。

3. 高速公路机电系统防雷电措施

在高速公路供配电系统中，雷电是一种常见的自然灾害，它对系统的安全稳定运行构成了严重威胁。雷电侵害的系统及相关设备主要包括交通监控系统、通信系统、收费系统、照明系统以及各类传感器和控制设备。这些系统和设备在高速公路的运营管理中发挥着至关重要的作用，一旦受到雷电侵害，可能导致系统故障、设备损坏，甚至引发交通事故，因此，采取专业的防雷措施显得尤为重要。

交通监控系统是高速公路上用于实时监控交通状况的重要设施，包括摄像头、传感器等户外设备。这些设备通常安装在高速公路的两侧或者立交桥上，直接暴露在户外环境中，容易受到雷电的直接或间接侵害。为了保护这些设备，可以采取以下防雷措施：首先，在设备安装位置附近设置避雷针或避雷带，引导雷电流向地面，减少直接雷击的风险；其次，为监控设备配备浪涌保护器，当雷电产生的瞬态过电压侵入设备时，浪涌保护器能够迅速响应，将过电压引导至地，保护设备不受损害；再次，确保监控设备的接地系统良好，通过低电阻的接地线将设备与大地连接，形成有效的接地短路路径，降低雷电电流对设备的影响。

通信系统是高速公路信息传输的关键，包括光纤通信、无线通信基站等。雷电可能通过导线直接侵入通信设备，或者在附近发生雷击时，通过电磁感应产生过电压，影响通信设备的正常工作。针对通信系统的防雷措施包括：在通信线路上安装避雷器，保护线路免受雷电冲击；对通信基站的天线和馈线进行屏蔽，减少雷电电磁脉冲的干扰；加强基站的接地系统，确保在雷击发生时能够迅速将电流导入地下。

收费系统是高速公路运营管理的核心，包括 ETC 设备、人工收费亭等。这些设备在雷电天气下同样面临安全风险。为了保护收费系统，可以采取以下措施：在收费亭和 ETC 设备附近安装避雷针，降低直接雷击的可能性；为收费设备配备电源浪涌保护器，防止雷电通过电源线路侵入；加强收费设备的信号线路保护，使用屏蔽电缆并安装信号浪涌保护器，减少雷电对信号传输的影响。

照明系统是保障高速公路夜间行车安全的重要设施，包括路灯、隧道照明等。这些设备在户外环境中，同样容易受到雷电的侵害。照明系统的防雷措施包括：在照明设备附近安装避雷针，引导雷电流向地面；为照明设备配备浪涌保护器，保护设备免受雷电冲击；确保照明系统的接地系统良好，降低雷电电流对设备的影响。

各类传感器和控制设备，如车辆检测器、气象监测器等，它们在高速公路的智能化管理中发挥着重要作用。这些设备通常安装在户外，对环境的适应性要求较高。为了保护这些设备，可以采取以下措施：在设备安装位置附近设置避雷针，降低直接雷击的风险；为设备配备浪涌保护器，保护设备免受雷电冲击；加强设备的接地系统，确保在雷击发生时能够迅速将电流导入地下。

除了上述针对具体设备的防雷措施外，还应从整体上加强高速公路供配电系统的防雷设计。这包括：在高速公路的设计阶段，充分考虑雷电防护的需求，合理规划避雷设施的布局；在施工过程中，严格按照防雷设计要求进行施工，确保避雷设施的有效性；在系统运行过程中，定期对防雷设施进行检查和维护，确保其始终处于良好的工作状态。

二、高速公路供配电系统初步了解

（一）高速公路供配电系统的基本组成

1. 高速公路电源系统基本要求

高速公路供配电系统的功能是为高速公路的各种设备提供稳定可靠的电力供应，以确保高速公路的正常运行和安全，需要满足以下要求。

（1）安全性

安全性要求高速公路电源系统必须符合国家标准和安全规范，在高速公路各系统的供应、分配和使用过程中，不应发生任何人身伤亡事故、设备损坏事故和由电能引起的其他事故。

（2）可靠性

可靠性要求高速公路上的机电设备需要 24 小时不间断运行。一旦电源系统发生突然停电故障，将会引起高速公路照明、监控、消防等系统瘫痪，从而失去对高速交通运行的监视与控制功能。

（3）稳定性

高速公路电源系统必须具有稳定的电压、电流和频率，以确保机电设备的正常运行。供电部门对电力系统中用户的电压波动幅度（对额定电压的偏差值）有以下的规定：

① 10kV 及以下的高压和低压电力用户为 ±7%。

② 照明在一般工作场所为 ±5%；对于远离变电所的小面积一般工作场所，难以满足上述要求时，可为 5%、-10%；应急照明、道路照明等为 5%、-10%。

③ 其他用电设备当无特殊规定时为 ±5%。

（4）经济性

电源系统的高效节能特点对于降低运行成本至关重要。建立高效节能的电源系统已经成为一种必然趋势。系统的建设成本和运行费用要低，利用效率要高，并尽可能地节约电能和减少用于输送电能的传输线路中有色金属的消耗量。

（5）环保性

在国家推动绿色低碳发展、实现可持续发展的背景下，电源系统必须考虑环保因素并遵守国家政策和法规。

（6）其他要求

在满足上述基本要求的同时，高速公路供配电系统还应满足如下具体要求：

① 为保障工程及沿线设施用电的电压质量，应在沿线适宜位置设置变配电所（站）。

② 变电所的高压电源就近采用 10kV 电源，当电压质量不能满足用电设备要求时，应采取相应的措施。

③ 变电所的电力应进行监控。变压器的出线开关应装设通信模块，以实现遥测控制。

④ 配电室内设有封闭式的干式变压器和低压配电柜时，为确保安全，10kV 高压进出线应采用全封闭的环网开关柜。

⑤ 自变压器输出侧至用电设备之间的低压配电级数不宜超过三级。

⑥ 低压配电屏和各级配电箱的备用回路，宜为总回路数的 25%。

⑦ 由树干式系统供电的配电箱，其进线开关应选带保护的开关；由放射式系统供电的配电箱，进线开关可采用隔离开关。

2. 高速公路不同机电系统用电负荷等级划分

根据《高速公路交通工程及沿线设施设计通用规范》（JTG D80—2006），交通工程及沿线设施用电设备的电力负荷划分如表 1-4 所示。

表 1-4　高速公路用电负荷分类表

用电设备	电力负荷级别
监控系统、收费系统、通信系统、紧急报警系统、应急照明系统	一级负荷
管理中心主要区域照明、服务区综合楼照明、一般消防设施系统	二级负荷
其他设施	三级负荷

3. 高速公路供配电系统主要特点

（1）供电线路长

由于高速公路的延伸特性，供电线路往往很长，并且经常跨越不同的供电区域。这种布局使得集中供电变得不切实际。

（2）用电负荷多、散、小

高速公路沿线的用电负荷呈现出数量多、分布散、容量小的特点。这些设备多为低压单相小容量设备，导致线路压降和线路损耗较大。

（3）高供电质量和可靠性要求

道路交通用电设备，如监控、机房、收费、通信、消防等，大多属于一、二级负荷。这些设备对供电的质量和可靠性有着较高的要求。

（4）工作环境恶劣

道路交通用电设备所处的工作环境相对较差，对环境的适应性要求较高。户外设备如照明、监控等需要承受风雨雷电、严寒酷暑等天气和气候变化及环境污染。隧道内的照明、监控等设备则需要适应烟雾大、透明度低、空气湿度大、腐蚀性气体浓度大等恶劣环境。

（5）严格的电磁干扰要求

沿线设施，如交通监控设备、车辆检测器等，对电磁干扰有严格的要求。为了确保这些设备的正常运行，应采取有效的防干扰措施。

4. 高速公路供配电系统的实现

高速公路供配电系统为高速公路的运行管理提供可靠稳定的电源，一般由地方供电部门为高速公路提供 10kV 电源到高速公路的变配电所（站），高速公路沿线一般在收费站、服务区、隧道等需要电源的处所设置变电所或箱式变电站，负责为高速公路机电系统提供电力来源。

高速公路供配电系统主要由变配电所（站）、应急发电机组、高压配电柜、低压配电柜、不间断电源、低压配电箱、供配电电缆及电力监控系统设备构成。

（1）变配电所（站）

变配电所（站）的功能是接收、变换、分配电能，是高速公路供配电系统中极其重要的组成部分。它是由变压器配电装置、保护及控制设备、测量仪表以及其它附属设施和有关建筑物组成，如图 1-21 所示。

图 1-21　高速公路变配电所（站）

变配电所（站）一般设置在高速公路的行车道旁，可分别在高速公路进口、出口附近各设一个变配电所（站），分别负责高速公路约一半负荷的供电。

在高速公路中，变配电所（站）的位置选择通常需要满足以下要求：

① 安全性：变配电所（站）应位于相对安全的位置，远离可能存在的火灾或其他危险源。通常会考虑设置在高速公路口附近，以方便监控和管理。

② 便捷性：变配电所（站）应布置在方便运输和维护的位置，以保证设备的正常运行和维修。

③ 空间要求：变配电所（站）需要足够的空间容纳各种电气设备和配电设施。因此，应选择相对宽敞的区域，以容纳变压器、开关设备、电缆等。

④ 电缆线路布置：变配电所（站）的位置应尽量靠近供电点和负载中心，以减小电缆线路的长度和线损。

⑤ 交通便利性：变配电所（站）的位置应方便运输工具进出，以便进行设备的维护、检修和更换。考虑到对紧急情况的处理，如火灾等事故，变配电所（站）的位置也需要方便消防车辆和救援人员的进入。

在具体选择变配电所（站）的位置时，还需根据高速公路的实际情况和设计要求进行综合考虑。不同高速公路的长度、形状、交通流量等因素都可能会对变配电所（站）的位置选择产生一定影响。

变配电所（站）内安装相应的变压器，将 10kV 电压变换为 380V 电压，一般采用干式变压器，采用风冷方式。长隧道内一般采用地埋式变压器，以实现从高电压到低电压的变换。确定供配电系统变压器的容量和台数，不仅要考虑供电的可靠性，还要兼顾技术经济上的合理性，具体原则是：

① 变压器的总容量必须满足该变配电所（站）计算负荷的要求。即变压器总容量不小于用电设备的总计算负荷。

② 一般情况下只选择 1~2 台变压器，因为台数过多，不仅使电气主接线复杂，增加电气和土建投资，而且不便于运行管理。

③ 对于一级、二级负荷较多，更换故障变压器在时间上又来不及的变配电所（站），为了满足供电可靠性要求，宜采用 2 台变压器，此时当一台变压器切除时，一级、二级负荷不致被中断供电。

④ 变配电所（站）选用的变压器，其单台容量一般不应超过 1000kV·A，并以 750 kV·A 及以下为宜，这样可使变压器便于安装和接近负荷中心。

⑤ 应适当考虑发展因素，变压器室的建筑应按能装设大一级的变压器容量来设计。

⑥ 在一个变配电所（站）的供电范围内，应尽量考虑变压器型号的一致性，变压器的容量等级应尽量减少，这样有利于维修和减少备用变压器台数。

（2）应急发电机组

高速公路供配电系统一般还需配备应急发电机组（如图 1-22 所示），主要用于在断电或紧急情况下为高速公路提供临时电力。这些发电机组可以通过燃油（比如柴油或天然气）或其他能源驱动，以产生所需的电力。它们通常作为备用电源，用于维持交通信号灯、监控系统等基础设施的正常运行。

图 1-22　高速公路常用应急发电机组

（3）高压配电柜

也称高压开关柜，高速公路高压配电系统一般为 10kV 系统，主要由进线柜、出线柜、计量柜、测量柜组成。如果为双进线还需设置联络柜。常用的高压配电柜有中置柜和环网柜。

（4）低压配电柜

也称低压开关柜，一般由进线柜、联络柜、出线柜、补偿柜组成。常用的低压开关有抽出式（GCS）、固定式（GGD）。

（5）不间断电源

不间断电源（UPS）在市电正常时，对输入市电进行稳压、稳频等处理后向设备供电，同时对内部电池进行充电；当市电中断时，UPS 自动切换到电池供电模式，为负载提供一定时间的电力支持，确保设备能够持续运行，常用于对供电质量要求较高的计算机系统等关键设备的供电。（图 1-23）。

图 1-23　UPS 不间断电源

在选择 UPS 的容量时，先计算设备的负载容量，从而得到 UPS 的额定输出容量，UPS 的容量可按式(1-1) 进行估算：

$$S = nmP \tag{1-1}$$

式中　S——UPS 额定容量，kVA；

　　　P——实际负载容量，kVA；

　　　n——安全系数，考虑负载波动和未来发展，一般取 1.2～1.5；

　　　m——设计余量系数，通常取 1.15～1.2。

UPS 最大启动负载应控制在 UPS 额定输出功率的 80% 以内。实践证明，UPS 将其负载控制在 30%～70% 以内为最佳方式。UPS 容量选择过大或过小都会对 UPS 产生不良影响。容量过大，过度轻载，虽然降低了逆变器的损坏概率，但也可能造成市电停电时蓄电池放电电流小，放电时间偏长，因而造成蓄电池深度放电，造成电池组永久损坏。而容量过小，虽然节约一部分资金，但 UPS 长期处于重载状态，输出波形会发生畸变，也容易造成逆变器的损坏。因此，UPS 的选择对于提高 UPS 的工作效率，改善 UPS 的工作状况是非常重要的。

（6）低压配电箱

用于低压终端设备配电，包括室内设备配电、广场及隧道照明设备配电、收费站设备配电等。

（7）供配电电缆

供配电电缆用于连接电源设备和用电设备，以便完成对高速公路各机电设备的电力供应。供配电电缆的选用原则一般如下。

① 隧道风机用动力电缆（变电所或隧道通风埋地变至风机控制箱）、隧道照明电缆（变电所至照明配电箱）、隧道检修插座电缆（变电所或隧道通风埋地变至各插座）均采用 ZR-YJV-1kV 电力电缆（阻燃型交联聚乙烯绝缘电力电缆）；隧道应急照明电缆（变电所至照明

配电箱）采用 NH-YJV-1kV 电力电缆（铜芯耐火交联聚乙烯绝缘聚氯乙烯护套电力电缆）；洞外引道照明、广场照明用电缆均采用 YJV-1kV 电力电缆（交联聚乙烯绝缘电力电缆）。电缆的各种性能均满足有关的国家标准。

② 隧道照明配电电缆（照明配电箱至照明灯具）采用 ZR-YJV-1kV 电力电缆（阻燃型交联聚乙烯绝缘电力电缆），隧道应急照明、横洞照明电缆（照明配电箱至应急照明灯具）及避灾引导灯（应急照明配电箱至灯具）采用 NH-YJV-1kV 电力电缆（铜芯耐火交联聚乙烯绝缘聚氯乙烯护套电力电缆）。

（8）电力监控系统

电力监控系统利用成熟的计算机远程测控技术、通信网络技术和电力自动控制技术，实现隧道变电所、隧道埋地变等供配电系统综合自动化监测与控制。各变电所监控系统的信息通过高速光纤通信网进行传输，在监控所（中心）、收费站进行供配电系统的远程监控和电力分配、维修调度。

电力监控系统由硬件和软件构成，用于实现对供配电系统的监测和控制功能。硬件设备主要有：电力监控高压测控单元、电力监控低压测控单元、通信管理机、电力监控工作站、工业以太网交换机等。

电力监控系统依托高速公路电力监控自动化系统设于各节点现场，测控装置实时采集高速公路供配电系统中 10kV 变配电站/所的供电设备运行状态，并对进线、高压环路等的运行状态进行监视；通过对故障动作信号的采集，加快对电网事故的反应和处理速度，缩短因故障所造成的停电时间；通过中心监控工作站还可以远程发布控制命令、远程遥控分合相应开关回路。高速公路电力监控自动化系统的建立将充分保证高速公路营运的稳定、安全、高效、可靠运转。

电力监控在监控分中心和隧道管理所设置电力监控工作站，对供配电设备进行集中管理和监控，实现沿线变电所无人值守。在各变电所设备相对集中的地方设置电力监控子站，沿线各类供电设备监控数据通过现场总线传输至监控子站通信管理机，再统一上传至监控中心电力监控工作站。传输介质采用光纤或屏蔽双绞线。

电力监控系统的主要功能有：在线统计计算、画面显示和打印、数据处理、统计报表、语音系统、供电网络的安全控制。

（二）高速公路供配电系统常见故障分析

高速公路供配电系统常见故障及其主要故障原因，如表 1-5 和表 1-6 所示。

表 1-5　供配电系统常见故障及故障原因

故障项目	故障现象	故障原因
10kV 高压线路	市电供电中断	因断线、绝缘子击穿、树木触碰等导致线路接地，因电杆倾倒、油机开关三相短路等导致短路跳闸
高压配电柜	市电供电中断	不能合闸/分闸、突然跳闸、高压熔断器熔断等电气故障，机械联锁、操作机构等机械故障，避雷器损坏等接地故障
干式变压器	市电供电中断	温控仪、风机异常，或变压器高低压线圈故障、铁芯受潮接地、夹件松动、绝缘子老化、低压铜排烧毁等设备故障
低压配电柜	市电供电中断	绝缘、电力元件老化，防鼠措施不到位，机械联锁、操作机构、开关等设备故障造成短路或不能正常供电

表 1-6　高速公路电力系统常见故障

故障项目	故障现象	故障原因
双电源开关柜	市电供电中断	因开关进线端发热、绝缘不良引起短路,造成市电进线控制设备跳闸
	市电、发电机供电同时中断	接线柱因接触不良或负荷较大产生高温造成开关短路,进线端和出线端双向短路
	市电中断后发电机无法自动切换	传感器接线松动,二次回路短路导致控制器损坏,无法自动切换
低压开关柜	单路供电中断	断路器功能异常,抽屉柜推进机构、连接线路短路造成开关故障
无功补偿柜	补偿功能失效	电容器密封不严,电容器鼓肚变形,电力电缆及电流、电压互感器损坏,断路器损坏等设备故障,导致补偿功能失效
UPS 不间断电源	市电供电中断	配电室至 UPS 供电电缆、UPS 输入端/输出端的接线绝缘不良,主机内部高温,输出负载不均匀,主机告警,电池组等设备故障造成供电异常
柴油发电机组	发电机无法启动	电源电压不足、控制面板失效、空载电压不稳定、启动后抖动、负载电压低等故障,造成发电机运行异常,导致发电机无法启动
防雷与接地	防雷接地不达标	防雷、过流保护模块故障,雷击导致部件损坏,相关参数达不到防雷接地要求,导致防雷接地数值不达标

项目总结

机电系统概念与作用：了解高速公路机电系统的定义、组成及其在高速公路运营管理中的重要作用。

系统层次构建：掌握我国高速公路机电系统的层次化构建，包括国家、省级、路段及基层监控单元的职能和相互关系。

系统结构组成：初步掌握高速公路机电系统的主要组成部分，包括监控系统、收费系统、通信系统、照明系统、供配电系统和隧道安全运行保障系统。

智慧高速公路发展：了解智慧高速公路的行业应用和发展方向，以及不同技术等级的智慧化分级。

供配电系统基础：初步掌握供配电系统的基础知识，了解电能从生产、输送、分配到最终用户的全过程。

组成设备熟悉：熟悉高速公路机电系统中常用的设备，如变压器、配电柜、发电机组等。

自测练习

在线测试

一、单项选择题

1. 高速公路机电系统中，具有支持高级别自动驾驶应用能力的是（　　）。

　A. 简单智慧　　　B. 基本智慧　　　C. 协同式智慧　　　D. 自主可控智慧

2. 在高速公路供配电系统中，为确保供电稳定，一般要求自变压器输出侧至用电设备的低压配电级数不宜超过（　　）级。

　A. 二　　　　　B. 三　　　　　C. 四　　　　　D. 五

3. 高速公路供配电系统中，用于接收、变换、分配电能的是（　　）。

　A. 应急发电机组　　B. 高压配电柜　　C. 变电所（站）　　D. 低压配电柜

4. 在断电或紧急情况下为高速公路提供临时电力的设备是（　　）

A. 应急发电机组　　B. 高压配电柜　　C. 变压器　　　　D. 低压配电柜

5. 高速公路供配电系统中，一般由地方供电部门为高速公路提供（　　）电源到高速公路的变配电所。

A. 10kV　　　　　B. 380V　　　　　C. 220V　　　　　D. 110kV

6. 高速公路机电系统中，为高速公路提供稳定可靠的电力供应的是（　　）。

A. 供配电系统　　B. 通信系统　　　C. 监控系统　　　D. 照明系统

7. 高速公路供配电系统中，用于将 10kV 电压变换为 380V 电压的设备是（　　）。

A. 应急发电机组　　B. 高压配电柜　　C. 变压器　　　　D. 低压配电柜

8. 一般允许用电设备电压偏差±5%，整个线路电压不允许大于10%，故发电机的额定电压要高于电网额定电压5%，以使末电压不低于额定电压的（　　）。

A. 5%　　　　　　B. 10%　　　　　C. 95%　　　　　D. 20%

9. 在我国电力系统中，为降低设备绝缘要求，110kV 以上的高压系统，采用中性点（　　）运行方式。

A. 直接接地　　　B. 不接地　　　　C. 经消弧线圈接地　D. 经电阻接地

10. 在低压配电接地方式中不属于 TN 延伸系统的是（　　）。

A. TN-C 系统　　B. IT 系统　　　C. TN-S 系统　　　D. TN-C-S 系统

二、多项选择题

1. 高速公路的电力负荷级别可分为（　　）。

A. 特级负荷　　　B. 一级负荷　　　C. 二级负荷　　　D. 三级负荷

2. 高速公路供配电系统的主要特点有哪些？（　　）

A. 供电线路长　　　　　　　　　B. 用电负荷集中

C. 高供电质量和可靠性要求　　　D. 工作环境恶劣

3. 在电力系统中，中性点的运行方式主要有（　　）。

A. 中性点直接接地　　　　　　　B. 中性点不接地

C. 中性点经消弧线圈接地　　　　D. 中性点经电容接地

4. 高速公路供配电系统主要的电气主接线方式包括（　　）。

A. 单母线制　　　B. 双母线制　　　C. 环形接线　　　D. 桥式接线

5. 在高速公路供配电系统中，以下哪些设备属于一次电气设备？（　　）

A. 变压器　　　　B. 断路器　　　　C. 隔离开关　　　D. 电能表

三、判断题

1. 高压断路器和高压隔离开关都是可以带负荷通、断高压线路的开关。　　（　　）

2. 高压隔离开关和高压负荷开关都是设置有灭弧装置的高压开关设备。　（　　）

3. 高压熔断器是一种保护设备，防止高压电气设备发生短路和长期过载运行。（　　）

4. 高速公路供配电系统特点是用电比较集中。　　　　　　　　　　　（　　）

5. 高速公路供配电自变压器输出侧至用电设备的低压配电级数不宜超过三级。（　　）

6. 无功补偿柜主要通过并联电容实现对无功负荷进行集中或自动分组补偿，达到电力部门要求的功率因数。　　　　　　　　　　　　　　　　　　　　　　（　　）

7. 柴油发电机组主要作为应急供电设备，当市电供电线路发生故障时，柴油发电机组替代市电对收费站一级负荷、二级负荷进行应急发电。　　　　　　　　　　（　　）

8. 互感器可分为电压互感器和电流互感器。 （　　）

四、简答题

1. 简述高速公路机电系统由哪些系统组成及各系统的主要功能。

2. 简述智慧高速发展的主要特点和趋势（如技术创新、智能化、绿色环保、政策支持等）。

项目二

高速公路通信系统集成与维护

项目描述

　　杭绍台一期高速公路，总投资约为 368.4 亿元，全长约 162.3km，设计速度为 100km/h。该项目北端与沪杭甬高速连接，南端与台金高速相连，其中起点至绍诸高速段约 30km 按双向六车道标准设计，路基宽 33.5m，绍诸高速至终点段按双向四车道标准设计，路基宽 26m。请分组设计该高速公路的通信系统，使其能够为监控系统和收费系统准确、及时地传输数据、语音、图像等信息，确保高速公路管理部门之间的业务联络通信顺畅无阻，并为高速公路内部各部门与外界构建必要的联系渠道。

学习目标

(1) 知识目标
➢ 了解高速公路通信系统的基础知识。
➢ 掌握高速公路通信系统的组成与架构。
➢ 熟悉高速公路常用的通信技术。
➢ 熟悉高速公路通信系统常用的设备。
➢ 掌握高速公路通信系统日常维护工作的方法。

(2) 技能目标
➢ 能够正确描述高速公路通信系统的主要作用。
➢ 能够正确描述高速公路通信系统的组成及主要设备。
➢ 能够根据具体场景下的系统功能需求，完成方案设计。
➢ 能够根据系统需求选用合适的高速公路通信设备。
➢ 能够正确表述高速公路通信系统常见故障及维护方法。

(3) 素养目标
➢ 具备较强的创新精神和科技报国的志向。
➢ 具备较高的历史责任感和使命感。
➢ 具有追求卓越、精益求精的专业素养。
➢ 具有较强的安全意识和严谨的工作作风。
➢ 具有良好的职业品格和行为习惯。

　　杭绍台高速在建设过程中融入了众多"智慧"元素，例如位于嵊州西管理中心的云控平台，能够及时汇总路况信息，并通过指令第一时间传递给驾驶者。此外，道路两侧的智能雾灯检测系统可根据天气情况自动开启，实现了车辆准全天候通行。这些技术创新不仅提升了杭绍台高速的通信和信息化水平，也展示了我国在智慧交通领域的自主创新能力，更激发了我们的创新精神和科技报国的志向。在杭绍台高速的建设过程中，工程师们攻克技术难关、创新施工技术，他们在专业领域追求卓越、精益求精的专业素养，也体现了良好的职业精神，为将来从事交通行业的学生们树立了良好的榜样。

知识储备

模块一　初步认识高速公路通信系统

一、高速公路通信系统的结构

　　高速公路通信系统主要由光纤数字传输系统、图像数据传输系统、程控数字交换系统、移动通信系统、紧急电话系统及通信电源系统组成（图 2-1）。根据通信系统在高速公路中的应用特点，高速公路通信网又可分为图像传输网、数据传输网、移动通信网、程控数字交换网和长途通信干线传输网等。高速公路通信系统遵循"统筹规划、统一标准、联网运行、分级管理"的原则，旨在实现全国范围的互联互通，为高速公路运营提供稳定高效的信息传输服务。该系统确保了图像、语音和数据等关键信息的高质量传输，从而提升了道路安全水平和运营效率。

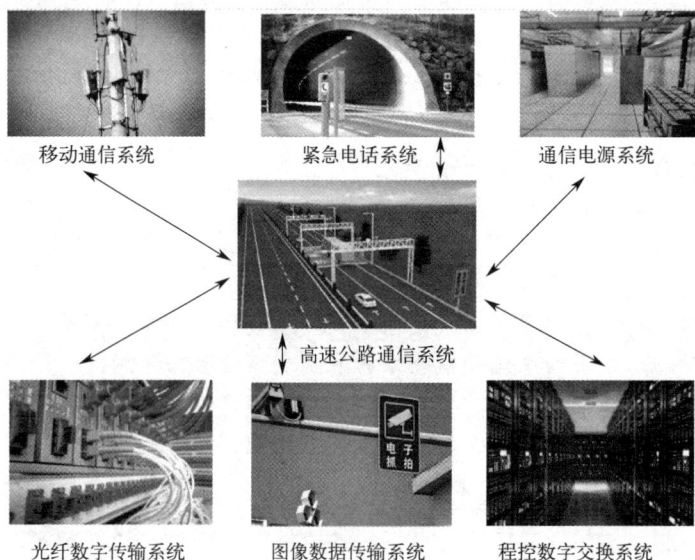

图 2-1　高速公路通信系统组成

（1）光纤数字传输系统

光纤数字传输系统是以光波为载体的一种通信系统，为高速公路通信提供远距离传输通道，其服务对象是道路沿线业务，主要包括传输监控系统的图像、收费系统的数据以及其他沿线业务。各条高速公路通信系统采用的方案有所不同，早期的光传输系统是 PDH，但是目前大多数光传输系统是建立在 SDH 之上的。SDH 光纤数字传输系统，一般采用 SDH 与 ONU 光网络单元接口、OLT 光线路终端接口或维护管理接口相结合。

（2）图像数据传输系统

图像数据传输系统是监控设备与监控中心之间的数据传输系统，借助光缆和 ONU 音频通道，将沿线外场监控设备采集的图像数据实时、准确地传输至监控中心。该系统采用光纤作为传输介质，为沿线每个摄像机提供一芯光纤，确保图像信号的高质量传输。图像信号在传输过程中会进行复用处理，以提高传输效率。监控系统在各站的综合业务接入网设备上提供了足够的接口，以保障图像数据的顺利接入和传输。此外，图像数据传输系统还需具备稳定性和可靠性，以确保在恶劣天气或突发情况下，图像数据仍能正常传输，为高速公路的安全运营提供有力保障。

（3）程控数字交换系统

程控数字交换系统是以程控数字交换机为核心，由若干用户组成的通信网。该系统通过数字光缆连接各局交换机，具有充足的带宽、良好的实时性和较低的设备成本。不仅能传输话音业务，还能综合传输传真、数据等非话音业务。在高速公路通信系统中，为管理运营部门提供了移动通信（调度）服务，同时与监控系统、收费系统紧密配合，为它们提供不间断的通信服务。此外，该系统还具备强大的呼叫处理能力、高可靠性、良好的兼容性和可扩展性，为高速公路的安全、畅通提供了有力保障。

（4）移动通信系统

移动通信、卫星通信、光纤通信一起被列为现代通信领域的三大新兴通信手段。移动通信技术是指用无线通信技术来完成移动终端之间或移动终端与固定终端之间的信息交换，两个移动终端之间通信的完成需要一个完整的移动通信系统来支持。移动通信系统服务于高速公路调度通信，由于沿高速公路设有光传输通信系统，只需在综合业务接入网的 ONU 光网络单元和 OLT 光线路终端设备上设音频接口板即可实现联网。

（5）紧急电话系统

紧急电话系统是当在高速公路上发生事故或紧急情况时，所提供的直接求救的专用系统。它由放大器、呼叫设备以及控制中心设备三大部分组成。紧急电话系统不仅是高速公路上提供直接呼救的专用通信系统，还是一个独立的专用系统，控制着本管理所所辖区域内的所有紧急电话。紧急电话系统采用油膏填充、钢带铠装的铜芯电缆进行传输，这样不仅可以免维护，还能保证通信质量。

（6）通信电源系统

通信电源系统通常由交流引入部分、开关整流部分、直流分配部分、蓄电池组和监控系统等多个组件构成。在高速公路通信系统中，通信电源系统的作用至关重要，为高速公路的通信设施提供稳定可靠的电力支持。它不仅能够确保通信设备如光纤数字传输系统、程控数字交换系统等设备的正常运行，还能够为监控、收费等数据传输通路提供不间断的电力供应。当主电源出现故障时，蓄电池组作为备用电源，可以迅速切换，保证通信系统的持续运行，避免因供电问题导致的交通管理混乱和安全事故。

二、通信系统及其在高速公路领域的主要作用

通信系统在高速公路中的作用至关重要，它不仅是高速公路机电设施的重要组成部分，

更是实现高速公路现代化管理和高效运营的关键支撑，主要作用描述如下。

（1）提供实时交通信息，优化行车路线

通信系统通过实时采集和传输交通数据，为驾驶员和管理部门提供了丰富的路况信息。这些信息包括交通流量、车速、拥堵情况等，驾驶员可以根据这些信息合理规划行车路线，避开拥堵路段，提高行车效率。同时，管理部门也可以根据实时交通信息，及时调整交通信号和交通管制措施，有效缓解交通拥堵，提高公路交通资源的使用效率。

（2）增强高速公路安全管理能力

通信系统通过可靠的图像数据传输通道，为高速公路的安全管理提供了有力支持。监控系统可以实时捕捉道路状况，包括车辆行驶情况、道路障碍物等，一旦发现异常情况，可以立即发出警报，提醒驾驶员注意安全。此外，通信系统还可以为紧急救援提供快速响应，当车辆发生事故或故障时，驾驶员可以通过通信系统向救援中心发出求助信号，救援人员可以迅速定位并前往现场进行救援，从而降低事故损失。

（3）支持互联网收费通信，提升收费效率

通信系统在高速公路收费系统中发挥着重要作用。通过通信系统，可以实现电子不停车收费（ETC）等智能化收费方式，提高收费效率，减少收费站口的拥堵现象。同时，通信系统还可以为收费数据的传输和存储提供安全可靠的保障，确保收费数据的准确性和完整性。

（4）推动高速公路现代化发展，实现智能化管理

通信系统是推动高速公路现代化发展的关键力量。通过通信系统，可以实现高速公路网络的统一管理，实现智能化、自动化管理。例如，智能交通信号控制系统可以根据实时路况智能调节信号灯的时间，避免非必要的等待时间和道路拥堵；智能交通监控系统可以对道路的交通状况进行实时监测，及时调整交通信号和交通管制措施；智能导航系统可以为驾驶员提供路线导航、实时路况信息等服务，避免驾驶员迷路和减少车辆拥堵。

（5）降低高速公路建设和维护成本

通信系统的建立还可以降低高速公路的建设和维护成本。通过通信系统，可以实现远程故障诊断和维修，减少人工巡检和维修的工作量。同时，通信系统还可以为高速公路的养护和管理提供数据支持，帮助管理部门制定合理的养护计划和维修方案，降低养护成本。

三、高速公路通信系统的管理架构、业务流向与特点

（一）高速公路通信系统管理架构

高速公路通信系统一般采用"省级通信中心-路段通信分中心-基层通信站"的三级管理架构，如图2-2所示。这一架构有助于实现高速公路通信系统的高效管理和运营，确保信息的快速传递和处理，同时也便于对通信设备进行维护和管理。

① 省级通信中心（provincial expressway communication center）：是最高层级的管理机构，负责全省高速公路通信业务的汇集和交换服务。省级通信中心与省级收费、监控中心同址设置，主要负责组织调度各路段通信（分）中心与省级通信中心之间的信息交换。

② 路段通信（分）中心（section communication center/sub-center）：位于省级通信中心之下，负责路段内通信业务的汇集和交换服务。通信（分）中心与收费、监控（分）中心同址设置，是连接省级通信中心和基层通信站的关键节点。

③ 基层通信站（unattended communication station）：是最基层的通信站点，用于完成路段内基础信息的提供、传输和接入服务。基层通信站一般设置在高速公路沿线的收费站、隧道管理站、服务区、养护工区等位置。

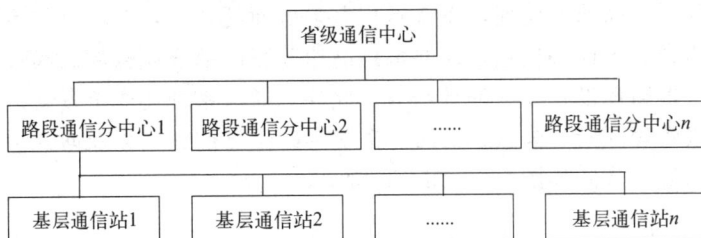

图 2-2　高速公路通信系统管理架构

根据业务应用和用户需求，通常在一个路段设置一个接入网，局端设备应设置在路段通信分中心所在地，远端则设置在通信站，包括收费站、管理所、服务区、隧道管理所等。站点通常按管理机构、业务管理等因素设置，管理机构同址时共用通信站点，在两个通信站点距离较近（小于3km）时，可考虑合并设置一个通信站点，未设置通信站的站点其管理业务通过其他方式接入。同一路段接入网系统的传输设备应相互兼容，不需进行协议转换就能实现互联互通。光纤接入的拓扑结构，是指传输线路和节点的几何排列图形，它表示了网络中各节点的相互位置与相互连接的布局情况。网络的拓扑结构对网络功能、造价及可靠性等具有重要的影响。三种基本的拓扑结构是链形、环形和星形，如图 2-3、图 2-4 所示。由于高速公路接入网按路段设置，适合环形或者链形网络拓扑结构，并派生出环形-链形（如图2-5 所示）、环形-环形等拓扑结构。

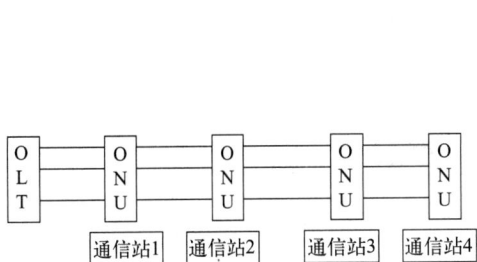

图 2-3　链形拓扑结构

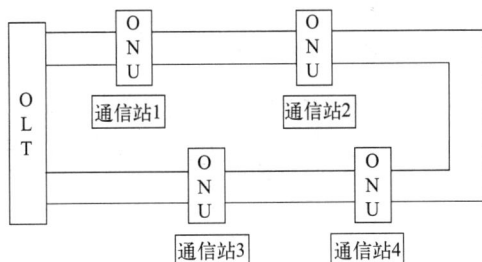

图 2-4　环形拓扑结构

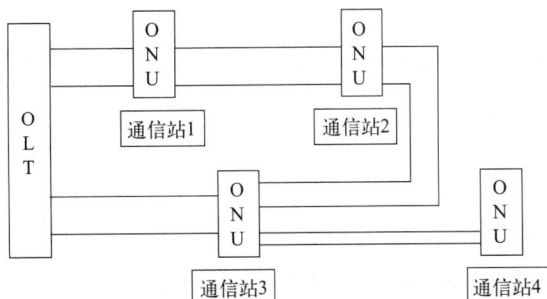

图 2-5　环形-链形拓扑结构

（二）高速公路通信系统的业务流向

高速公路通信系统的业务流向表现出星形的分布形状，各管理段将各种管理数据先发送给分中心，然后由分中心返回给省指挥中心，形成了一个从基层到分中心再到省中心的业务流向。在具体业务中，高速公路通信系统承担着多方面的任务，它不仅要传输监控系统和收费系统的数据、语音、图像等信息，还要承担高速公路内部各业务部门和管理部门的业务联系，如事故救助、道路和设备设施的维修等。此外，通信系统还要负责高速公路内部与外部的联系，如与上级管理部门、公安、消防、医院等的信息沟通，以及向社会公众发布实时交通信息等，主要的业务流向如图 2-6～图 2-8 所示。

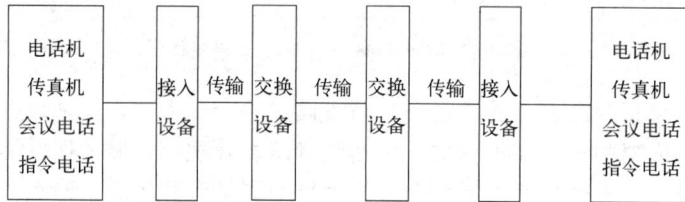

图 2-6　高速公路通信系统话音业务

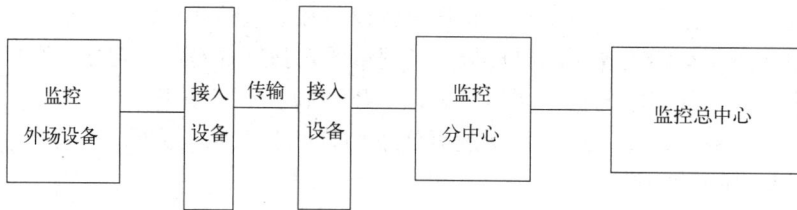

图 2-7　高速公路通信系统监控业务

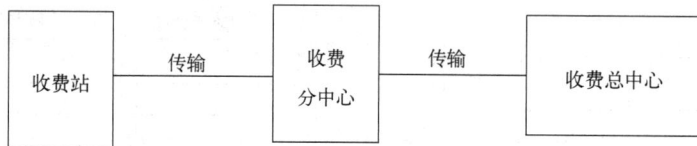

图 2-8　高速公路通信系统收费业务

（三）高速公路通信系统的特点

（1）高度集成与综合性

高速公路通信系统是一个高度集成的系统，它融合了多种通信技术，如光纤通信、微波通信、卫星通信等，以满足高速公路上不同业务的需求。同时，该系统还具备综合性，能够同时实现语音通信、数据传输、图像处理等多种功能，为高速公路的监控、收费、管理、救援等提供全方位的通信支持。

（2）长距离传输与稳定性

高速公路通常跨越较长的地理区域，因此通信系统需要具备长距离传输的能力。同时，由于高速公路上的车辆行驶速度快，对通信系统的稳定性要求极高。通信系统必须能够确保在各种恶劣天气和复杂环境下，仍然能够保持通信的连续性和稳定性，为高速公路的安全运行提供有力保障。

（3）高带宽与实时性

随着高速公路上车辆数量的不断增加，对通信系统的带宽需求也在不断提高。随着5G不断地在交通领域应用，通信系统需要具备足够高的带宽，以满足大量数据的实时传输需求。同时，由于高速公路上的交通状况瞬息万变，通信系统还需要具备实时性，具备低时延的特点，能够迅速传递交通信息，为驾驶员和管理人员提供及时、准确的决策支持，以及推动无人驾驶场景的应用。

（4）安全性与可靠性

高速公路通信系统承载着大量的敏感信息和关键数据，因此安全性至关重要。通信系统需要采用先进的加密技术和安全防护措施，确保信息的机密性、完整性和可用性。同时，通信系统还需要具备高可靠性，能够在各种故障情况下迅速恢复通信，确保高速公路的正常运行。

（5）可扩展性与灵活性

随着高速公路建设的不断推进和交通需求的不断变化，通信系统需要具备可扩展性和灵活性。这意味着通信系统需要能够方便地增加新的通信节点和业务类型，以适应高速公路的发展需求。同时，通信系统还需要能够根据实际需求进行配置和调整，以满足不同场景下的通信需求。

模块二　了解高速公路通信系统的主要通信技术

高速公路通信系统的稳定运行，离不开相应的通信技术。在高速公路交通智能化日益发展普及的情况下，根据通信对象的不同，通常把高速公路通信系统分为两大部分：

一是以路网基础设施为主的信息传输系统，它是利用沿高速公路（或城市道路）敷设的电缆或光纤，将沿线的收费站、管理站、货运站、客运站、十字路口等基础设施连接而成的一个通信网。

二是通信网与车辆之间的通信系统（RVC，road vehicle communication），它主要是利用无线通信技术（广播或专用短距离通信等方式）完成路车之间的信息交换。根据通信系统的分类，高速公路通信系统主要使用的技术包括有线通信技术、无线通信技术以及局域网传输技术。

一、高速公路中的光纤通信技术

有线通信技术是指采用有形线缆进行信息传输的通信技术，常见的有形线缆包括电话线、光纤等，高速公路通信系统中使用的有线通信技术主要是光纤通信技术。

（一）光纤通信技术及其特点

光纤通信技术是指以光信号作为信息传输的载体、以光纤作为信息传输物理介质的通信技术。相对于传统的采用电缆的通信技术，光纤通信技术具有诸多优势，主要包括：

（1）传输带宽更宽，信息传输速率更快

光纤的传输带宽要远远大于传统金属电缆的传输带宽，更加有利于信道复用，从而提高信息传输速率。现有技术已经在单根光纤中复用上百路不同波长的光信号，使单根光纤的信息传输速率超过120Tbit/s，远超单根电缆的信息传输速率。

（2）抗电磁干扰性强，保密性好

光纤通信过程中以激光光波作为信息传输的载体，基本不受电磁干扰的影响。同时，光纤通信过程中，光信号被封闭在光纤内部传播，光纤中的光信号难以引出到光纤外部，且在现有技术条件下，对光信号信息的解析难度远远大于对电信号的解析难度，因此，光纤通信具有极强的保密性，难以被窃听。

（3）光纤制造成本较低，价格便宜

现在所使用的光纤主要包括石英玻璃光纤和塑料光纤，相对于金属电缆来说，制造光纤的原材料非常丰富，因此，光纤的制造成本非常低廉，制成的光纤价格也比较便宜。

（4）体积小、重量轻，便于敷设施工

由于光纤采用非金属材料制成，且具有非常大的信息传输带宽，因此，在完成同样容量信息传输的情况下，所用光纤的体积和重量要远远小于使用金属电缆，从而给线缆的运输和敷设施工带来很大的便利。

由于光纤的上述诸多优势，我国高速公路在建设时均会在高速公路沿途敷设光纤通信线路，以便实现高速公路相关监控、收费和管理信息的传输。

（二）光纤通信系统

1. 光纤通信系统的组成结构

光纤通信系统的组成结构框图如图 2-9 所示。

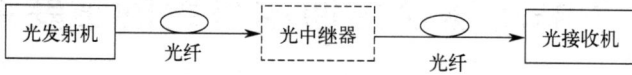

图 2-9　光纤通信系统组成结构框图

（1）光发射机

光纤通信过程中，是以光信号为载体进行信息的传输和通信的，因此光纤通信系统在信息的发送端需要首先产生光信号，光发射机是光纤通信系统中负责产生光信号的设备。为了保证发出的光信号便于在光纤中进行长距离传输，光发射机通常采用激光器作为光源，并通过相应的调制技术，将要传输的信息承载到光源发出的光信号中。

（2）光纤

光纤作为光纤通信技术中信息的传输介质，负责实现光信号的长距离传输。

（3）光接收机

光接收机处于光纤通信系统的信息接收端，负责接收光纤传送过来的光信号，并通过内部的光-电转换电路，将接收到的光信号转换为电信号，而后通过信号放大、时钟提取、信号判决、信息解调等一系列信号处理后，恢复出对端发送的真实信息。

在双向光纤通信系统中，实现通信的两端设备既需要发送光信号，也需要接收光信号，常常将光发射机和光接收机集合到一台设备中，称之为光端机。

（4）光中继器

光中继器是光纤通信系统中的可选设备，用于长途光纤通信系统中，短距离的光纤通信系统可以不使用光中继器。在长距离光纤通信系统中，光中继器主要负责对经过长距离传输衰减较为严重的光信号进行中继处理，以保证到达信息接收端的光信号能够满足光接收机的信号接收要求。光中继器对衰减后光信号的处理通常包括三个方面，即再放大（re-amplifying）、再整形（re-shaping）、再定时（re-timing），简称"3R"处理。

2. 光纤通信系统的通信介质

（1）光纤的内部结构组成

为了完成光信号的传输，长距离光纤通信采用了"光纤"作为信息传输介质。光纤是光导纤维的简称，通常是采用玻璃或者塑料制作的极细的纤维丝。为了能够实现光信号的有效传输，并方便光纤的实际使用，光纤采用同心圆形式的三层结构，从内到外，分别是纤芯、包层、涂覆层，如图2-10所示。

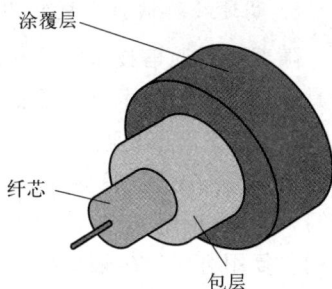

图 2-10 光纤的分层结构示意图

其中：

① 纤芯：位于光纤的中心部分，通常由玻璃或者塑料制成，主要负责传输光信号。

② 包层：包裹在纤芯的周围，由掺入一定杂质的玻璃或者塑料制成，掺入杂质的目的在于使其对光信号的折射率小于纤芯，从而保证光信号在纤芯中传输时，不会逃逸到光纤的外部，尽可能沿着光纤向前传播。

③ 涂覆层：位于光纤的最外层，一般由具有一定颜色的塑料材质构成，作用在于保护光纤内部免受潮气等外部因素的影响，同时增加光纤的柔韧性和抗拉能力，便于光纤的实际使用。同时涂覆层的不同颜色，也可起到区分不同光纤的作用。

（2）光纤的传光原理

光纤之所以能够保证内部的光信号沿着光纤向前传播，而尽可能少地逃逸到光纤外部，其原理在于利用了光的全内反射：在光纤中包层的光折射率小于纤芯光折射率的情况下，当光信号进入纤芯的入射角满足一定范围时，光信号将会在纤芯和包层的分界面处产生全内反射，回到纤芯中继续向前传播，而不会通过光的折射逃逸到光纤外部。

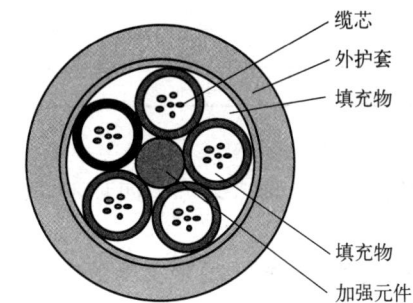

图 2-11 光缆内部结构组成示意图

（3）光缆及其使用

由于单根光纤即使有了涂覆层仍然脆弱易断，不便于工程的实际使用，通常将多根光纤集束成光缆使用。所谓光缆，是指将多根光纤集束在一起，并加上相应的保护结构而形成的缆线，其结构通常包括四个组成部分，典型结构如图2-11所示。

其中：

① 缆芯：是指光缆中的光纤，负责传输光信号，一根光缆中可以集束有数十根至数百根光纤作为缆芯。

② 加强元件：可以由金属或者非金属物质构成，主要用来加强光缆的抗拉和抗弯性能，以便于光缆的敷设施工。

③ 外护套：处于光缆的最外层，用于增强光缆的抗压、防潮、阻燃、防蚁虫或者啮齿类动物啃咬等方面性能，以便对光缆内部的缆芯起到较好的保护作用。

④ 填充物：填充在光缆内部的空隙中，通常采用油脂进行填充，以便对内部缆芯起到防潮和减少摩擦的保护作用。

按照我国高速公路建设的相关规定，在高速公路建设过程中应配套建设通信传输线路，高速公路光缆线路可以采用管道、直埋或者架空方式沿途敷设，管道敷设是常采用的敷设方式，交通运输部专门发布有《公路通信及电力管道设计规范》（JTG/T 3383-01—2020），对高速公路通信管道的设计进行规范。

3. 高速公路通信系统常用的光纤通信技术

随着光纤通信技术的不断发展，以及高速公路对通信需求的发展变化，高速公路所使用的具体光纤通信技术也在更新变化，先后使用过的光纤通信技术主要包括：

（1）SDH 光纤通信技术

SDH 是英文短语 synchronous digital hierarchy（中文名称：同步数字体系）首字母的缩写，是 20 世纪 80 年代发展起来的一种高速大容量光纤通信技术，并制定了数字信号的帧结构、复用方式、传输速率等级和接口码型等相关方面的国际规范，保证了不同厂商设备之间的兼容性。同时 SDH 光纤通信技术具有可以实现低速支路信号和高速线路信号之间的同步复用、设备结构相对简单、组网能力和管理维护能力较强等一系列优势，因而在电信、电力、铁路、有线电视广播等领域均得到了十分广泛的应用，主要用于各种信息通信网络的长途传输和城域网组建。

SDH 光纤通信技术作为早期发展起来的一种光纤通信技术，其优势在于能够充分发挥光纤通信大容量、高速率的信息传输优势，并具备十分强大的组网和管理维护能力。其不足在于作为一种相对较早的光纤传输技术，其对 IP 业务的支持能力存在较大不足，难以高效满足计算机网络普及后爆炸式增长的 IP 业务的传输需求。

① SDH 信息传输速率等级。SDH 国际标准中为采用 SDH 技术的信息传输定义了国际统一的速率等级标准，如表 2-1 所示。

表 2-1　SDH 信息传输速率等级一览表

STM 速率等级	信息传输比特率/(kbit/s)	速率等级简称
STM-1	155520	155M
STM-4	622080	622M
STM-16	2488320	2.5G
STM-64	9953280	10G
STM-256	39813120	40G

② SDH 系统设备类型。

SDH 光纤通信设备根据在网络中的位置和所承担的功能不同，通常划分为四种不同的类型，分别是：

a. 终端复用器（TM）：是指处于链形网络端点的 SDH 设备，功能主要是实现低速支路信号和高速线路信号的复用和解复用。

b. 分叉复用器（ADM）：是指处于网络中间节点的 SDH 设备，其功能是既实现本地低速支路信号和高速线路信号的复用和解复用，也完成所连接的不同高速线路之间的信号互通。

c. 中继器（REG）：是指处于网络中间，但没有低速支路信号上、下的 SDH 节点设备，主要功能是对高速线路中传输衰减较为严重的光信号进行中继放大。

d. 数字交叉连接设备（DXC）：是指处于网络交叉点的 SDH 节点设备，主要功能在于实现所连接的多路高速线路信号之间的交叉连接。

不同类型 SDH 设备的典型应用如图 2-12 所示。

（2）PTN 光纤通信技术

PTN 是英文短语 packet transport network（中文名称：分组传送网）单词首字母缩写。PTN 光纤通信技术，是 21 世纪初期为了更好地满足日益增长的 IP 业务高效传输需求，而

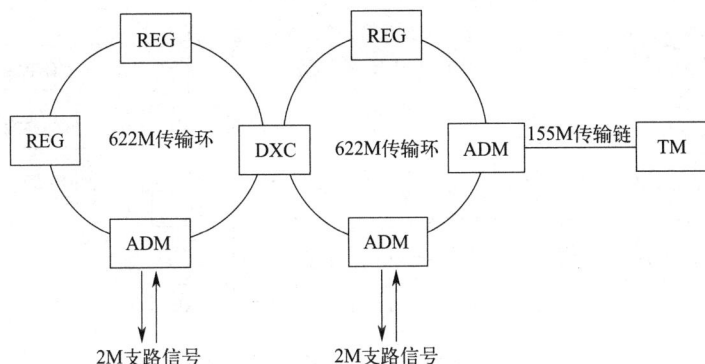

图 2-12 不同类型 SDH 设备典型用法

发展起来的一种光纤传输技术，该技术继承了 SDH 技术的操作、管理和维护机制（OAM），具有点对点连接的完善 OAM 体系，保证网络具备保护切换、错误检测和通道监控能力，同时，完成了与 IP/MPLS 多种方式的互连互通，无缝承载核心 IP 业务，并引入端到端的伪线仿真（英文简称 PWE3）技术，以实现传统 TDM 业务在 PTN 网络中的有效传输。

PTN 光纤通信技术的优势在于：通过一张分组网络实现了传统的 TDM 语音业务、ATM 业务和 IP 业务的综合承载和传输。其劣势主要在于信息传输容量和传输速率存在一定的不足，比较适合于通信网络的接入层使用，难以满足长途骨干信息传输网络的大容量、高速率信息传输需求，同时也不能很好地满足大颗粒、高带宽视频业务的传输需求。

（3）OTN 光纤通信技术

OTN 是英文短语 optical transport network（中文名称：光传送网）单词首字母的缩写。OTN 技术起源于 20 世纪 90 年代末，作为一种区别于 SDH 技术的新一代光传送网技术，OTN 受到了业界的广泛关注，经过多年发展后，现在 OTN 技术已经发展成为下一代光纤通信网络的主流技术。OTN 在 SDH 的基础上进行了改进和优化，引入了波分复用技术，实现了更高的传输速率和更大的带宽容量。同时，OTN 还增加了前向纠错、交叉连接等功能，提高了网络的可靠性和灵活性。OTN 还引入了软件定义网络（SDN）和网络功能虚拟化（NFV）等新技术，实现了网络的智能化和可编程化。

总体来说，OTN 技术的发展经历了 SDH 时代、高速 OTN 时代和智能化 OTN 时代三个主要阶段，在传输速率、带宽利用率和网络可靠性方面具有显著优势，尤其适合于长途骨干信息传输网络中大颗粒、高带宽业务（比如高清或者超高清视频业务）的传输。

（4）PON 光纤接入技术

PON 是英文短语 passive optical network（中文名称：无源光网络）单词首字母的缩写。PON 技术是 20 世纪 90 年代末期提出的一种光纤接入技术，可以通过光纤实现点到多点的信息接入。PON 光纤接入技术通过一根光纤可以实现语音、图像、数据等多种信息的综合接入，已经成为现在使用最为普遍的信息接入手段之一，我国日益普及的家庭光宽带接入就是采用的 PON 技术。

PON 系统组成如图 2-13 所示。

如图 2-13 所示，PON 系统的组成主要包括三大部分，分别是：

（1）光线路终端（OLT）

光线路终端（OLT）设备是安装在通信网侧的 PON 设备，也称为 PON 系统的局端设备。主要负责将信息下行方向的不同业务信号复用成一路光信号，并将从用户侧光纤中传输

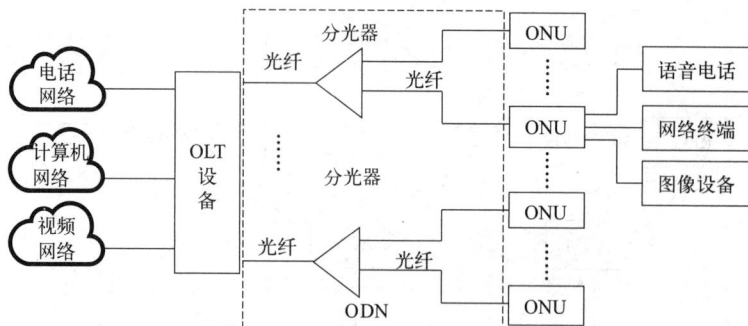

图 2-13　PON 系统组成结构示意图

来的不同业务解复用，送往不同的业务网络。

（2）光网络单元（ONU）

光网络单元（ONU）设备是安装在通信网络用户侧的 PON 设备，也称为 PON 系统的用户端设备。ONU 负责实现信息上行方向的电-光转换和信道复用，以及信息下行方向的光-电转换和解复用，从而实现不同业务（语音业务、图像业务、IP 数据业务）的光纤融合接入。

（3）光分配网络（ODN）

光分配网络（ODN）是指将 PON 系统中的 OLT 设备、ONU 设备连接起来的部分，主要承担 OLT 和 ONU 之间光信号的分配和传输。由于 ODN 主要由光交箱、分光器、光纤（光缆）等不需供电的无源设备组成，因此，将 PON 系统称为无源光网络。

（三）光纤通信技术在高速公路上的应用

1. SDH 技术在高速公路通信系统中的应用

我国高速公路早期主要采用 SDH 技术构建光纤通信系统，用于高速公路沿线应急救援电话、监控数据以及其他交通管理数据的传输。如河南省早期的高速公路通信网络就主要采用了 SDH 光纤通信技术进行构建，如图 2-14 所示。

2. PTN 和 OTN 技术在高速公路通信系统中的应用

随着高速公路 IP 接口设备和高清监控设备使用日益增多，PTN 和 OTN 技术在高速公路通信系统中得到日益广泛的应用，尤其是新建高速公路的长途通信网络大都采用了 PTN 和 OTN 技术，原有的 SDH 传输网络也在逐步被 OTN 光纤传输网络所代替。如河南省高速公路现在的干线通信系统就采用主流 OTN 技术组网，设备厂家为中兴通讯股份有限公司，全网由 1 个调度环、4 个核心环、19 个汇聚环及若干支链组成，在全省高速公路 103 个收费站（分中心）部署 113 套 OTN 设备，用于承载全省高速公路的收费、监控、语音等业务。省中心配备一套中兴 NetNumen U31 网管，并具备对全网 OTN 设备的拓扑管理、告警管理、性能管理、配置管理、安全管理、软件管理、日志管理、报表管理、数据库管理、License 管理等功能。再比如青海省高速公路通信网络的接入汇聚层就采用 PTN 技术，骨干传输层则采用了 OTN 技术，分别如图 2-15 和图 2-16 所示。

3. PON 技术在高速公路通信网络中的应用

PON 无源光网络接入技术作为一种广泛使用的光纤接入技术，在高速公路通信网络组建中得到广泛应用，主要应用于路侧视频、隧道管理、收费站等信息的接入。图 2-17 所示即为某公司推出的高速公路光纤传输网络建设方案，主要应用了 OTN 和 PON 光纤通信技术，图中的 OLT 和 ONU 就是指 PON 系统的光线路终端和光网络单元。

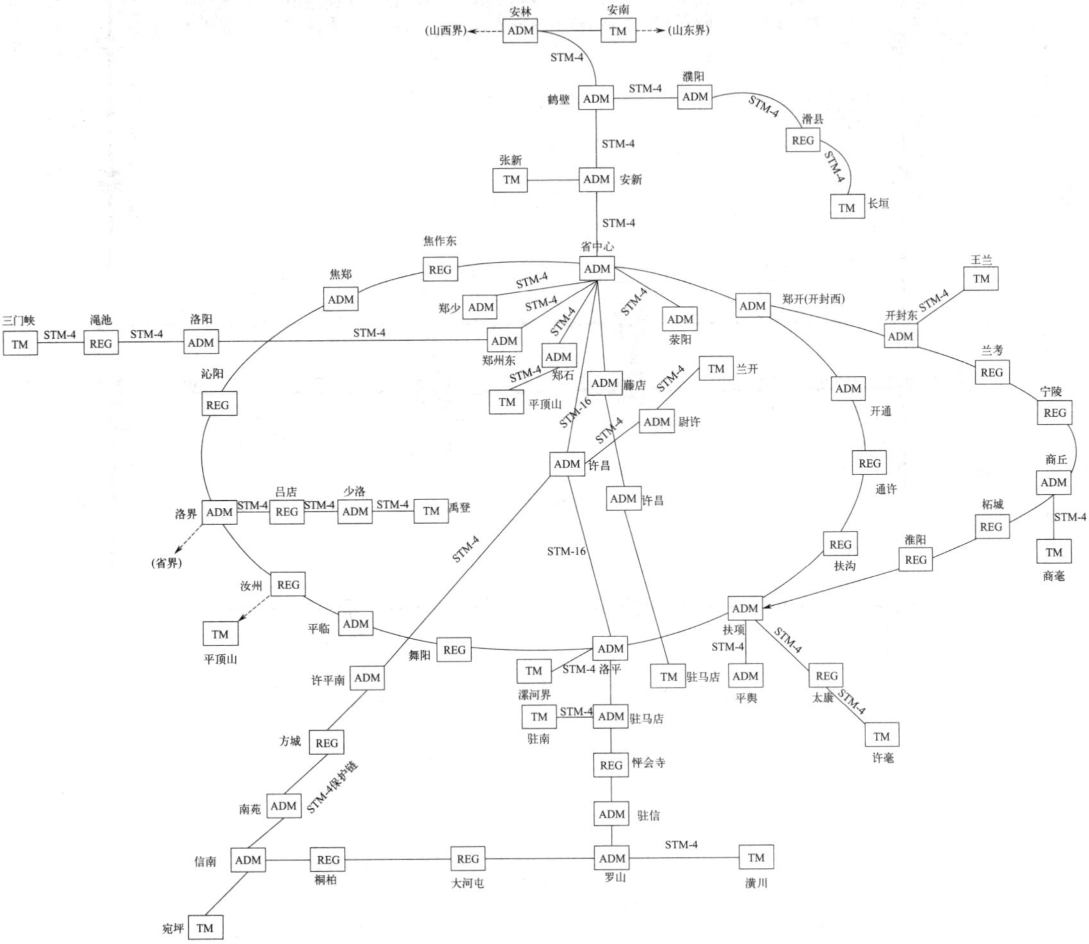

图 2-14 河南省高速公路早期 SDH 光纤传输网络示意图

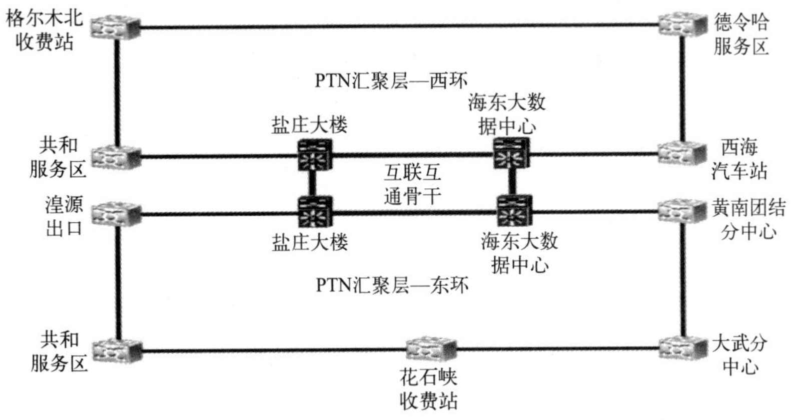

图 2-15 青海省基于 PTN 技术的高速公路信息汇聚网络

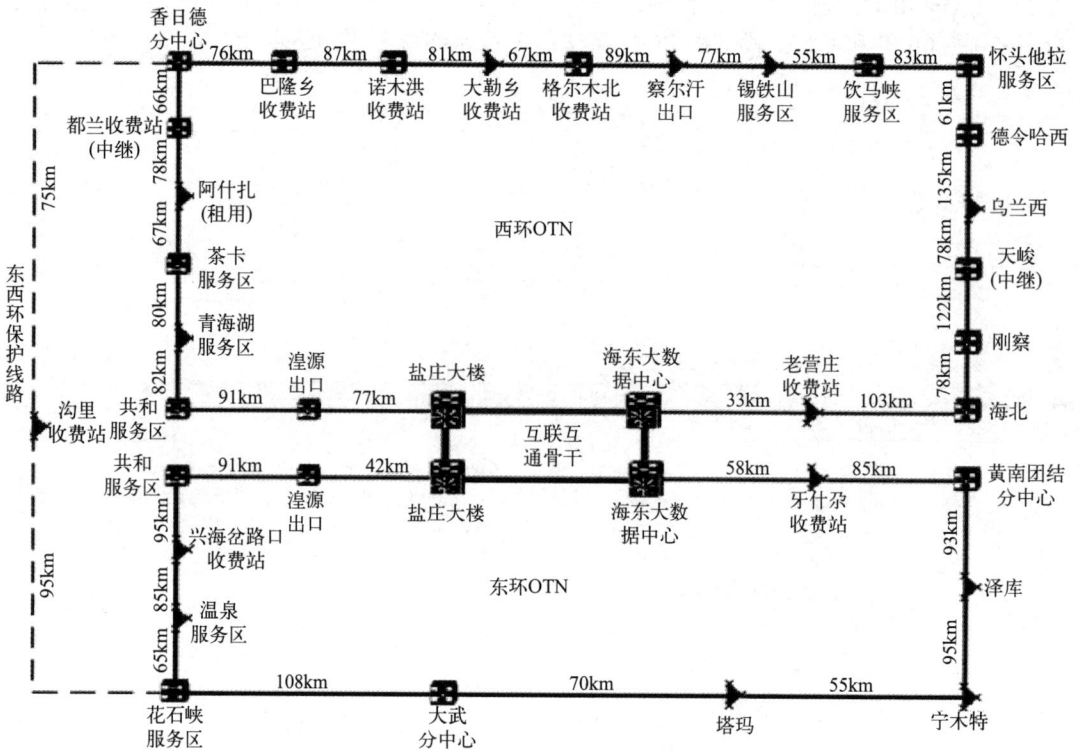

图 2-16　青海省高速公路基于 OTN 技术的骨干传输网络

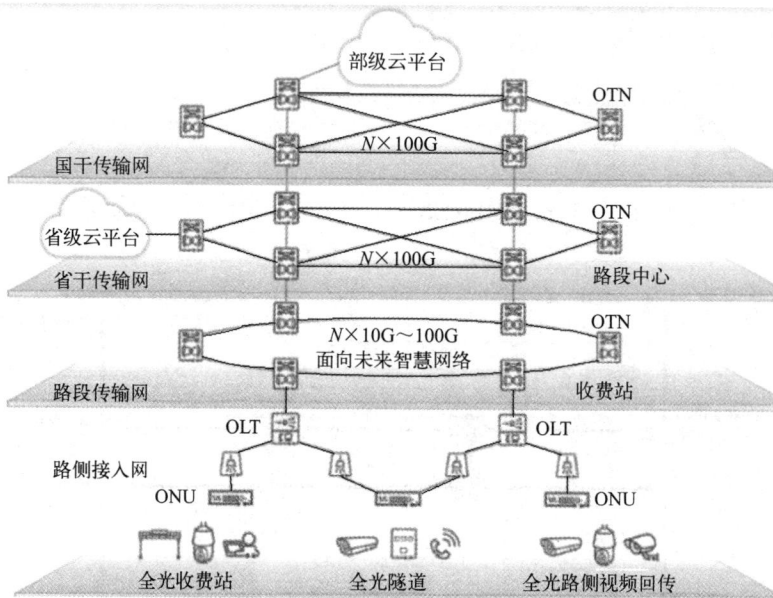

图 2-17　某公司推出的高速公路光纤传输网络建设方案

二、高速公路中的无线通信技术

在高速公路通信系统中，无线通信技术也是所应用的主流通信技术之一。所应用的主要无线通信技术如下。

（一）移动通信技术

1. 移动通信技术简介

移动通信技术是指在通信过程中，通信双方至少有一段处于移动过程中的通信技术，例如手机通信所使用的技术就是典型的移动通信技术，包括我们先后使用过的各代移动通信技术。使用移动通信技术构建的通信系统称为移动通信系统。常见的移动通信系统主要由移动终端、通信基站、传输承载网和核心交换网络等部分组成。

（1）移动终端

移动终端是移动通信系统中信息的接入终端设备，是移动通信系统用户和移动通信网络之间信息交换的桥梁。移动终端既包括客户的手机，也包括车载移动终端。移动终端可以随客户或者车辆移动，并在移动过程中保持和其他移动通信网络用户之间的信息互通。移动终端通过无线信号和通信基站进行信息交互。

（2）通信基站

移动通信基站是移动终端和移动通信网络连接的基准站点。基站是移动终端和核心交换网络之间信息交换的汇聚点和枢纽点。

（3）传输承载网

传输承载网将移动通信系统的基站和移动交换机连接起来，一般采用光纤连接，实现基站、移动交换机之间的相互连接和信息交换。

（4）核心交换网络

核心交换网络由位于不同地点的移动交换机相互连接而成，负责网络内的信息交换以及相关网络设备的管理。

移动通信技术从第一代（1G）模拟通信开始，经过 2G、3G 的发展，现在广泛使用的是 4G、5G 移动通信技术。在相关人员的不懈努力下，我国移动通信技术在世界的地位从 1G、2G 时代的跟跑，到 3G、4G 时代的逐步与世界先进技术并肩，再到现在的 5G 时代，我国移动通信无论是技术研发还是网络规模，都已经处于世界领先位置。

2. 移动通信技术在高速公路中的应用

移动通信技术在高速公路运行和管理中得到了广泛应用。主要包括：

（1）重点车辆的监管

按照我国交通管理相关规定，从事旅游的包车，三类以上班线客车和运输危险化学品、烟花爆竹、民用爆炸物品的道路专用车辆（简称"二客一危"车辆），必须安装卫星定位装置和移动通信终端，必须对其车辆位置和行驶轨迹进行实时监控。我国早期高速公路对"二客一危"车辆的监控，就是采用 GPS 卫星定位＋GSM 短信的形式进行监控的，其中的 GSM 短信就是使用第二代移动通信系统 GSM 的短信功能完成车辆位置信息的上报的。

在 4G、5G 移动通信技术普及后，相关人员更是充分发挥移动通信技术的优势，构建了功能更为全面的重点车辆监控系统，通过在车辆上安装 GPS＋北斗双模定位终端设备和视频监控设备，以及 4G 或者 5G 移动通信终端设备，不仅可以实现对"二客一危"重点车辆的位置和行驶轨迹的实时监控，还可以实现对车内和车外相关状况的视频监控。同时，通过开发相应的集成监控平台，相关人员不仅可以在电脑端或者监控中心大屏上随时查看重点车辆在高速公路上的运行情况，还可以通过手机端实现对重点车辆的监控，并根据车辆运行和高速公路整体交通运行情况，向重点车辆及时下发调度和管理指令，有效提高"二客一危"

等重点车辆在高速公路上运行的安全性。

（2）车-路通信的实现

在车-路协同实现车辆辅助自动驾驶的过程中，需要在高速公路上高速运行的车辆和车辆之间、车辆和道路之间实时、高效地交互信息，这就必须依靠较为完备的移动通信技术。5G 移动通信技术广连接、高速率、低时延的特性，可以很好地满足高速公路车-路协同的实现，有鉴于此，包括高速公路交通在内的智能交通领域，已经成为 5G 移动通信技术非常重要的应用领域之一。

（3）助力高速公路的智慧化管理

充分利用 5G 移动通信技术高速率、低时延、广连接的信息传输优势，可以更好地实现高速公路道路设施、交通运行状态的信息采集和高效传输。比如：可以利用 5G 移动终端（包括 5G 智能手机和车载终端）实时采集包括视频在内的形式丰富的高速公路交通管理相关信息，并可以利用 5G 移动通信网络的边缘计算功能，通过在高速公路沿线布置 5G 移动通信网络边缘计算设施，对所采集的相关信息进行初步筛选和处理，从而有效减少需要远程传输的信息量，节省传输网络资源占用，并提高信息传输的实时性。充分发挥 5G 移动通信终端的信息处理能力，通过开发相应的移动端管理程序，构建基于 5G 移动终端的智慧高速管理平台，可大大提升高速公路交通管理人员对相关信息获取的便利性和实时性，也可有效提高高速公路交通管理人员和车辆司乘人员信息交互的便利性和实时性，使交通管理人员能够及时全面地了解车辆的运行状况和司乘人员的交通需求，为高速公路交通参与者提供更加人性化、智慧化的服务，高速公路交通管理信息也可以更为高效地传递给交通参与者，真正实现出行即服务的交通管理目标，从而有效助推高速公路智慧化管理的实现。

（二）卫星通信技术

1. 卫星通信技术简介

卫星通信技术是指以太空中运行的卫星为信息转发基站，从而实现不同主体之间信息传输和交换的通信技术。相对于地面基于光纤和无线电波的各种通信技术而言，卫星通信具有诸多优势，主要包括：

（1）便于实现移动主体间的通信

卫星通信以运行于太空中的卫星为信息转发基站，可以方便实现地面处于移动中的主体之间的相互通信。

（2）通信距离远，覆盖面积大

卫星通信可以覆盖广泛的区域，甚至可以实现全球通信。

（3）便于实现多址通信

在卫星波束覆盖区内，多个用户可以通过同一颗卫星进行通信，提高了通信的灵活性和效率。

（4）传输频带宽，通信容量大

卫星通信使用 $1\sim10$ GHz 的微波波段，能够提供大量的通信通道和高速的数据传输。

（5）传播稳定可靠，通信质量高

卫星链路大部分在宇宙空间，传输损耗小，电波传播稳定，不受地理和人为因素的影响。

（6）成本与通信距离无关

使用卫星通信时，无论通信距离远近，成本基本保持不变。

正是鉴于卫星通信上述的诸多优势，在现在讨论的第六代移动通信（也就是 6G）实现方案中，将会把卫星通信引入到系统中，以实现空地一体的移动通信。

2. 卫星通信在高速公路中的应用

鉴于卫星通信上述诸多优势，卫星通信在高速公路通信系统中正在得到日益广泛的应用，主要包括：

（1）车辆的位置监控和应急信息传输

实时对高速公路上高速运行的车辆以及路面人员进行高精度定位，是实现高速公路交通管理的重要方面。我国以前主要使用美国主导的 GPS 导航卫星实现高速公路车辆的位置监控，现在我国已经初步建设完成的北斗卫星导航定位系统，不仅可以实现对高速公路运行车辆的高精度定位，而且创新性地实现了短报文通信功能，可以在地面移动通信网络故障的紧急情况下，实现车辆和高速公路管理人员之间的短报文通信，以便高效实现高速公路的智慧化管理。

（2）高速公路监控和管理信息的空地一体化传输

第六代移动通信技术（6G）将会引入卫星通信，以太空中的卫星作为信息转发的基站。在此情况下，可以使用卫星通信技术实现高速公路基础设施状态监控信息和高速公路交通运行监控信息的空地一体化传输，从而更好地实现高速公路的智慧化管理。

（三）交通物联网短距离通信技术

1. 物联网及其短距离通信技术简介

物联网（英文名称 internet of things，简称 IoT）是指通过信息传感设备，按约定的协议，将任何物体与网络相连接，物体通过信息传播媒介进行信息交换和通信，以实现智能化识别、定位、跟踪、监管等功能的网络。物联网的整体结构通常划分为感知层、传输层和应用层三个大的层次，实现的关键在于对联网物体状态的智能化感知，并实现相关物体状态信息的无线传输和自组织组网，因此，我国早期也将物联网称为无线传感网。将物联网技术应用于智慧交通领域就构成了交通物联网，是物联网技术主要的应用领域之一。

在交通物联网中，为了实现物联网感知层较小区域范围内的无线组网，应用了多种短距离无线通信技术，主要包括：

（1）蓝牙技术

蓝牙最初由爱立信公司于 1994 年创制，主要用于连接多个设备，克服数据同步难题。它使用 2.4GHz 频段，采用跳频技术和前向纠错编码，具有低功耗、低延迟和智能连接的特点。蓝牙适用于手机、智能家居和可穿戴设备等领域。

（2）Wi-Fi 技术

Wi-Fi 联盟成立于 1999 年，致力于解决 802.11 标准产品的生产和设备兼容性问题。Wi-Fi 在智能家居、智慧公交和地铁等领域应用广泛，具有覆盖范围广、使用方便和成本低的优点，但功耗较高且传输距离有限。

（3）ZigBee 技术

ZigBee 适用于低功耗的物联网应用，具有自组织网络、低复杂度和低成本的特性。它适用于智能家居、工业控制和智能农业等领域，能够提供可靠的数据传输和较低的功耗。

（4）NFC 技术

NFC 是一种短距离无线通信技术，适用于近距离交互和安全传输的场合，如移动支付和门禁系统。NFC 具有高安全性、短距离传输和无需电池支持的特点。

（5）DSRC 技术

DSRC 是英文短语 dedicated short-range communication 单词首字母的缩写，国内翻译为专用短程通信，这是一种小范围的无线通信技术，是 ITS（intelligent transportation system，智能交通系统）的基础之一。DSRC 系统主要用于车辆与路边系统、车辆与车辆之间的通信，路边系统再通过有线通信网络与中心系统交换数据，可以实现车辆与整个系统的信息交换。DSRC 系统由车载单元、路旁单元、专用短程通信协议以及后台计算机网络组成。

（6）5G-V2X 技术

5G-V2X 技术是 5G 移动通信技术在车联网领域的具体应用，是现在实现车联网的主流技术之一。

2. 物联网短距离通信技术在高速公路中的应用

（1）高速公路交通设施监控信息的感知层信息传输

通过应用交通物联网的短距离通信技术，可以实现高速公路交通设施监控信息的近距离传输和组网。比如，可以使用蓝牙、Wi-Fi 等短距离通信技术实现高速公路边坡、桥梁和隧道运行状态监测信息的近距离传输和小区域汇聚。

（2）高速公路车-车之间的信息交互

在交通物联网实现过程中，可以使用 5G-V2X 技术实现车辆与道路基础设施之间的实时通信，即车路协同。在高速公路上，车辆可以实时获取道路状况、交通信号、天气情况等信息，从而做出更加智能的驾驶决策。同时，5G 网络还能支持车辆之间的实时通信，实现车辆编队行驶、紧急制动预警等功能，极大地提高了道路安全性和通行效率。

（3）车辆的不停车收费。

5G-V2X 技术和 DSRC 技术可以支持高速公路的智能收费系统，实现无感支付和快速通行。通过 5G 网络，收费站可以实时获取车辆信息，自动完成收费过程，无需人工干预。这不仅提高了通行效率，还减少了人工收费带来的不便和误差。

无线通信技术在高速公路通信系统中的总体应用如图 2-18 所示。

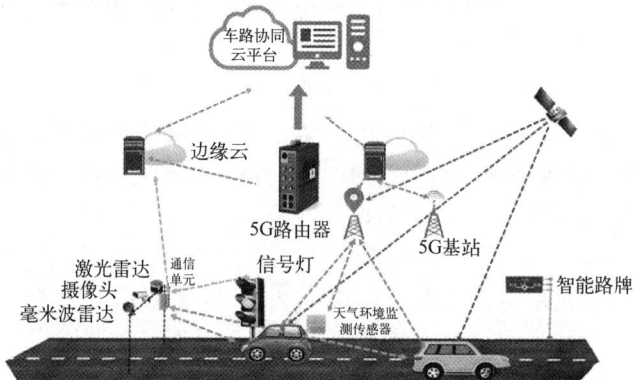

图 2-18　无线通信技术在高速公路中的应用

三、高速公路中的局域网传输技术

（一）局域网传输技术简介

局域网（LAN，local area network）是一种在有限的地理范围内将大量计算机及各种设备互连起来，实现数据传输和资源共享的计算机网络。与广域网（WAN）相比，局域网具有地理范围小、传输速率高、误码率低等特点。在高速公路通信系统中，局域网主要用于收费站、监控中心等场所，实现内部数据的快速交换和共享。随着社会数字化发展和基于 IP 的数据通信技术不断改进和普及，All Over IP（一切基于 IP）已经成为通信技术发展的重要趋势，越来越多的交通智能化设备逐渐 IP 化和网络化，在此背景下，计算机局域网技术已经成为高速公路通信系统中主要的应用技术之一。

计算机网络协议是计算机网络中进行通信的规则和约定的集合，它们定义了数据如何在不同设备之间传输，以及如何解析和处理这些数据。计算机网络协议通常采用分层结构，以便减少系统组件之间的依赖性，提高系统的可维护性、灵活性和可升级性。当前最广泛采用的分层结构有两大标准，即国际标准化组织提出的开放系统互联参考模型 OSI 七层协议和传输控制协议/网际互联 TCP/IP 四层协议，它们之间的对应关系如图 2-19 所示。

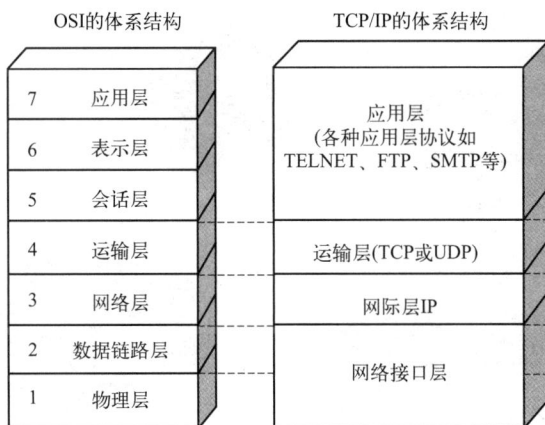

图 2-19　OSI 七层协议与 TCP/IP 四层协议的对应关系

局域网具有多种典型的拓扑结构，包括星形、环形、总线型和树形等。在高速公路通信系统中，星形拓扑结构较为常见，因为它具有集中控制、易于管理维护的优点。同时，随着交换技术的发展，分布式星形结构在现代局域网中得到了广泛应用。

局域网的传输形式主要分为基带传输和宽带传输。高速公路通信系统中，由于需要传输大量数据，因此常采用宽带传输。典型的传输介质包括双绞线、同轴电缆、光纤等。其中，光纤具有传输容量大、抗电磁干扰能力强、传输质量高等优点，是高速公路通信系统中最重要的传输介质之一。

介质访问控制方法（MAC）决定了局域网中数据如何访问传输介质。常见的介质访问控制方法有固定分配、需要分配、适应分配、探询访问和随机访问等。在高速公路通信系统中，为了保证数据传输的实时性和可靠性，常采用具有确定性的介质访问控制方法，如令牌环或 CSMA/CD（载波监听多路访问/冲突检测）等。

（二）局域网技术在高速公路中的应用

1. 收费站和服务区内信息的传输

高速公路收费站和服务区通常会建设计算机局域网络，以便实现收费站和服务区的智慧化管理。比如，高速公路收费站中通常将车道收费相关的车牌监测摄像机、费显设备、闸机等车道侧设备，以及收费计算机、收费站办公楼内收费管理设备一起组建计算机局域网络，并通过其他信息传输设备，和上级各层次收费网络相连接，从而实现高速公路的联网收费。

同时，高速公路各服务区也均建设有计算机局域网络，以便实现对高速公路服务区的信息化管理。

2. 高速公路监控信息的传输

IP网络化是高速公路监控设备发展的重要趋势，比如高速公路的监控摄像机已经从传统的模拟摄像机，转变为具有计算机网络接口的网络摄像机，甚至摄像机的供电，也采用计算机网络线连接到具备接口供电功能的网络交换机，从而由交换机为摄像设备进行供电。

高速公路通信系统中的局域网传输技术是现代智能交通系统的重要组成部分，可以确保高速公路上各种信息的快速、安全传输，为智能交通系统的发展提供有力支持。随着技术的不断进步和创新，未来高速公路通信系统中的局域网传输技术将朝着更高速度、更安全、更智能的方向发展。

局域网传输技术在高速公路中的应用如图2-20所示。

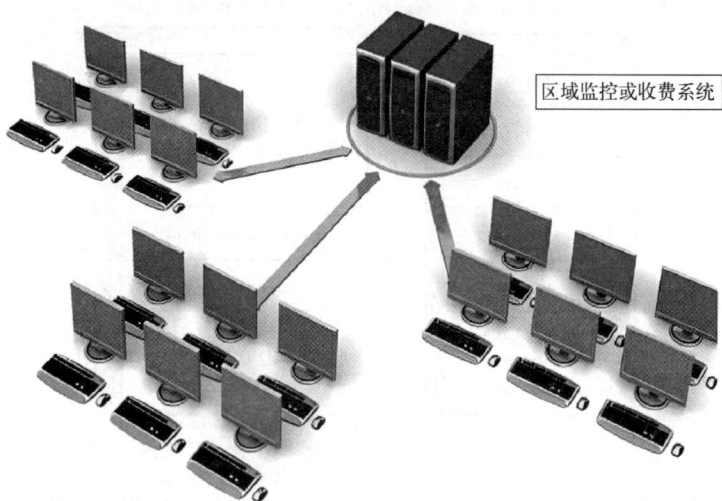

图 2-20　局域网传输技术在高速公路中的应用

模块三　高速公路通信系统集成案例分析

一、项目概况

杭绍台高速公路是浙江省交通"十二五"规划中单体投资最大的项目。2019年3月其被浙江省交通运输厅列为省智慧高速公路试点项目。该项目起于钱江通道南接线与杭甬高速相交的齐贤枢纽，北端与沪杭甬高速连接，南端与台金高速相连，与上三高速公路近似平行。杭绍台高速公路是穿越浙江省地质断裂带最多、地质最复杂，穿越建成区最长、拆迁区最密集的高速公路；是全国桥隧比例较高的山区高速公路之一，全线桥隧比达到70%以上，各隧道在施工时因地制宜，实行"一洞一方案"。拥有浙江省最密集的特长隧道群——全线共有7个特长隧道：大盘山隧道（约8000m）、陈家山隧道（约5930m）、镜岭隧道（约5600m）、平水隧道（约4259m）、桐盘山隧道（约4190m）、高湖头隧道（约4120m）、玄凤岭隧道（约3126m）。此外，杭绍台高速还将在新昌和磐安交界处高差达400多米的峡谷地带建50~70m的高墩来架设公路，这在浙江省设计、施工中难度也是最大的。钱江通道北接线工程起于骑塘枢纽互通，与沪杭高速公路相交，路线自北向南，跨南沙渚塘河、洛塘河进入海宁市境内，跨沪杭铁路及杭浦高速公路后与钱塘江过江隧道相接。

杭绍台高速公路沿线经过绍兴市越城区、柯桥区、嵊州市、新昌县、磐安县、天台县、临海市等 7 个县（市、区），直接涉及区域面积 1800 多平方千米，惠及人口约 95 万，沿线所经区域基本为偏远、欠发达山区，这条高速的建设，对促进杭州、绍兴、金华、台州 4 市欠发达地区的经济社会发展具有十分重要的意义，打破了欠发达地区交通不便的状态，将为这些地区带来更多的人力、物力、资金上的支持。可以说，这是一条"惠民路""扶贫路"。杭绍台高速公路的建成，将极大地促进绍兴、台州等沿线地区的沟通，带来了许多发展机遇，有助于促进浙江省南北交通的贯通、杭绍台区域协同发展，推动经济社会协调发展。

二、通信系统集成方案

以视频、雷达、热成像等物联感知为手段，以 AIOT 中台为支撑，立足解决高速业务场景核心问题，提供路网运行监测、收费站监控、公路养护、路政管理、智慧隧道及智慧服务区设计方案，推进高速公路业务智能化升级。杭绍台高速公路一期工程通信系统设计内容主要包括以下几个方面：通信系统架构、高速公路监测系统、ETC 龙门架系统、语音业务传输网、通信电源系统、传输管道。

（一）通信系统架构

整套采用省中心、路段中心、基层业务三层管理架构，三层架构之间通过高速公路 IP 传输网络（SDH/MSTP）进行互联。系统在分层部署、分业务管理的前提下，实现全网资源的统一共享和多系统的有机融合，以及高速公路安全、可靠的互通。具体的通信系统结构见图 2-21。

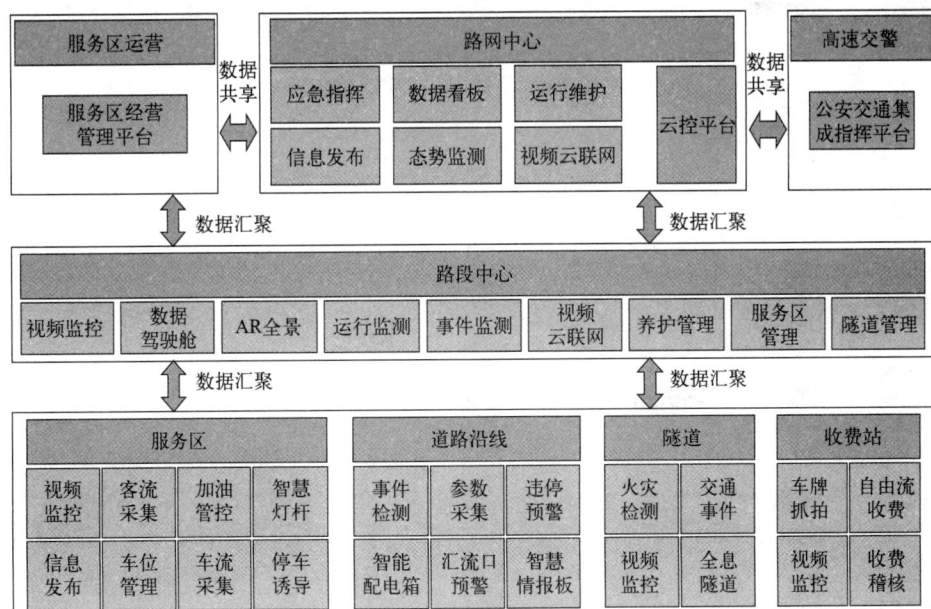

图 2-21 通信系统结构

（二）高速公路监测系统

通过对高速公路交通运行状态、交通流量、交通事件信息的实时采集监测，构建智能路网监测网络，打造强大的全路网感知体系，维护高速公路交通秩序，保障交通安全和高速公路的行车畅通。系统包含子系统：沿线运行监测系统（图 2-22）、隧道监测系统（图 2-23）、服务区监测系统（图 2-24）以及收费站监测系统（图 2-25）。

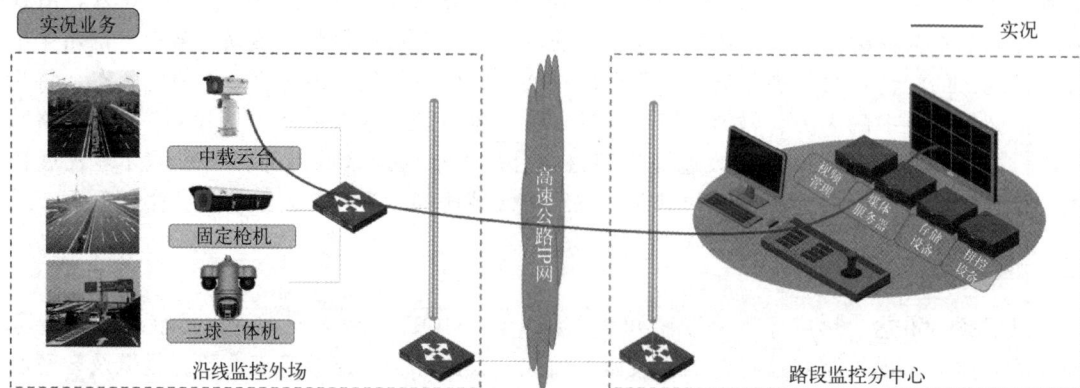

图 2-22 沿线运行监测系统

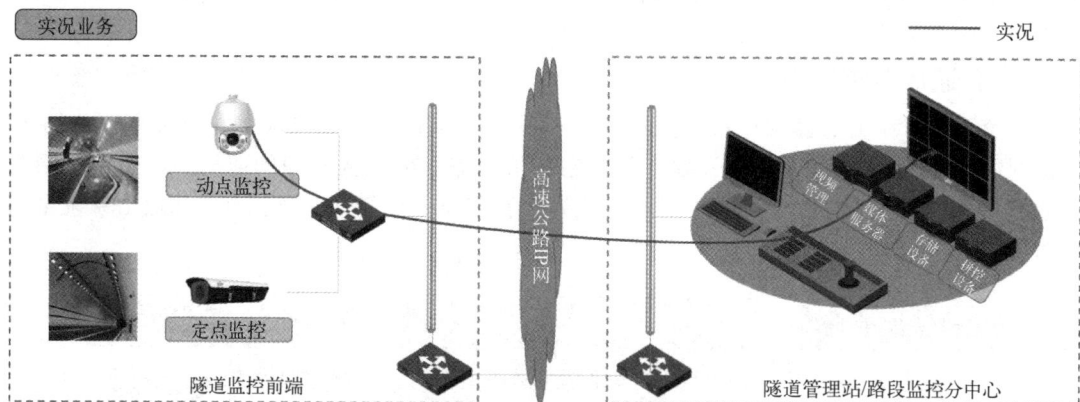

图 2-23 隧道监测系统

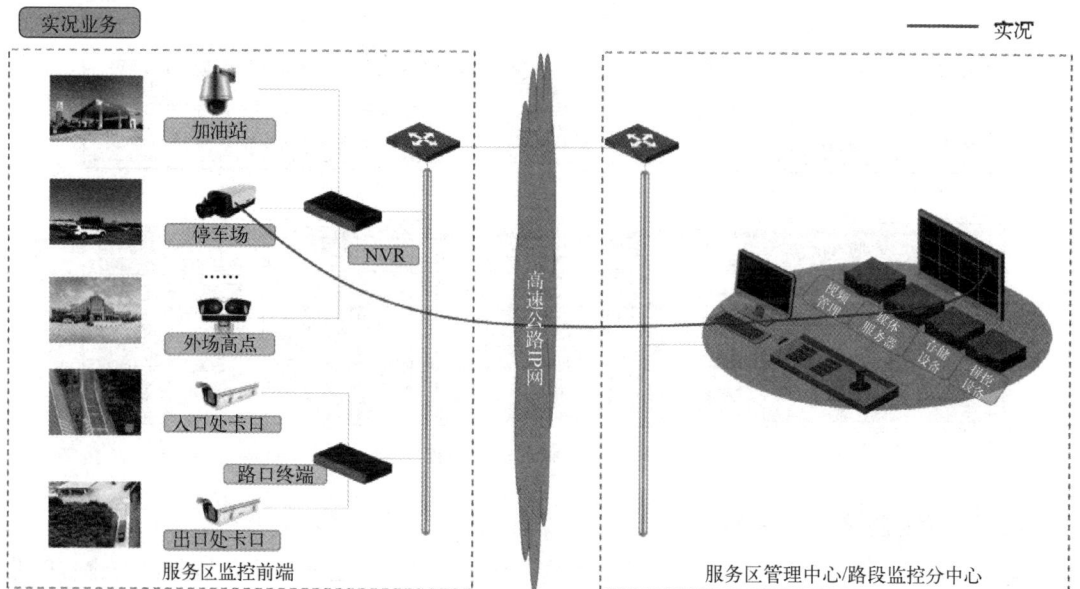

图 2-24 服务区监测系统

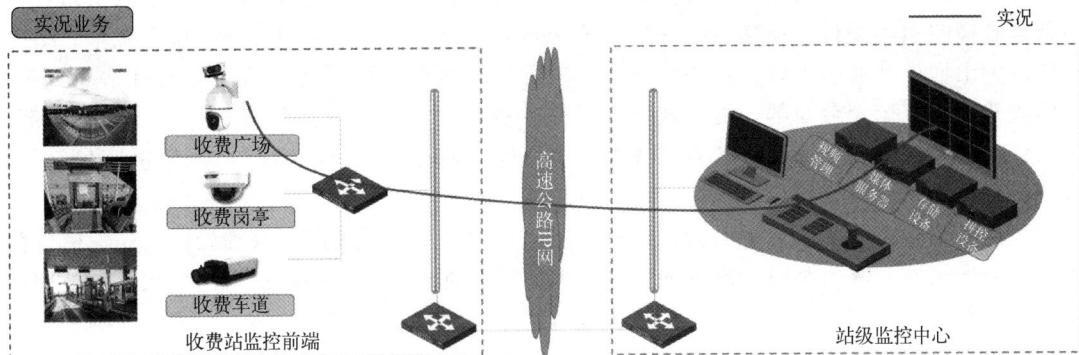

图 2-25 收费站监测系统

(三) ETC 收费系统

1. ETC 收费系统设备组成

ETC 收费系统由以下主要设备和设施组成：车道控制器、RSU、车牌图像识别设备（含补光设备）、高清全景摄像机、站级服务器、防雷接地设施、通信设备、供电设备、北斗授时设备、车辆检测器（可选）、气象检测设备（可选）、断面称重检测设备（可选）等。

ETC 龙门架系统见图 2-26。

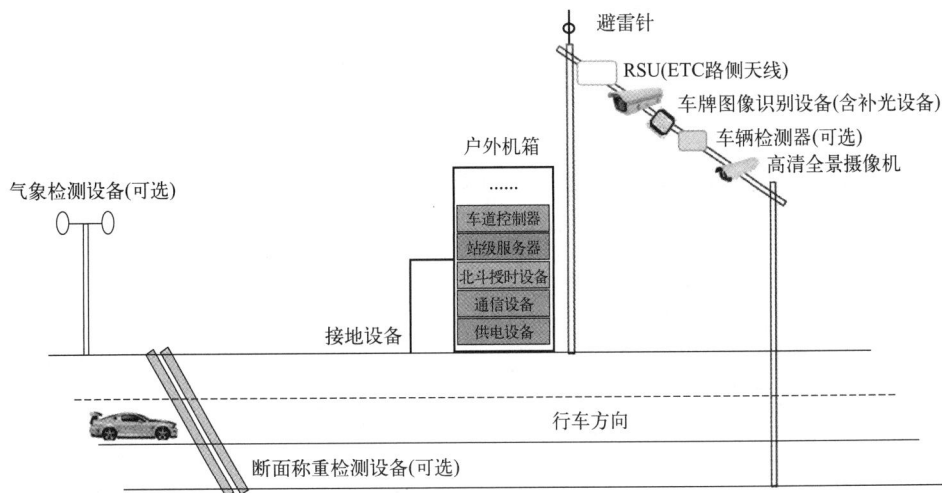

图 2-26 ETC 龙门架系统

2. 收费站业务传输

杭绍台高速公路一期工程，共设置杭甬高速路段分中心、绍兴高速路段分中心、金华高速路段分中心、台州高速路段分中心 4 个路段分中心，组成环网接入浙江省高速公路通信中心，该路段沿线经过的收费站出入口主要有 14 个，分别是：齐贤收费站，位于杭绍台高速，是起点收费站。镜湖收费站，位于杭绍台高速，是沿线设置的收费站之一。平水南收费站，位于柯桥区平水镇红墙下村，平水大道与十赵线交叉口附近。稽东（王坛）收费站，位于柯桥区稽东镇车头村，212 省道车头加油站旁。谷来收费站，位于嵊州市谷来镇谷来二村，212 省道谷来派出所斜对面。崇仁收费站，位于嵊州市崇仁镇九十村，212 省道与 804 县道交叉口往北。嵊州西收费站，位于嵊州市甘霖镇横山头下村，527 国道起点。新昌西（苍岩）收费站，位于甘霖镇犁头嘴村，蛟澄线与沃西大道交叉口。镜岭（十九峰）收费站，位于新昌县镜岭镇楼基村，新蟠线楼基村委公交站旁。回山（尖山）收费站，位于金华、绍兴边界的尖山回山互通出入口。街头收费站，位于天台西部，可以选择从街头收费站上高速。雷锋收费站，位于天台西部，可以选择从雷锋收费站上高速。双港收费站，位于临海西部，白水洋、括苍镇居民可以选择从双港收费站上高速。括苍收费站，位于临海括苍镇附近，是杭绍台高速的终点收费站。

下面以绍兴高速路段分中心为例进行介绍，该中心覆盖镜湖路段管理处通信站、柯桥路段管理处通信站、嵊州路段管理处通信站、新昌路段管理处通信站，接入网按照管理范围需构建 4 个相切环。该路段分中心设置综合接入网光线路终端，各收费站、服务区、隧道管理处设置接入网光网络单元设备，共同构建收费站接入网。接入网采用 PTN、OTN、SPN（slicing packet network，切片分组网）等传输技术，构建多业务传输网，满足路段内的监控、收费等语音、数据、图像的接入和传输需求。接入网传输速率等级为 20GE，网络拓扑为环形结构，采用隔站跳接方式构成 20GE 级光纤自愈传输网。

镜湖路段管理处通信站与镜湖通信站、苍岩通信站、回山通信站、镜岭通信站、镜岭服务区通信站、嵊州西通信站、崇仁通信站、谷来通信站、稽东服务区通信站、稽东南通信站、平水南通信站、柯桥路段管理处通信站组成环网，并与天台路段通信管理处通信站互联，设计的收费站业务传输网如图 2-27 所示，其中 GE 为千兆以太网，FE 表示快速以太网。

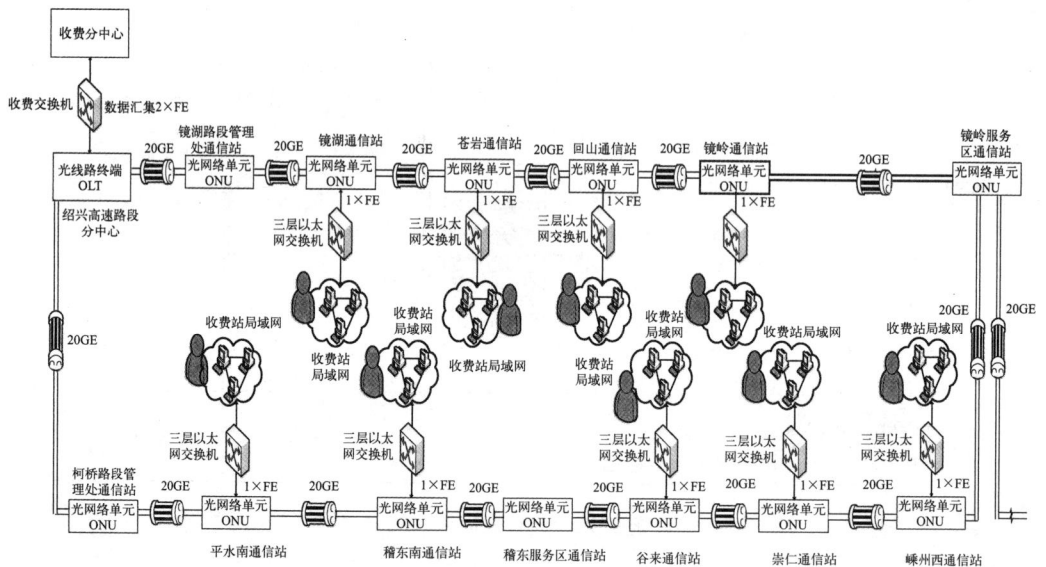

图 2-27　收费站业务传输网

（四）语音业务传输网

高速公路通信系统语音传输网是高速公路交通工程设施的重要组成部分，它为各级运营管理提供不间断的语音通信服务，是高速公路安全畅通、高效运转的重要基础和保证。目前，我国高速公路语音交换系统的通信体制大部分仍然是电路交换技术，采用数字程控交换系统提供语音业务。系统由两级构成：省通信中心设置大型程控交换机，负责本省高速公路各运营公司的话务接续，并提供跨省的长途电话接续；各个运营公司分别配置程控交换机系统，负责本路段的办公电话接续。语音业务传输网见图 2-28。

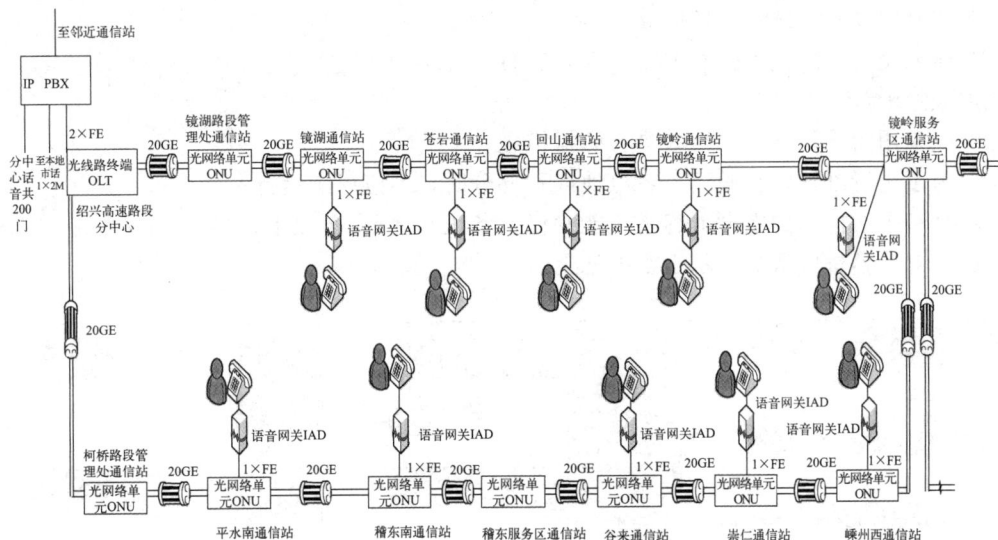

图 2-28　语音业务传输网

（五）通信电源系统

高速公路通信电源系统是确保高速公路通信系统稳定运行的关键部分，它由交流供电系统、直流供电系统以及电源监控系统等组成。交流供电系统主要包括不间断电源（UPS）和蓄电池组，而直流供电系统则包括高频开关电源设备和蓄电池组。这些电源系统为高速公路沿线的通信设备提供稳定的电力支持，保障通信网络的连续性和可靠性。

通信电源系统的设计需要考虑到高速公路的特殊环境和需求。例如，电源系统需要具备足够的容量来支持沿线的通信基站、监控设备、收费系统等的电力需求。同时，由于高速公路通常跨越较长的距离，电源系统还需要具备较高的稳定性和抗干扰能力，以应对各种极端天气和环境变化的影响。

在实际应用中，电源系统的设计还会考虑到与监控、收费等系统的统筹规划，以实现资源的最优配置和利用。此外，电源系统还需要配备监控模块，负责采集本站电源设备运行信息，并将这些信息传输至通信中心的监控终端，以便于实时监控和管理电源设备的状态。一般的高速公路通信电源设计需要满足以下参数，通信电源系统的设计架构如图 2-29 所示。

通信电源设计参数：

① 输出电压：$-40\sim-63.5$V，额定电压为-48V；

② 输出电流：$\geqslant 30$A；

③ 稳压精度：$\leqslant 1\%$；

④ 效率：$\geqslant\pm 0.9$；

⑤ 功率因数：$\geqslant 0.95$；

⑥ 稳压精度：$\leqslant\pm 1\%$；

⑦ 模块间负荷不均匀度：$\leqslant\pm 5\%$；

⑧ 可闻噪声：$\leqslant 45$dB（A）（设备 2m 处）；

⑨ 系统平均无故障时间（MTBF）：$\geqslant 100000$h，模块故障修复时间$\leqslant 5$min；

⑩ 风冷设备风扇平均无故障时间：$\geqslant 50000$h；

⑪ 工作温度：$0\sim+50℃$；

⑫ 储存温度：$-40\sim+80℃$；

⑬ 相对湿度：≤85%（35℃）；

⑭ 输入交流电压范围：380V±57V，50Hz±5Hz。

蓄电池组参数：

① 应采用免维护蓄电池组并具有防振措施；

② 为了进行维护，在搬运一组电池或一部分时，不应影响运行；

③ 每一个通信站的蓄电池容量应能确保设备正常运行 4h 以上；

④ 蓄电池容量应清楚地示于蓄电池上。

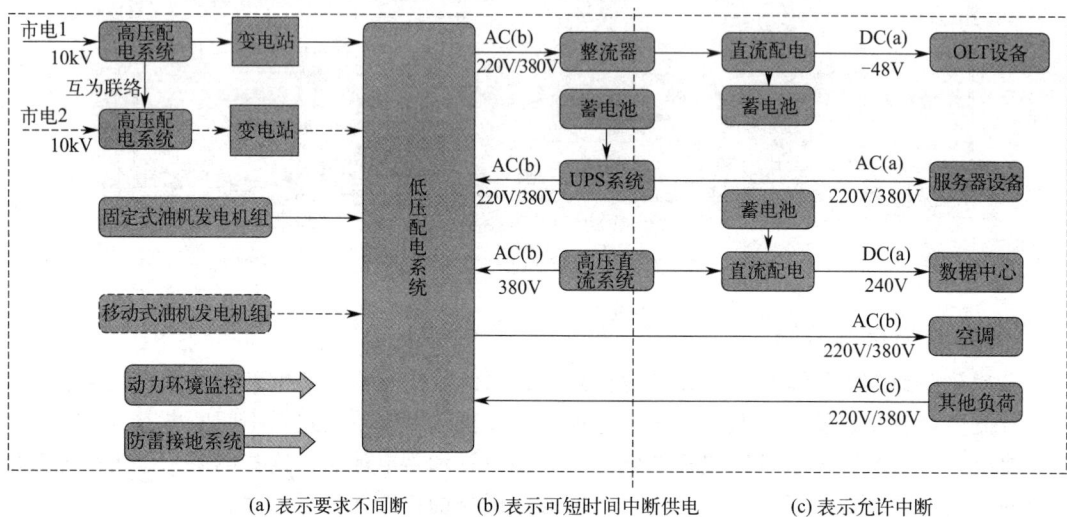

(a) 表示要求不间断　　　(b) 表示可短时间中断供电　　　(c) 表示允许中断

图 2-29　通信电源系统的设计架构

（六）传输管道

杭绍台高速公路通信系统传输管道一期工程，主要为该高速公路的通信光缆、电缆提供敷设通道，确保信息在高速公路上的稳定、高效传输。同时，它也为机电系统的联网贯通提供了必要的物理基础，是高速公路信息化建设的重要组成部分。

在设计上，通信系统传输管道需与高速公路主体工程相互协调，同步规划、同步设计、同步实施。管道材料选用符合国家有关技术标准的定型产品和器材，以确保工程质量。在施工过程中，需掌握好管道施工时机，同步预留预埋通信管道，以降低工程造价并提高施工效率。

目前，高速公路通信系统传输管道主要使用聚氯乙烯（PVC）和聚乙烯（PE）两种塑料管道材料。这两种材料都具有良好的柔韧性、机械强度和耐腐蚀性，能够满足该高速公路通信系统的需求。其中，高密度聚乙烯（HDPE）材料因其良好的耐热性、耐寒性和化学稳定性而备受青睐。

通信系统传输管道通常埋设在高速公路的中央分隔带、边坡、护坡道等位置，埋设深度需符合相关规定以确保管道的安全性和稳定性。在特殊情况下，如穿越桥梁或隧道时，需采取特殊的保护措施，如使用玻璃钢管箱或混凝土包封等，该设计方案一般使用 CAD 制图软件进行设计，并做好该项目的概预算。

（七）线缆的选型

1. 主干光缆、电缆配备情况

① 各收费站场区内敷设 1 根 24 芯光缆和预留 1 根 30 芯光缆，用于主干光缆和智能交

通专用光缆（预留）进出站，使光缆得以贯通全线。

② 监控、收费系统外场设备所用的零星光缆采用 4 芯单模光缆，数量分别计入各自系统。

③ 各通信站音频配线架至各楼层、各单元的楼内电话电缆、电话线由房屋建筑施工单位负责实施。

2. 光缆基本要求

（1）光缆的力学性能要求

① 光缆的力学性能满足相应的检查规范标准。

② 光缆中的光纤应采用单模光纤，每根光纤应可通过色码识别其在光缆中的位置。

③ 颜色应容易分辨，在光缆工作寿命期间不应受影响或腐蚀。

（2）光缆接头盒相关要求

① 光缆的接头盒应具备优良的力学性能，并具有防潮、防水性能。

② 接头盒内的光纤接头的质量对连接光纤的强度不应有明显影响。

（3）纤芯基本要求

① 单模光纤技术规范应符合 ITU-T G.652 规范。

② 模场直径：$(9\sim9.5)\mu m\pm(0.9\sim0.95)\mu m$。

③ 包层直径：$(125\pm2)\mu m$。

④ 包层圆度：$\leqslant2\%$。

⑤ 同心度误差：$\leqslant1\mu m$。

⑥ 截止波长：$1150\leqslant\lambda\leqslant128$（$\mu m$）。

⑦ 损耗：在 $1280\sim1330\mu m$ 时，$0.4dB/km$；在 $1550\mu m$ 时，$0.25dB/km$。

⑧ 在光缆工作温度范围内的衰减变化：$\leqslant0.1dB/km$。

⑨ 色散在 $1285\sim1330\mu m$ 时：$3.5ps/(\mu m\cdot km)$。

⑩ 最大允许张力：270daN❶，符合 IEC 794-1-E3 要求。

⑪ 碾压性能：最大承载 $30daN/cm$，符合 IEC 794-1-E3 要求。

⑫ 最小翘曲半径：静态 150mm，动态 200mm。

⑬ 温度范围：安装时为$-20\sim+60℃$，存储时为$-50\sim+70℃$。

模块四　高速公路通信系统的维护

一、熟悉高速公路通信系统的日常维护

高速公路通信系统是现代交通管理的重要组成部分，它负责传输和处理各种交通信息，包括车辆监控、路况报告、应急指挥等。为了确保通信系统的正常运行，日常维护至关重要。

（1）设备表面清洁与除尘

日常维护的首要任务是保持设备表面的清洁。工作人员需要定期清理设备表面的灰尘和污垢，防止灰尘积聚影响设备散热和运行。同时，还需要检查设备的散热风扇和散热片，确

---

❶　1daN=10N。

保它们能够正常工作，及时排出设备内部的热量。

（2）设备工作状况记录与检查

工作人员需要记录设备的电压、电流等数值，并观察设备的告警信号。这些记录有助于及时发现设备的异常情况，以便进行及时处理。此外，还需要通过计算机平台检查各端口、接口的情况，确保它们能够正常通信。

（3）电源供电情况检查

电源是通信系统正常运行的基础。工作人员需要定期检查电源的供电情况，包括电压稳定性、电流输出等。同时，还需要检查各设备的保险丝和电源插头，确保没有损坏或松动。

（4）无线通信网络测试

对于无线通信系统，工作人员需要进行网络测试，包括无线呼有线、无线呼无线、有线呼无线等呼叫测试。这些测试有助于确保无线通信网络的稳定性和可靠性。

（5）应急设备检查

应急设备是高速公路通信系统在紧急情况下的重要保障。工作人员需要定期检查应急电话、应急广播等设备的运行状况，确保它们能够在关键时刻发挥作用。

二、高速公路通信系统的常见故障分析

高速公路通信系统作为现代交通网络的中枢神经，其稳定性和可靠性直接关系到道路监控、收费管理、紧急救援等多个关键功能的实现。然而，在实际运行过程中，通信系统难免会遇到各种故障，这些故障若不及时处理，将对高速公路的安全运营造成严重影响。

（1）设备故障

设备故障是高速公路通信系统常见的故障之一。这可能是由设备老化、质量问题或不当操作导致的。设备故障可能导致通信中断或数据传输错误，影响交通信息的实时性和准确性。

（2）信号干扰

信号干扰是另一个常见的故障。这可能是由其他电子设备的干扰或信号阻挡物的影响导致的。信号干扰可能导致通信质量下降，甚至导致通信中断。

（3）线路故障

线路故障可能是由线路老化、破损或连接不良导致的。线路故障可能导致通信信号无法传输或传输质量下降，影响通信系统的正常运行。

（4）电源故障

电源故障可能导致设备无法正常工作或运行不稳定。电源故障可能是由电源质量不稳定、电源插头松动或保险丝损坏导致的。

（5）人为因素

人为因素也可能导致通信系统故障。例如，工作人员的不当操作、误删数据或恶意破坏等都可能导致通信系统出现问题。

项目总结

本项目主要是了解和熟悉高速公路通信系统集成和维护的相关基础知识和技能。大家要学习和掌握的重点包括以下几个方面：

① 了解通信系统的基本构成：高速公路通信系统包括光纤数字传输系统、图像数据传

输系统、程控数字交换系统、移动通信系统、紧急电话系统及通信电源系统。这些组成部分共同确保了监控系统和收费系统的话音、数据和图像等信息的准确及时传输。

② 熟悉通信系统在高速公路领域的作用：提供实时交通信息，优化行车路线；增强高速公路安全管理能力；支持互联网收费通信，提升收费效率；推动高速公路现代化发展，实现智能化管理；降低高速公路建设和维护成本。

③ 了解高速公路通信系统的管理架构、业务流向与特点：高速公路通信系统一般采用"省级通信中心-路段通信分中心-基层通信站"的三级管理架构。高速公路通信系统的业务流向表现出星形的分布形状，各管理段将各种管理数据先发送给分中心，然后由分中心返回给省指挥中心，形成了一个从基层到分中心再到省中心的业务流向。

其特点是具有高度集成与综合性、长距离传输与稳定性、高带宽与实时性、安全性与可靠性、可扩展性与灵活性。

④ 掌握高速公路通信系统的主要通信技术：高速公路通信系统主要使用的技术包括有线通信技术、无线通信技术以及局域网传输技术。

⑤ 掌握杭绍台高速公路通信系统的系统集成与设计方法：该项目起于钱江通道南接线与杭甬高速相交的齐贤枢纽。北端与沪杭甬高速连接，南端与台金高速相连，与上三高速公路近似平行。设计内容主要包括通信系统架构、高速公路监测系统、ETC龙门架系统、语音业务传输网、通信电源系统、传输管道。

⑥ 熟悉高速公路通信系统的日常维护：高速公路通信系统是现代交通管理的重要组成部分，它负责传输和处理各种交通信息，包括车辆监控、路况报告、应急指挥等。为了确保通信系统的正常运行，日常维护至关重要。

⑦ 掌握高速公路通信系统的常见故障分析方法：高速公路通信系统作为现代交通网络的中枢神经，其稳定性和可靠性直接关系到道路监控、收费管理、紧急救援等多个关键功能的实现。然而，在实际运行过程中，通信系统难免会遇到各种故障，这些故障若不及时处理，将对高速公路的安全运营造成严重影响。

自测练习

在线测试

一、填空题

1. 高速公路通信系统主要由光纤数字传输系统、_____、程控数字交换系统、移动通信系统、紧急电话系统及通信电源系统组成。

2. 高速公路通信系统一般采用省级通信中心、_____、基层通信站的三级管理架构。

3. 我国高速公路早期主要采用SDH技术构建光纤通信系统，用于高速公路沿线应急救援电话、_____以及其他交通管理数据的传输。

4. 5G-V2X技术和_____技术可以支持高速公路的智能收费系统，实现无感支付和快速通行。

二、选择题

1. 高速公路干线通信管道通常是沿高速公路（　　）埋设。

A. 公路边坡　　　　B. 排水沟外侧　　　C. 路肩　　　　　　D. 中央分隔带

2. STM-4等级同步传输系统的传输容量是（　　）。

A. 622Mbit/s　　　B. 155Mbit/s　　　C. 34Mbit/s　　　D. 120Mbit/s

3. 高速公路信令网应采用（　　）结构方式。

A. 一级   B. 二级   C. 三级   D. 四级

4. 高速公路通信系统应优先选（   ）作为基本的主干线传输方式。

A. 光纤通信   B. 微波通信   C. 卫星通信   D. 数字通信

5. 高速公路通信系统不包括以下哪个层次？（   ）

A. 长途网   B. 区域网   C. 地区网   D. 用户网

三、判断题

1. 高速公路通信系统基本上由主干线传输、业务电话、指令电话、紧急电话、数据传输、图像传输、广播、通信电源、通信管道等各部分组成。   （   ）

2. 光缆铺设应按实际长度铺设，对光缆的牵引张力和弯曲半径没有具体要求。（   ）

3. 在施工阶段，光缆线路工程的监理内容包括光缆敷设和光缆接续两部分。（   ）

4. 我国高速公路通信系统信令网主要采用No7信令。   （   ）

5. 数据传输系统中，数据传输方式一般分为两种方式，即基带信号传输和数字数据传输。   （   ）

6. 在SDH设备产品中，与数字传输有关的接口分为电接口和光接口两类。   （   ）

四、简答题

1. 高速公路路段通信系统的设计目标是什么？

2. 通信系统在高速公路机电系统中的主要作用是什么？

拓展思考

随着北斗卫星导航系统的不断发展，低时延、高精度地图不断成为现实，我国正在组织开展空天地一体化网络建设。

请自行查找并学习相关资料，并思考在未来空天地一体化网络运行管理机制下，高速公路通信系统应该做出哪些改进，以更好地适应高速公路上的车路协同。

项目三

高速公路监控系统
集成与维护

项目描述

假设 A、B 两地间的某段高速公路全长 380km，双向六车道设计，A、B 两地出入口各设收费站一个，每个收费站设置收费车道 8 条，四进四出。在距 A 地 220km 处设置服务区一对。要求实现该段高速公路运行的全程异常事件监测和气象监测，以及对收费站和服务区的视频监控。请分组完成该段高速公路监控系统集成方案。

学习目标

(1) 知识目标

➤ 了解高速公路监控系统的概念和作用。

➤ 了解高速公路气象监测的主要内容和监测方法。

➤ 熟悉高速公路视频监控系统的设备组成。

➤ 掌握收费站及服务区视频监控系统集成方法。

➤ 掌握高速公路监控系统日常维护工作的主要内容。

(2) 技能目标

➤ 能够正确描述高速公路监控系统及其作用。

➤ 能够根据具体场景下的系统功能需求，完成简单的视频监控系统集成方案设计。

➤ 能够根据系统需求选用合适的设备搭建所需的视频监控系统。

➤ 能够根据需求设计公路气象监测系统集成方案。

➤ 能够根据监控系统的具体组成情况，编制系统的维护方案。

➤ 能够完成系统的主要维护操作。

(3) 素养目标

➤ 具备较强的自主学习和团队合作精神。

➤ 具备吃苦耐劳的劳动精神和劳动观念。

➤ 有意识培养高度负责、精益求精的工作意识。

拓展阅读

最美司机：以高度职业责任感和专业技术在危急情况下挽救乘客生命

2012年5月29日，杭州客运司机吴斌正驾驶一辆长途大巴车行驶在沪宜高速上，客车上共有24名乘客。突然迎面飞来了一个铁片砸到了客车玻璃上，司机吴斌腹部被砸中。

车载视频记录惊心动魄的一分钟：

11点39分05秒，锡宜高速宜兴方向阳山路段，吴斌穿着天蓝色的短袖制服，戴着黑色镜片太阳镜，双手握着方向盘；

11点39分24秒，一个块状物体，穿过挡风玻璃，击中吴斌腹部。吴斌似乎被这突如其来的"块状物体"弹了一下，先用右手捂住腹部，挣扎着将右腿伸长，踩住刹车；

11点39分52秒，吴斌解开安全带；

11点39分55秒，停车，左手拉手刹；

11点40分05秒，吴斌非常努力地站起来，告诉乘客注意安全……

吴斌强忍疼痛，将车稳稳停到路边。一边指挥乘客疏散，另一边打电话报警，可就在76秒后，吴斌昏迷了过去，虽然此后被连夜抢救，但吴斌最终还是因为肝脏破裂而死，终年47岁。吴斌以高度的职业责任感和精湛的专业技术，向世人呈现了在生命最后76秒挽救24名乘客的伟大壮举，获评为"最美司机"。培养并坚守自己的职业责任，最美司机吴斌为所有职业人树立了学习榜样。

事后查明：对向车道上一辆货车制动鼓破裂后，遗留在路面上的金属碎片没有被及时发现和清理，被后来的车辆碾压后高速飞出，不幸击中了驾驶大巴高速行驶的司机吴斌，并导致车上二十余名乘客的生命处于危险之中，如果没有最美司机吴斌的正确处置，后果将不堪设想。

知识储备

模块一　初步了解高速公路监控系统

一、高速公路监控系统及其作用

1. 高速公路的运行特点

相对普通的地面道路，高速公路的运行具有车辆运行速度快、车流密度较大、交通管理难度大等主要特点，高速公路上一旦发生交通事故，极易造成人员伤亡和财产损失，因此，相对于普通地面道路，高速公路运行和管理对安全性要求非常高，必须尽最大努力减少高速公路事故的发生。同时，高速公路建设需要占用较多耕地，资金投入大，必须尽可能提高车辆通行效率，以最大程度发挥高速公路的投资效益。有鉴于此，高速公路必须配套建设相应的监控系统，以提高高速公路交通运行的安全性和交通通行效率。

2. 高速公路监控系统的基本概念

所谓高速公路监控系统，是指将传统的交通信息采集技术、数据传输技术和电子控制技术，以及新兴的物联网技术、大数据分析技术、人工智能技术等相关技术综合运用于地面运输管理体系，而建立起的一种在大范围内全方位发挥作用，实时、准确、高效的公路运输综合管理系统。

3. 高速公路监控系统的建设目的

在高速公路建设和交通管理过程中，建设和使用高速公路监控系统主要想达到两个方面的目的。

(1) 保障交通安全

安全是交通运行和管理的基础。构建高速公路监控系统的首要目的，就是保障高速公路交通的安全，包括交通设施自身的安全，以及参与交通运行的车辆和司乘人员的安全。比如，通过物联网技术采集交通设施自身的状态，并在监测到异常情况时及时处理。再如，通过对路面运行车辆的速度进行控制，以尽可能保障车辆运行安全。

(2) 提高交通效率

在保障交通安全的前提下，通过采用适当的交通控制策略，尽可能提高交通通行的效率，发挥高速公路主干运输通道的作用。

二、高速公路监控系统的构建

(一) 高速公路监控系统的层级化管理

高速公路只有连线成网，才能更好地发挥其作用，最大程度地提高经济和社会效益。整个高速公路网的监控系统管理，采用分层构建和管理思路。从高速公路监控系统管理的角度，高速公路监控系统划分为省级监控中心、路段监控分中心、基层监控单元三个从高到低的不同层级，不同层级之间的监控信息，通过相应的信息传输网络相连接。

1. 基层监控单元

负责某个高速公路具体场景的监控，包括某个具体场景的现场视频、主要设施的运行状态、有无异常情况等，并为上层监控中心提供基层的监控信息，同时接收上层监控中心下发的相关管理指令，完成所负责点位交通设施的状态控制。如：某个收费站的监控、某处桥梁的监控、某段隧道的监控。

2. 路段监控分中心

长距离高速公路由于投资规模较大，建设周期较长，常常采用分段建设、分段管理的建设和管理模式，并成立路段公司作为建设和管理的实体。路段管理公司会建立自己的路段监控分中心，负责某条高速公路某个路段的监控和运行管理。路段监控分中心一方面和路段下辖的各基层监控单元相连接，收集各基层监控单元所获取的相关监控信息；另一方面和高速公路省级监控中心相连接，上传所管理路段的监控信息，并接收高速公路省级监控中心下发的各项管理和调度指令。路段监控分中心综合省级监控中心的管理调度指令，和自身所负责路段的监控信息，制定所负责路段的交通管理措施，完成所负责路段的高速公路交通运行管理。

3. 省级监控中心

为了对省域内的高速公路进行监控和管理，每个省份均建立了省级高速公路监控中心，一方面和省域内各段高速公路的监控中心联网，汇总省内各段高速公路的监控信息，并对省域内各段高速公路的运行进行管理和控制；另一方面和交通运输部路网监测与应急处置中心联网，向交通运输部路网监测与应急处置中心提供本省范围内的高速公路监控信息，并接收交通运输部路网监测与应急处置中心的相关调度和管理指令。

交通运输部组建的全国路网监测与应急处置中心，作为整个国家路网层面的监测管理和应急处置部门，通过联网收集所有联网路段的监控信息，负责对整个国家高速公路网的运行情况进行监控和应急处置管理，及时发布高速公路交通预警信息。

（二）高速公路监控系统的组成结构

高速公路监控系统需要完成的主要工作包括：采集高速公路上交通运行相关影响因素的实时状态信息，并传输给各层级监控中心进行分析处理，并根据信息处理结果发布相关交通诱导信息，对高速公路的交通运行情况进行管理。为完成上述工作，高速公路监控系统主要由以下几个部分组成。

1. 信息采集子系统

信息采集部分是指高速公路监控系统的前端设备，主要负责实时采集所需的高速公路交通相关信息，包括：高速公路车辆运行信息（车流量大小、车辆运行速度等）、区域气象信息（包括区域风力大小、雨雪情况等）、交通异常事件（交通事故、拥堵、路面抛洒物、车辆违规驾驶）、交通设施运行状态等。常用的信息采集设备主要包括安装在高速公路沿线的视频监控摄像机、雷达、能见度传感器、风力风向传感器、各种交通设施状态监测传感器等，也可以使用车载信息采集设备，对路面情况进行流动监测和信息采集。其中视频监控摄像机是使用最为广泛的交通信息采集设备，带有云台的监控摄像机或者可变焦距的摄像机，也会接收监控中心的控制指令，以实现拍摄焦距和拍摄角度的变换。

2. 信息发布子系统

及时发布相关交通诱导信息，是高速公路实现交通管理的重要手段之一，信息发布子系统是高速公路监控系统的一个重要组成部分，主要用来根据高速公路交通管理和服务需求，发布相关的提醒和诱导信息，比如：气象提醒信息、前方道路运行状态信息（有无事故、拥堵）、道路施工信息、道路通行信息等。常用的信息发布手段包括：固定信息情报板、可变信息情报板、交通应急广播、车载信息终端等。

3. 信息处理子系统

信息处理部分通常位于系统后端的监控中心内，是高速公路监控系统的核心部分，负责接收、存储、处理、显示相关监控信息。监控中心通常配备高性能服务器、存储设备、显示设备等，能够实现对高速公路的全方位、全天候监控。同时，监控中心还具备报警、录像回放、远程控制等功能，为交通管理部门提供决策支持。

4. 信息传输子系统

信息传输子系统负责高速公路外场信息采集、信息发布、交通控制相关设备与后台监控中心信息处理设备之间的信息传输。高速公路常用的信息传输技术主要包括光纤传输和无线传输，关注的重点在于信息传输的可靠性和高效性。

模块二　熟悉常用的交通信息采集设备

要完成高速监控系统的方案设计和系统集成，必须对常用的监控相关设备有所熟悉，下面，我们就来了解一下常用的交通信息采集设备。

一、熟悉常用的交通监控摄像机

摄像机是使用最为广泛的交通信息采集设备，负责采集监控现场的视频图像，并通过相应的传输线路，将采集到的视频图像传输到后台，进行分析和处理。

不同的摄像机具备不同的性能特点，适用于不同的应用场合，只有熟悉常用摄像机的性能情况，才能根据实际的应用场景，选用合适的摄像机。常用的 CCD 摄像机相关知识简介如下。

（一）CCD 摄像机的分类

随着摄像机的应用日益广泛，现在实际使用的摄像机多种多样，按照不同的分类标准，可以分成不同的类别。

1. 按照成像色彩划分

CCD 摄像机按成像色彩可划分为黑白摄像机和彩色摄像机两种。

（1）黑白摄像机

只能得到黑、白两色视频图像的摄像机。黑白摄像机不能完全真实还原现场场景信息，但是所得视频图像数据量小，二值化图像有利于提高后续的图像处理和事件识别效率，常用于大多数需要计算机对图像进行后续处理和敏感事件检测识别的应用场景。在实际的图像检测过程中，也常常会将彩色摄像机所获取的彩色图像二值化成黑白图像，再进行后续的处理。

（2）彩色摄像机

指能够获取监控场景色彩信息的摄像机。相对于黑白摄像机，彩色摄像机能够获取监控场景内不同景物的色彩信息，观感更加真实，更加适合需要人工观看监控图像的应用场合。同时，彩色摄像机所拍摄图像包含的颜色信息，有利于在后续图像处理过程中，提高检测识别的准确性。但相对于黑白摄像机，彩色摄像机一般价格较高，且所拍摄的图像数据量较大，图像传输时需要占用更多的传输带宽，图像存储时也需要占用更多的数据存储空间。

2. 按照摄像机灵敏度划分

按照灵敏度的不同，常用的摄像机可分为：普通型摄像机、月光型摄像机、星光型摄像机和红外照明型摄像机。

（1）普通型摄像机

指正常成像工作需要的环境光照最低照度在 1～3lx 的摄像机，主要适用于仅在白天工作，或者夜晚工作时环境照明较为充足的应用场合。比如高速公路收费亭内，或者收费站办公室楼宇内部。

（2）月光型摄像机

指正常成像工作需要的环境光照最低照度在 0.1lx 左右的摄像机。月光型摄像机在仅有普通月光而无附加照明的夜晚也可正常工作，适用于高速公路中没有灯光照明的监控路段。

（3）星光型摄像机

指正常成像工作需要的环境光照最低照度在 0.01lx 以下的摄像机。星光型摄像机在仅有星光的夜晚即可拍摄较为清晰的现场图像，适用于没有现场照明又需要全天候监控的应用场景。比如需要 24 小时全天候监控，且没有路灯照明，夜间过往车辆又比较少的高速公路重点监控路段。

（4）红外照明型摄像机

指附带红外照明灯具的摄像机。由于该种摄像机自身附带红外照明灯具，因此可以在夜晚实现监控场景的红外成像，适用于需要红外图像的监控场合。

3. 按照摄像机外形分类

按照摄像机的外形，可将摄像机分为：枪式摄像机、半球形摄像机和球形摄像机。

（1）枪式摄像机

指外形类似枪筒的摄像机，外形通常为圆柱体或者长方体，如图 3-1 所示。

枪式摄像机由于摄像镜头朝向一个相对固定的角度，通常用于采集一定方向角度的视频图形，如车道的视频监控通常采用枪式摄像机（图 3-2）。

図 3-1　实际使用的枪式摄像机　　　　图 3-2　用于高速公路车道监控的枪式摄像机

（2）半球形摄像机

指总体外形类似半个球的监控摄像机，其组成通常包括了摄像机、变焦镜头、安装支架和半球状的外罩等部分，如图 3-3 所示，具有安装方便、隐蔽性较好、摄像角度方便调整等优点，特别适合于室内办公场所的监控需求。如高速公路收费亭内即可安装吸顶式半球形摄像机，以便对收费员的工作场景进行视频信息采集。

图 3-3　半球形摄像机　　　　　　　　　　图 3-4　球形摄像机

（3）球形摄像机

指总体外形类似球的摄像机，如图 3-4 所示。球形摄像机通常由球形的外罩以及外罩内部的摄像机、变焦镜头、云台等部分组成，云台可以带动摄像机及镜头进行上、下和左、右方向的转动，从而实现较大角度范围的视频图像采集。比如，高速公路服务区就常常设置高位的球形摄像机，以便对整个服务区的场景进行视频监控。

4. 按照摄像机供电方式分类

按照供电方式的不同，可将摄像机分为独立供电的摄像机和 POE 供电的摄像机。

（1）独立供电的摄像机

指提供外部独立供电的电源接口和配套电源适配器的摄像机。独立供电的摄像机通常需要使用配套的电源适配器，将外部提供的 220V 交流电转换为摄像机工作所需要的直流电，并通过相应的接口，供给摄像机。

独立供电的摄像机需要外部提供电源和配套的电源适配器，这给像高速公路这样的野外使用环境带来了不便。

（2）POE 供电的摄像机

POE（英文短语 power over ethernet 各单词首字母的缩写）是指直接通过以太网线为网

络设备供电的一种供电方式，由具有 POE 端口的网络交换机通过网线为远端设备供电，现在很多网络摄像机都采用了 POE 供电方式。但是，采用 POE 供电方式的网络摄像机，必须配套相应的 POE 端口的网络交换机，且 POE 供电的摄像机与网络交换机的距离通常不能超过 100m，并需使用质量较好的全铜网线。

现在许多网络摄像机可以同时提供上述 2 种不同的供电方式（图 3-5）。

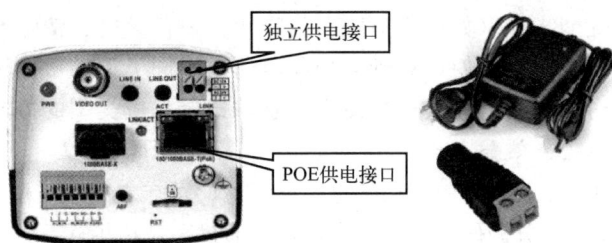

图 3-5　摄像机的供电接口及配套电源适配器

5．按照摄像机功能分类

按照摄像机功能，可以将交通监控摄像机分为普通功能摄像机和智能检测摄像机。

（1）普通功能摄像机

普通功能摄像机是指仅具备视频图像采集功能的摄像机，不具备进一步的图像信息处理功能，进一步的图像处理需要通过后端的信息处理中心才能完成。

（2）智能检测摄像机

智能检测摄像机不仅具备基本的视频图像采集功能，而且具备一定的视频信息智能检测功能。比如，高速公路收费站的车牌检测摄像机、高速公路上的车辆违法行为智能检测摄像机。

（二）监控摄像机的选型

摄像机的选择主要关注性能参数和适用场合能否满足高速公路监控的需求。

1．摄像机的主要性能参数

在交通监控摄像机选择过程中，通常关注的参数主要包括：

（1）信噪比

它是视频信号电平与噪声电平之比。这个指标是衡量摄像机质量的重要指标。信噪比越高，图像越清晰，质量就越高，通常在 50dB 以上。

（2）最低照度

摄像机都需要在一定亮度的光照条件下才能正常工作，如果光照低于某一照度就无法看清图像。最低照度即是摄像机开到最大光圈使用最大增益时，让图像电平达到规定值所需的环境光的照度。

（3）焦距

焦距是摄像机镜头的一个重要参数，它决定了镜头中心到焦点的距离。当拍摄距离保持不变时，焦距越长，拍摄的景物范围越小，但景物在画面中的面积会越大；相反，焦距越短，拍摄的景物范围越大，但景物在画面中的面积会越小。因此，拍摄特写时常用长焦镜头，而拍摄大场景时则常用短焦镜头。

（4）清晰度

清晰度是衡量摄像机性能的关键参数，它决定了影像上各细部影纹及其边界的清晰程度。通常，分辨率在 720P 以上的摄像机被视为高清晰度。数字摄像机的清晰度由其摄像器件的像素数量决定，像素越多，图像越清晰。因此，清晰度越高，摄像机的档次也越高。

2. 摄像机的选取原则

为保证高速公路监控系统中摄像机选型的质量和效率，在摄像机选型过程中，应遵循如下主要原则：

（1）明确性能要求和应用场景

在摄像机的主要性能指标（如镜头焦距、信噪比、最低照度、清晰度等）满足使用要求的同时，还应考虑摄像机的具体使用场景，如前所述，不同类型的摄像机适用于不同的使用场景，在选择摄像机时，必须根据具体的使用场景，选择相应类型的摄像机。

（2）注重系统成本投入效益

在监控设备选型过程中，投资效益当然也是要考虑的重点之一，其核心在于有效控制投入成本。设备选型过程中应充分调研、货比三家，也可通过公开招投标，引入充分竞争，有效控制设备购买成本。需要注意的是，投入成本不仅要考虑设备的购买成本，还应考虑设备的后期使用和维护成本，即应考虑系统和设备的全生命周期成本，做好全生命过程成本控制。

（3）兼顾市场供应情况

在设备选型过程中，在考虑设备性价比的同时，还应考虑相应设备型号的市场供应情况，一般应选择主流设备厂家和市场成熟度较高的设备型号，以保证设备供货的稳定性和厂家售后服务的及时高效。

二、交通监控雷达及其选用

（一）雷达在高速公路监控中的常见应用

1. 车辆速度检测

在高速公路交通监控过程中常常使用雷达进行车辆行驶速度的检测，以便对高速公路的超速车辆进行检测和管理，提高高速公路行车的安全性。如图 3-6 所示。

图 3-6　高速公路上布设的测速雷达

2. 公路断面车流量监测

在高速公路交通管理过程中，也常会使用雷达对公路断面的车流量进行测定，以便实时了解某一路段的交通流量，为高速公路交通流量管理提供依据和基础。如图 3-7 所示。

3. 高速公路异常事件检测

在高速运行过程中，由于车辆行驶速度较快，路面抛洒物、行人、停车、逆行、跨车道、S形驾驶、拥堵、摩托车闯入等交通异常事件，常会带来意外交通事故的发生，甚至发生多车连环相撞的重大交通事故，因此必须加强对上述异常事件的监测和预警。在实际的高

图 3-7　使用雷达对道路断面车流量进行检测

速公路监控系统中，就常常通过设置相应的雷达装置，实现对异常事件的实时监测。

4. 高速公路自身状态检测

在高速公路养护和管理过程中，常会使用探地雷达对路面开裂情况、阴雨天气下边坡和路基土质的稳定状态等进行监测，以便及时根据路面情况开展相应维护工作，并在阴雨天气下道路边坡和路基存在滑坡和坍塌风险时，及时预警并采取相应管理措施。

（二）高速公路监控系统中雷达的主要类型

高速公路监控系统中使用的雷达从工作原理方面来看，主要有毫米波雷达、微波雷达和激光雷达。

1. 毫米波雷达和微波雷达

（1）毫米波雷达和微波雷达概述

毫米波雷达和微波雷达工作原理相似，都是发送高频电磁脉冲来探测目标，然后测量一定范围内物体反射回来的信号，通过比较物体反射电磁波和发射电磁波的差异，探知物体相对于雷达自身的距离和方位。但毫米波雷达的工作信号波长约为 0.1～1cm，频段范围为 30～300 GHz；而微波雷达工作信号的波长约为 0.01～1m，频段范围为 1～30 GHz。

工作信号波长的不同，带来了毫米波雷达和微波雷达的不同工作特点：微波雷达信号功率大，设备体积较大，能够检测到更远的距离，但分辨率通常较低，适合于大型车辆的探测；而毫米波雷达设备体积相对较小，信号发射功率较小，探测分辨率高，穿透雾、烟、灰尘的能力强，适合于近距离、小型车辆的探测。

（2）毫米波雷达和微波雷达在高速公路监控中的实际应用

① 交通状态监测。可以实现重点车辆跟踪、危险驾驶行为监测和预警、全域事件检测及事故智能跟踪等功能。这种雷达系统特别适用于直路、弯路、匝道、跨线桥、枢纽互通等多场景，为全天候交通出行提供基础数据支撑。

② 车辆速度监测。毫米波雷达能够实时监测车辆的行驶速度，以便及时根据车辆行驶速度控制路段的车流量，也可及时发现超速行驶等违规行为，并采取相应的措施。

③ 施工区域安全预警。在高速公路施工区域，毫米波雷达通过实时监测路段的车辆行驶速度和车流量大小，当监测到有车辆高速靠近施工区域时，可通过联动的高音喇叭和电子信息板，提醒车辆及时变道，以避开施工区域。当监测到车辆高速逼近到施工区域，有可能危及施工人员安全时，也可通过施工人员随身佩戴的电子装置发布预警信息，提醒施工人员及时躲避，以保证施工人员的安全，从而有效提升高速公路施工安全水平。

④ 交通事件检测。毫米波雷达能够探测到检测区域内所有车辆的位置和速度信息，特别适合全天候侦测超速行驶、异常停车等交通异常事件并自动报警。

图 3-8 所示即是高速公路中用于监控系统的毫米波雷达。

图 3-8　高速公路上安装的毫米波雷达

毫米波雷达的不足主要在于：对静止或低速目标识别不敏感，在高速公路拥堵、缓行情况下，毫米波雷达存在将多辆缓行的小车识别成大车，或者将长挂车识别成多辆小车的误检测；由于其对金属物体敏感，在有较多金属路牌的高速上，容易产生误报。

2. 激光雷达

激光雷达是以发射激光束探测目标的位置、速度等特征量的雷达系统。其工作原理是向目标发射探测信号（激光束），然后将接收到的从目标反射回来的信号（目标回波）与发射信号进行比较，作适当处理后，就可获得目标的有关信息，如目标距离、方位、高度、速度、姿态，甚至形状等参数，从而实现对目标物体的探测。激光雷达虽然也是采用光学原理，但本身不依靠环境光，大大增强了感知的适应性；对目标物的三维探测能力也增强了探测的准确性。相较其他传感器，高性能激光雷达在抗环境干扰、探测距离上更胜一筹，且基于高分辨率可以实现对常见抛洒物的精准探测。这些综合优势让激光雷达成为高速路侧感知体系中的必备传感器。可用于高速公路监控系统中的车辆速度检测、超限车辆检测、异常事件检测等多个方面。如图 3-9 所示即为激光雷达安装在立杆或门架上，实时检测前方通过的高速车辆，测量车辆的长、宽、高等尺寸信息。

图 3-9　使用激光雷达对超限车辆进行检测

三、高速公路交通监控系统中气象信息检测

（一）气象因素对高速公路交通的影响

在实际交通管理过程中，必须要考虑天气因素对高速公路交通的影响。需要考虑的主要天气因素包括：

1. 雨雪天气

雨雪天气是高速公路交通的常见挑战：降雨会导致路面湿滑，降低轮胎与地面的摩擦力，增加车辆制动距离，进而可能引发交通事故。降雪则可能直接导致路面结冰，使车辆操控变得极为困难，甚至可能导致车辆失控。此外，雨雪天气还可能伴随能见度降低，驾驶员视线受阻，会增加碰撞和追尾的风险。

2. 雾霾天气

雾霾中的微小颗粒物悬浮在空气中，不仅影响驾驶员的视线，还可能对车辆的行驶系统造成损害。同时，雾霾天气还可能导致驾驶员产生疲劳感，降低驾驶注意力，从而增加交通事故的风险。

3. 极端的高温和低温天气

高温天气下，车辆容易出现爆胎、自燃等故障，对于柏油路面，极端高温天气也会导致路面沥青一定程度上熔化，进而影响车辆的转向和制动操控性能。而极端低温天气则不仅会导致路面结冰打滑，还可能导致车辆起动困难、燃油消耗增加等问题，进而影响到车辆的正常通行。

4. 大风天气

较大的迎面风力会显著增加车辆行驶的阻力，较大的背推风力则可能显著增加车辆的行驶速度，这些都会导致车辆驾驶人员无法按照已有的驾驶感觉和习惯操控车辆。而较大的横向风力，也会导致车辆的操控困难。可见较大的风力，会对车辆的正常驾驶造成较大影响，进而容易引发交通事故。

因此，必须对高速公路沿线的气象信息进行监测，以便为高速公路交通管理提供参考。

（二）高速公路需要监测的主要气象信息

构建高速公路监控系统时，需要采集和监测的气象信息主要包括：

① 雨雪信息。包括降雨和降雪的量级大小、区域范围、时间段等信息。

② 大气温度信息。包括有无极端高温或者低温天气，以及极端气温的持续时间。

③ 风力风向信息。主要采集和检测风力的大小和方向。

④ 能见度信息。主要是通过采集能见度信息，监测高速公路所经过区域的雾霾和扬沙扬尘情况。

（三）高速公路气象信息监测的实现

高速公路气象信息的采集和监测的实现主要采用两种途径。

1. 广域的气象信息监测

省级高速公路监控中心和交通运输部路网监测与应急处置中心需要了解整个省域甚至国家较大范围内的天气状况。较大区域范围的气象信息监测，可以通过收取气象台的天气预报信息，对广域的气象信息进行监测。比如一定区域的气温、降雨、降雪、风力风向、雾霾情况等，均可通过收取当地气象台的天气预报信息获取。

2. 较小区域的气象信息

高速公路路段监控中心主要关注所负责路段经过区域的气象状况，较小区域范围的气象信息，可通过在高速公路沿途设置相应的气象信息采集和监测设备进行采集。通常设置的气象信息采集设备包括：

（1）能见度检测仪

能见度检测仪是采集能见度的大气检测设备，如图 3-10 所示。

图 3-10　能见度检测仪及其在高速公路气象监测中的应用

（2）综合气象监测仪

综合气象监测仪可以综合采集风力、风向、降雨量、能见度等气象信息，如图 3-11 所示。

图 3-11　高速公路综合气象监测仪

（四）气象信息在高速公路运行管理中的应用

1. 能见度信息的应用

能见度反映了当时气象条件下大气的透明程度。通常将大气能见度划分为如表 3-1 所示的不同等级，以便为车辆驾驶和交通管理提供参考。

表 3-1　大气能见度等级划分参考表

大气能见度等级	能见度范围	应用参考
能见度极好	20～30km	视野清晰，适合车辆正常行驶
能见度好	15～25km	视野较清晰，大部分车辆可正常行驶
能见度一般	10～20km	视野尚可，轻型车辆可正常行驶，载重车辆应减速行驶
能见度较差	5～15km	视野不清晰，对交通工具的正常运行有一定影响，需要特别注意安全
能见度差	1～10km	视野非常不清晰，车辆应减速慢行

续表

大气能见度等级	能见度范围	应用参考
能见度很差	0.3～1km	有大雾或浓霾,视野非常模糊,需要特别小心驾驶或停驶
能见度极差	0.1～0.3km	有重雾或浓雾,几乎无法看到前方物体,高速公路应封闭,车辆应停止运行
能见度为零	小于100m	有暴雨、暴雪、沙尘暴等天气现象,无法看到前方任何物体,高速公路应封闭,车辆应避免外出

2. 其他气象信息的应用

当监测到有严重影响高速公路交通安全的气象信息时，高速公路交通管理部门应及时通过网络、广播等公共媒体发布预警信息，提醒车辆驾乘人员及时调整出行计划，确保出行安全。

当监测到需要车辆减速行驶的气象信息时，应及时通过高速公路沿线设置的可变情报板等手段发布提醒信息，提醒车辆减速慢行、谨慎驾驶，同时加强高速公路的路面巡逻，以减少高速公路交通事故的发生。

当监测到大风天气时，高速公路养护和管理部门应及时检查、加固高速公路沿线的相关设施设备，防止沿线设施设备被大风吹落后砸伤过往车辆，或者遗落路面造成交通安全事故。同时加强路面巡查监测，对路面上的车辆抛洒物和大风吹落物及早发现、及时清理。

当监测到长时间连续大雨天气时，高速公路养护部门应加大对山区路段道路边坡、软土路基、桥梁的监测和巡查力度，并采取相应的交通管控措施，以防止山体滑坡、树木倒伏、石块滚落路面、路基塌方、洪水造成桥梁损毁等引发交通事故。

模块三 了解高速公路监控系统的信息发布子系统

构建高速公路监控系统的一个主要目的，在于及时向车辆驾驶人员发布相关提醒和交通管理信息，以实现对高速公路车辆的诱导和控制，从而保证交通安全、提高通行效率。同时，也需要向道路养护和交通协同部门，发布相关协同管理信息，以便及时实现道路养护，以及交通事故的处理和救援。因此，高速公路监控系统构建时，必须配套建设相应的信息发布子系统。交通管理部门专门制定并发布了相应的《道路交通信息发布规范》等相关管理文件。

一、高速公路需要发布的主要信息

高速公路监控系统所要发布的信息，按照不同的分类方法可分为不同的类别。

从交通管理的角度，需要发布的主要信息分类如表 3-2 所示。

表 3-2 高速公路管理所需发布的信息一览表

信息类别			主要信息内容
高速公路主要基础信息	高速公路路段基础信息		路线编号、路线名称、路段里程、里程桩号、车道类型及限速、枢纽立交的名称、衔接高速公路的名称、互通立交区车辆行驶路线示意图等
	服务设施信息	收费站相关信息	高速公路出入口名称、位置(所处省、市、区或县、乡镇或街道)、车道数量和类型、收费方式、收费标准、管理单位、车型分类、方向(上、下或双向)
		服务区信息	服务区停车区名称、星级(或等级)、位置(所处省、市、区或县、乡镇或街道)、区内设施、管理单位

续表

信息类别		主要信息内容
高速公路出行状态信息	交通运行状态信息	交通阻断或拥堵的路线名称、具体位置、压车距离、时长、行车速度； 路网交通流量和行程时间的预测信息； 事故易发路段的路线名称、位置； 路段管理单位
	路况事件信息	路况事件类型、路况事件位置、路况事件发生时间、路况事件等级； 影响高速公路网(包括道路主线、立交匝道、收费站等)运行的事件原因； 交通管制信息(措施、原因、权限部门等)； 现场路面及车辆情况； 处理状态及时间节点； 公路受损及通行影响程度； 影响路段、收费站、服务区、桥梁、隧道及周边普通公路情况； 预计恢复时间； 路段管理单位
	施工养护信息	施工路线名称、施工路段位置； 预计工期； 实际开始与结束时间； 施工类型与内容； 施工地点类型与实际位置； 现场交通组织措施和安全措施； 因施工养护采取交通管制路段的限行或封闭信息,包括限行原因、限行时间、限行行车速度、限制通行车种、安全车距信息、路段管理单位、施工养护单位
	服务设施状态信息	收费站服务设施状态：收费站开启状态； ETC 车道开启数量； ETC/MTC 混合车道开启数量
		服务区服务设施状态：服务区开启状态； 各类服务设施开启状态； 各设施营业时间； 提供服务内容及其收费标准； 空闲停车位数量/总停车位数量； 空闲充电桩数量/总充电桩数量； 加油站状态； 到达服务区行程距离

从使用高速公路的出行者角度看，高速公路监控系统需要发布的信息，包括出行前需要了解的信息，称之为交通出行前信息（如高速公路因天气原因的交通管制信息），以及车辆在高速公路上行驶途中需要了解的信息，称之为交通出行在途信息（如前方路段的限速情况）。

二、相关信息的常用发布方式

（一）信息发布方式总体了解

在高速公路运行管理过程中，不同的信息发布给不同的接收对象，需要采用不同的发布方式，使用不同的信息发布设备和发布手段。

高速公路监控系统所收集的相关信息，以及对所收集信息处理分析后所形成的交通管理信息，其接收对象主要包括两方面人员：一是高速公路运行管理相关部门的管理人员，比如高速公路养护单位、高速交警以及政府的路政、消防、救护、应急管理等相关部门的管理和调度指挥人员。二是高速公路所通行车辆的驾乘人员。

其中，发布给高速公路运行管理相关部门人员的信息主要包括严重影响高速公路交通运行的异常天气信息、有较大人员伤亡的交通事故信息、道路设施损毁（路面塌陷、边坡滑坡、桥梁损毁等）信息，这些信息主要是通过高速公路监控系统和其他相关部门之间的联动信息网络进行传输和发布，以便相关部门通过联动及时对相关事件进行高效处置。

而对高速公路通行车辆驾乘人员的信息发布，则需要根据所发布信息的内容不同，采用不同的信息发布方式和手段。

（二）面向高速公路交通出行人员的信息发布

面向高速公路交通出行人员的信息，可大致区分为出行前信息和出行在途信息，需要采用不同的信息发布方式和发布手段。

1. 交通出行前信息的发布

对于通过高速公路出行的车辆驾乘人员来说，在交通出行前需要了解的信息主要包括：国家相关部门的高速公路交通管理法规和政策措施、所经高速路段的天气情况、所经高速路段的道路设施运行状态、所经高速路段的临时施工和交通管制信息等。通过高速公路出行的车辆驾乘人员，需要根据上述信息规划自己的出行时间和出行路线。

上述出行前信息主要通过广播/电视、报纸、相关网络平台等公共媒体进行发布，以方便人们及时查询。

2. 高速交通出行在途信息的发布

出行在途信息是指车辆驾乘人员在沿高速公路出行途中需要了解的相关信息。需要发布的出行在途信息主要包括表 3-2 所示的"高速公路主要基础信息""高速公路出行状态信息"。出行在途信息的发布方式主要包括：

（1）固定信息情报标志

对于一些内容固定不变的信息（如高速公路互通枢纽匝道去向指示、前方到达城市距离信息、高速公路出口指示、前方服务区或者收费站指示、车道划分及限速等信息），通常采用固定信息情报标志形式进行信息发布，如图 3-12 所示，以便引导车辆按照规定车道正确行驶。

（2）可变信息情报标志

对于需要根据高速公路交通实际运行状况经常改变的信息（如气象提醒信息、车道可变限速及占用提醒信息、道路封闭提醒信息等），常采用可变信息情报标志进行信息发布，如图 3-13 所示。

（3）现场临时情报标志

在高速公路封道施工或者事故处理现场，可采用现场临时情报标志，发布相关提醒信息，如图 3-14 所示。

（4）车载广播

我国已经开通覆盖全国的中国交通广播电台，绝大多数省份也开通了省域内的交通广播电台，工业和信息化部等部门已经于 2024 年 9 月 18 日公开征集对《车载无线广播接收系统》强制性国家标准制修订计划项目的意见，将推动车载调频广播的强制性安装。高速公路相关的气象信息、事故信息、封道施工信息以及高速交管部门发布的其他高速公路交通管理信息，可通过交通广播发布给高速公路车辆驾驶人员。车载广播也是国家应急管理信息发布的一个主要渠道。

(a) 互通枢纽匝道去向指示

(b) 前方到达城市距离信息

(c) 车道划分及限速信息

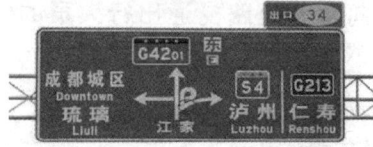

(d) 高速公路出口指示

(e) 高速公路编号及里程信息

(f) 前方服务区或者收费站指示

图 3-12　采用固定信息情报标志发布的相关高速公路出行在途信息

(a) 气象提醒信息

(b) 车道可变限速及占用提醒

(c) 道路封闭提醒信息

(d) 施工提醒信息

图 3-13　使用可变情报板显示的相关提醒信息

图 3-14 使用现场临时情报标志发布相关临时信息

（5）车载导航设备

随着车载导航设备和智能手机的普及，车载导航设备和智能手机也成为了高速公路交通相关信息发布的一个重要途径，车辆驾乘人员可通过开启车载导航设备或者智能手机中的导航软件，随时了解所经高速公路的相关信息，如互通枢纽匝道通行引导、服务区/收费站到达提醒、路面封道施工信息提醒、车道限速提醒等（如图 3-15 所示），提升高速公路车辆驾驶的安全性。

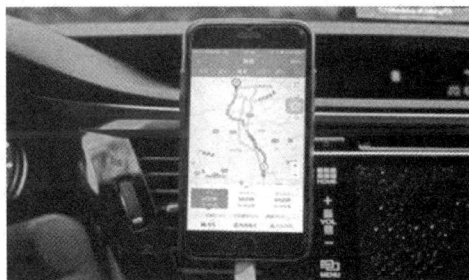

图 3-15 使用车载导航设备或智能手机发布高速公路相关信息

模块四 了解高速公路监控系统的信息处理子系统

信息处理子系统是整个高速公路监控系统的核心，通常部署于高速公路监控网络各层次的监控中心内。

一、信息处理子系统的主要功能

高速公路监控系统的信息处理子系统需要完成的功能主要包括：

1. 信息分析处理功能

信息处理子系统的核心功能无疑是监控信息的高效处理、实时分析和统计分析，并及时引入大数据技术、人工智能技术等新一代信息处理技术，不断提高信息处理的智能化程度，为高速公路交通管理提供决策依据和参考。

2. 信息存储功能

根据高速公路监控信息的存储需求，采用本地存储或者云存储等适当方式，将监控信息进行可靠存储，以便后期的回放和统计分析。

3. 信息显示功能

对于有人值守的监控中心，信息处理子系统还应具备信息显示功能，包括所监控区域的实时监控画面显示、一定时期的历史监控画面回放显示以及统计信息的可视化显示呈现，以供交通相关管理人员查看和了解高速公路运行情况。考虑到智能手机应用的日益普及，信息显示一般要同时考虑大屏（监控中心墙面拼接屏幕）、中屏（计算机屏幕）、小屏（智能手机屏幕）的信息显示。

4. 外场设备控制功能

对于具备遥控功能的外场设备（如远程调焦的摄像机、云台摄像机、可联网控制的可变信息情报板、车道闸机以及隧道、桥梁机电设备等外场设备），信息处理子系统还可根据交通管理的需要，进行设备远程控制。

二、信息处理子系统的常用组成设备

为了实现上述功能，信息处理子系统通常会配备如下设备。

1. 信息处理计算机

信息处理计算机是整个信息处理子系统的核心，负责相关信息的处理和分析，以及对外场设备的远程控制，对监控中心内存储设备、显示设备等外围设备的控制。信息处理计算机可以采用工业控制计算机或者通用计算机承担，并在计算机中根据信息处理的需要安装相应的信息处理程序。

2. 信息显示设备

常用的显示设备包括信息显示屏及其附属设备，小规模监控中心的显示屏可直接用液晶显示屏。中大规模的显示屏常采用电视墙或者大尺寸液晶拼接屏，如图 3-16 所示。

图 3-16　用于监控信息显示的电视墙和液晶拼接屏

由于现在的视频监控系统多采用网络摄像机，视频图像采用编码压缩传输，因此在中大规模监控中心进行视频上墙显示过程中，通常还会配备解码拼控设备，作为视频在拼接屏显示的控制设备，如图 3-17 所示。

通过解码拼控设备，不仅可以实现实时或者历史监控视频画面的解码上墙显示，还可以方便地实现显示大屏上画面的分割显示、画面漫游、鼠标拖拽定位显示等功能，以实现对大屏上画面拼接显示的灵活控制。

也可配置如图 3-18 所示的网络控制键盘，以方便对监控系统中相关设备的控制。

3. 本地信息存储设备

高速公路监控过程中所采集的监控信息，需要采用适当方式存储起来，以便在需要

图 3-17　视频监控中心解码拼控设备

图 3-18　网络控制键盘

的时候进行后期回放查看，并进行一定时间段的统计分析。我国相关管理规定中就明确要求，公共场合的监控视频存储保留期限不得少于一个月，正常情况下一般会保存三个月。因此，信息处理子系统必须配备适当形式的信息存储设备，以便存储所采集的高速公路监控信息。

高速公路常用的视频监控信息存储设备包括硬盘录像机（DVR）、网络录像机（NVR），如图 3-19 所示。

(a) 硬盘录像机(DVR)　　　　　(b) 网络录像机(NVR)

图 3-19　不同形式的监控视频录像机

尤其是应用日益广泛的网络录像机，其功能日益强大，通常可以实现：

① 接入众多主流厂商的网络摄像机，支持高清网络视频的预览、存储和回放。

② 便捷的 UI 操作界面，支持一键开启录像功能。

③ 支持多种智能侦测接入与联动，如进入区域、离开区域、徘徊、人员聚焦、快速移动、非法停车、人脸、车牌等众多智能识别场景。

④ 支持智能搜索、回放及备份功能，有效提高录像检索与回放效率。

高速公路监控信息也可以采用磁盘阵列存储或者云存储方式，实现大数据量的各种监控信息的存储。

模块五　了解高速公路监控系统的信息传输子系统

一、信息传输子系统的主要功能

高速公路监控系统作为一个整体，如果说信息处理子系统是整个系统的大脑，信息传输子系统就是整个系统的神经网络，负责系统中不同组成部分之间的信息传输，具体包括：

1. 信息采集设备和监控中心信息处理设备之间的信息传输

在高速公路监控系统中，部署于高速公路沿线的各种信息采集设备，与位于监控中心的信息处理设备之间，需要传输两个方向的信息：一是信息采集设备采集的现场监控信息，需要从现场信息采集设备传输到监控中心的信息处理设备进行处理和分析；二是监控中心信息处理设备发出的对外场设备的控制信息，需要从监控中心信息处理设备传输给信息采集设备，以便控制信息采集设备的工作状态。比如：对球形摄像机云台的遥控命令，就需要从监控中心传递给外场的球形摄像机，以控制摄像机的拍摄角度；对可遥控变焦的摄像机的变焦控制命令，也需要从监控中心传输给现场摄像机，以改变现场摄像机的拍摄焦距；给高速巡逻车的指挥指令，也需要从监控中心传输给巡逻车。

2. 可遥控信息发布设备和监控中心信息处理设备之间的信息传输

根据国家相关部门发布的《高速公路监控技术要求》，高速公路沿线部署的可变情报板的显示内容，监控中心可以同步查看、修改，因此需要信息传输子系统将需要显示的信息内容，从监控中心设备传输给现场的可变信息显示设备。比如：需要在高速公路沿线通过可变信息显示设备显示的气象信息、临时限速信息、前方路段的事故信息以及其他临时交通管理信息等。

3. 不同地点的监控中心中信息处理设备之间的信息传输

如前所述，高速公路网的监控系统采用分层部署和管理思路，布设的基层监控单元、路段监控分中心、省级监控中心之间也需要信息的双向传输，省级监控中心和交通运输部路网监测与应急处置中心也需要实现双向信息传输。

二、高速公路监控系统中常用的信息传输方式

为了可靠、高效地实现高速公路监控系统中不同设备之间的信息传输，应根据不同的情况，采用不同的信息传输方式和信息传输技术。常采用的传输方式主要包括：

（一）电缆基带传输

电缆基带传输是对视频基带信号不做任何处理、直接通过同轴电缆进行传输的一种视频信息传输方式，也是最为传统的监控视频传输方式。

1. 主要优点

① 短距离传输图像损失小。

② 造价低廉。

③ 系统连接方便，无需添加辅助设备。

2. 主要缺点

① 每路视频信号需要布放一根同轴电缆，布线量大。

② 系统为星形结构，维护困难，可扩展性差。

③ 长距离（大于300m）时，图像质量无保证。

④ 易受空间电磁干扰。

3. 实际应用

主要应用于小规模的早期模拟视频监控系统，现在已经应用较少。

（二）网络线传输

将需要传输的相关信息转化为计算机网络信号，采用计算机网络线实现监控系统中的信息传输。

1. 主要优点

① 可以直接利用技术成熟、部署方便的计算机网络完成信息传输。

② 相关信息转换为计算机网络信号后，方便充分利用计算机和现在的大数据、人工智能等新一代信息处理技术，对监控信息进行数字化和智能化处理，从而构建数字化、智能化的高速公路监控系统。

2. 主要缺点

① 只适用于直接提供计算机网络接口的系统设备，但有些高速公路监控设备无计算机网络接口。

② 普通网络线带宽有限，高清实时视频信息难以实现远距离传输。

③ 计算机网络线的可靠传输距离有限（一般网络线的有效传输距离不超过100m），不能实现远距离的信息传输。

3. 实际应用

适用于小范围内（设备之间布线距离不超过100m）自带计算机网络接口设备之间的信息传输。比如：网络摄像机和近距离网络交换机之间的信息传输，网络摄像机和具备计算机网络接口的光传输设备之间的信息传输。

（三）光纤传输

光纤传输是利用光纤和光传输技术完成信息传输的一种方式，也是现在高速公路监控系统中长距离信息传输最为常用的一种方式。

1. 主要优点

① 光纤传输速率快、传输带宽大、传输容量大，特别适合多路高清监控视频信号的同时传输。

② 传输距离远，光纤的无中继传输距离可达百公里，甚至数百公里。

③ 远距离传输线路建设成本低。光纤由非金属材料制成，加之无中继传输距离长，相对使用电缆来说，使用光纤建设长距离信息传输线路的成本可大大降低。

④ 抗电磁干扰性强、保密性好。

2. 主要缺点

① 需要增加相应的电-光和光-电信号转换设备（光端机），短距离传输时不够经济。

② 相对于电缆，光纤的接续成本较高。

3. 实际应用

适用于长距离、大容量、高速率的信息传输。比如高速公路主线沿线部署的监控设备和距离较远的监控站（中心）之间的信息传输，以及不同层级监控中心之间的信息传输。如某省份的省级高速公路监控中心就采用了光纤信息传输方式组建信息传输网络。

(四) 无线传输

无线传输是采用无线电波信号来实现信息传输的一种方式。

1. 主要优点

① 不需要布设专门的信息传输线路，一定程度上节省了传输线路布设成本。

② 可以实现设备较大范围移动情况下的信息传输。

2. 主要缺点

① 信息在开放空间中传输，易受电磁干扰和恶劣天气干扰，相对电缆传输和光纤传输的可靠性较差。

② 信号在开放空间中传输衰减较快，信号高速率传输的空间范围有限。

③ 信号大范围的可靠覆盖和信息传输实现成本较高。

3. 实际应用

主要用于设备需要移动情况下的高速公路监控信息传输。比如：高速公路巡逻车在巡逻过程中的信息传输；也可用于在无线网络已经良好覆盖情况下，具备无线信号接口的固定设备的信息传输（比如，5G 移动通信网络良好覆盖情况下，路侧信息采集设备和移动通信网络基站之间的信息传输；再如，在组建交通无线传感网的情况下，道路的边坡、桥梁等处部署的状态监测传感器，也可以使用无线信号实现与汇聚节点的信息传输）。

三、高速公路监控系统中的常用信息传输设备

高速公路监控系统的信息传输可以采用不同的方式，不同的方式所使用的传输技术和传输设备也各不相同。常用的网络线传输、光纤传输和无线传输方式中，各自使用的主要传输设备包括：

1. 网络线传输方式

在采用网络线传输方式的情况下，信息传输介质是计算机网络线，近距离信息传输使用的传输设备主要是具有上联光口的网络交换机，或者光纤收发器，远距离信息传输则使用光纤，如图 3-20 所示。

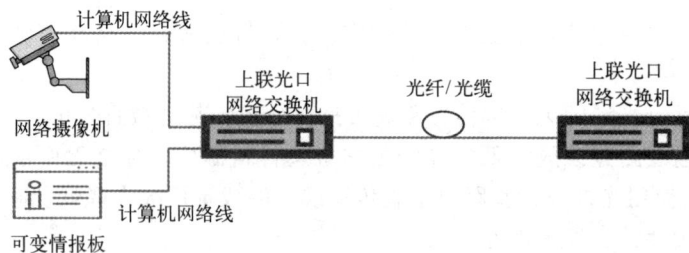

图 3-20　采用网络线传输使用的主要设备示意图

2. 光纤传输方式

在光纤传输方式下，需要配置的主要传输设备是光端机。所谓光端机，是指实现传输信号的光-电和电-光转换的机器设备。光纤传输方式下，在信息的发送端将要传输的信息通过光端机从电信号形式转换为光信号形式，通过光纤/光缆传送到信息接收端，在信息的接收

端，再次使用光端机，将要传输的信息从光信号还原为电信号，传送给接收端的信息处理设备。如图 3-21 所示。

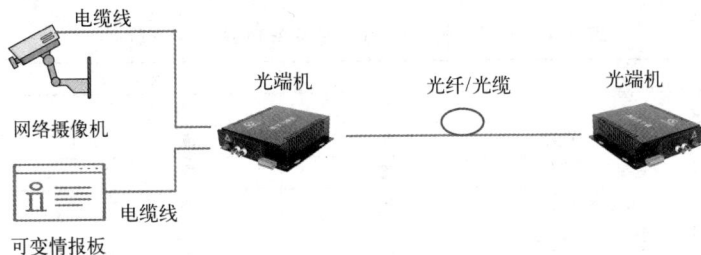

图 3-21 使用光端机实现信息光纤传输示意图

其中：光端机与摄像机或者可变情报板之间的接口可以是不同形式的电缆接口，需要注意的是，选择的光端机接口形式，必须和信息采集设备、可变情报板或者其他外场设备的信号接口形式相一致。

3. 无线传输方式

高速公路监控系统信息传输如果采用无线传输方式，通常租用电信运营商的移动通信网络来实现，比如租用电信运营商的 4G/5G 移动通信网络，在此情况下，高速公路监控系统不需要部署专门的信息传输设备，只需要购买具备相应无线信号收发接口的外场设备即可。当然，高速公路监控系统也可以构建自身的无线传感网，以实现对重点监控路段的桥梁、隧道、边坡、路基等对象的状态监测，此种情况下需要部署的信息传输设备主要是具备无线信号收发接口的传感器、路侧的汇聚节点设备等。

模块六　初步熟悉高速公路监控系统的安装施工

高速公路监控系统稳定可靠运行的基础之一，在于高质量完成系统设备设施的安装施工。为了保证相关设备安装施工的高质、高效，相关设备的安装施工需要遵循交通运输部 2012 年颁布实施的《高速公路监控技术要求》，其中关于部分外场设备的安装施工要求摘录如下。

一、高速公路监控系统外场设备部署规模的确定

（一）高速公路外场设备部署规模的分级

在确定高速公路监控系统的实际集成方案过程中，一个重要的内容是：哪些地点需要安装信息采集设备？需要安装多少数量的外场信息采集设备？也即外场设备的部署规模应该如何确定？

按照我国对高速公路外场设备的管理要求，外场设备的规模根据高速公路的实际情况和预期服务水平要求，采用分级管理的思路，共分为 A1、A2、A3 三个级别，分级标准如表3-3 所示。

表 3-3　高速公路监控系统外场设备部署规模分级一览表

预期服务水平	国家级高速公路网			省级及以下高速公路网		
	四车道	六车道	八车道	四车道	六车道	八车道
一级	A2	A2	A2	A1	A1	A2
二级	A2	A2	A3	A2	A2	A3
三级、四级	A3	A3	A3	A3	A3	A3

（二）不同级别的外场设备部署要求

在上述分级管理前提下，不同管理级别的外场设备部署规模要求不同，如表 3-4 所示。

表 3-4　不同规模等级的外场设备部署要求一览表

设备名称		部署规模等级		
		A1	A2	A3
信息采集设备	车辆检测器	●	● ＊	● ＊ ＊
	能见度检测器	●	● ＊	● ＊
	气象检测器	●	● ＊	● ＊
	事件检测设备	○	○ ＊	○ ＊ ＊
视频监控设备	外场摄像机	●	● ＊	● ＊ ＊
信息发布设备	大型可变信息标志	●	● ＊	● ＊ ＊
	小型可变信息标志	●	● ＊	● ＊ ＊
其他设备	路侧有线广播系统	—	—	○
	出口诱导灯	○	●	●
	超速抓拍设备	—	—	—

表中各符号的含义注解如下：
① "●"表示必选设备，"○"表示可选设备，"—"表示不作要求。
② "＊""＊＊"表示设备部署的疏密程度："＊"表示重点区段部署即可，"＊＊"表示需要沿高速公路全程部署。
③ 高速公路重点区段是指：事故多发地段、长下坡区段、气象恶劣区段等路段。

二、外场信息采集设备的实际部署要求

（一）高速公路监控系统中摄像机的部署要求

1. 高速公路监控系统中摄像机的通用设置原则

摄像机是高速公路监控系统中使用最为广泛的信息采集设备。摄像机的通用布置原则主要包括：

① 互通立交区域必须设置摄像机。

② 易拥堵、易发生重特大突发事件、恶劣气象条件频发等路段应按照小于 2 km 间距设置摄像机。

③ 避险车道必须设置摄像机。

④ 服务区、停车区应设置摄像机。

⑤ 特大桥宜设置摄像机；跨大江、跨海湾等特大桥，摄像机布设间距应小于 2km。

⑥ 摄像机的布设位置应避免跨线桥、灯杆、固定标志、信息标志等设施的干扰。

⑦ 弯道区域应合理考虑摄像机有效监控范围。

⑧ 改造项目摄像机宜选择靠近已有通信分歧管道或桥梁、涵洞处设置。

2. 不同管理级别的摄像机部署要求

在通用设置原则的基础上，对于不同的监控系统管理等级，具体设置要求又有所差别，具体要求如下：

A1 等级：按照通用原则设置即可。

A2 等级：具体设置要求如下。

① 对于气象条件变化频繁的区域，如易结冰、多雾的路段应设置摄像机。

② 特殊构造物路段，如特大桥、特殊线形指标路段宜设置摄像机。

③ 事故易发路段、拥堵路段应设置摄像机。

④ 长下坡路段应设置摄像机。

⑤ 道路安全性评价存在问题的路段，应设置摄像机。

⑥ 重点区域的摄像机设置间距应不大于 2km。

⑦ 全程可按照小于 2km 间距设置。

A3 等级：要求应按照不大于 2km 间距基本实现全程覆盖。

3. 高速公路监控系统摄像机的安装要求

摄像机的具体安装方式主要包括：门架式安装和路侧立柱式安装。

（1）摄像机的门架式安装

门架式安装是指将摄像机及其辅助设备（如补光灯）和其他信息采集设备一起安装在横跨车道的门架上，如图 3-22 所示。

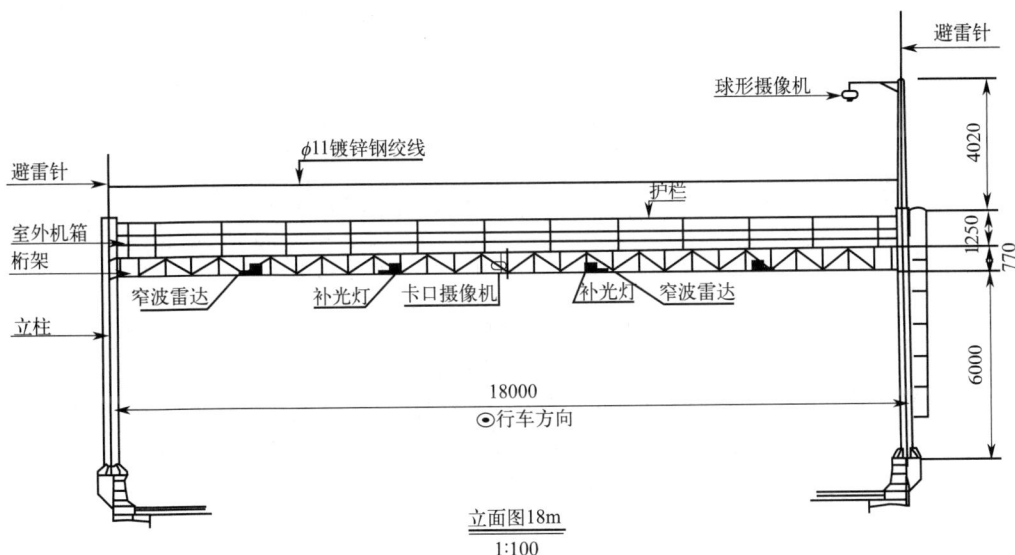

图 3-22 摄像机的门架式安装示意图

相对于采用路侧立柱式安装，采用门架式安装的优点在于：

① 摄像机可安装于车道的正上方，所拍摄车道交通情况的监控图像相对规整，畸变小，更加适合观看浏览和后续的图像处理工作。

② 门架提供了更为充裕的安装空间，可以同时安装摄像机补光灯、雷达等其他设备。

主要缺点在于：

① 相对路侧立柱，门架的建设需要投入更大的成本，门架上设备的安装和维护对路面交通的影响相对较大。

② 门架上安装的摄像机补光灯的灯光容易对车辆的驾驶造成一定的干扰。

（2）摄像机的路侧立柱式安装

路侧立柱式安装是指将摄像机安装在高速公路侧的立柱上或者立柱上端的支架上，如图 3-23 所示。

采用路侧立柱式安装的优点主要在于：

① 相对于门架式安装，工程量小，材料简单，总体安装成本相对较低。

② 设备和立柱均位于路侧，对车辆驾驶人员前方视野的遮挡较少，对司机的行车干扰相对较小。

采用路侧立柱式安装的缺点主要在于：

① 路侧立柱上方的设备安装空间有限，能够安装的设备数量和体积均会受到一定限制。

② 摄像机对路面和车辆的拍摄存在一定的倾斜角度，尤其对于距离立柱较远的车道，拍摄角度较大，获取的视频图像不利于后期的观看和识别。

需要注意的是：无论采用哪种方式安装，安装设施和设备与路面之间的水平距离和垂直距离均不得影响路面的正常行车。

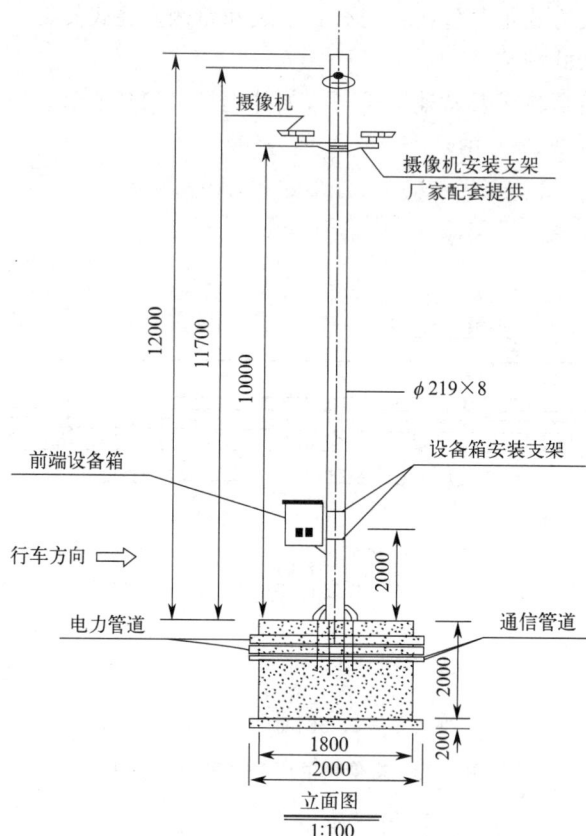

图 3-23 监控摄像机路侧立柱式安装示意

（二）高速公路监控系统事件检测设备的部署要求

高速公路监控系统的事件检测设备可以采用摄像机、不同波段的雷达以及地磁感应线圈等多种形式。如果采用摄像机，宜采用具备事件检测功能的固定焦距摄像机，也可以使用路段监控摄像机，由后台处理程序完成事件检测。事件检测器通常的设置原则如下：

① A1 等级在交通流分合区等事故易发点可设置事件检测器。

② A2 等级在交通流分合区处可设置事件检测器；在交通事故多发区段、长下坡路段宜设置事件检测器，间距不宜大于 4km。

③ A3 等级按照全程不宜大于 4km 的间距设置，有条件路段宜按照 2～3km 间距设置。

（三）高速公路监控系统车辆检测器的部署要求

1. 高速公路监控系统车辆检测器部署原则

① 车辆检测器应设置在互通立交、枢纽互通立交两侧无分流合流变化的路段，一般设置于主线上加（减）速车道起（终）点以外。

② 在加强配筋水泥路面中不宜设置感应（环形）线圈检测器。

③ 雷达（微波）检测器设置处应防止其他设备或物体遮挡。

在满足上述通用要求的基础上，对于不同管理等级的高速公路，还应满足表 3-5 所示的细分要求。

表 3-5　不同管理等级高速公路车辆检测器部署要求一览表

管理等级	车辆检测器部署要求
A1	①服务区出入口两侧宜设置车辆检测器。 ②跨大江和大河、跨海湾、跨湖泊等特大桥应设置车辆检测器。 ③易拥堵、易发生重大突发事件、恶劣气象条件频发等路段应按照小于 2km 的间距设置车辆检测器。 ④超限超载检测站、主线收费站前应设置车辆检测器
A2	①满足 A1 级设置要求。 ②重点区段设置车辆检测器时，其间距宜小于 2km。 ③地质灾害易发路段可设置车辆检测器
A3	①满足 A2 等级设置要求。 ②车辆检测器全程设置间距宜小于 2km，特殊情况不宜超过 5km

2. 高速公路监控系统车辆检测器的安装要求

（1）视频和雷达检测器的安装要求

高速公路监控系统中，雷达和摄像机设备均可以采用门架式或路侧立柱式安装，具体安装形式可参见图 3-22 和图 3-23。

（2）地磁线圈检测器的安装要求

地磁线圈应埋设于车道路面之下，具体安装形式如图 3-24 和图 3-25 所示。

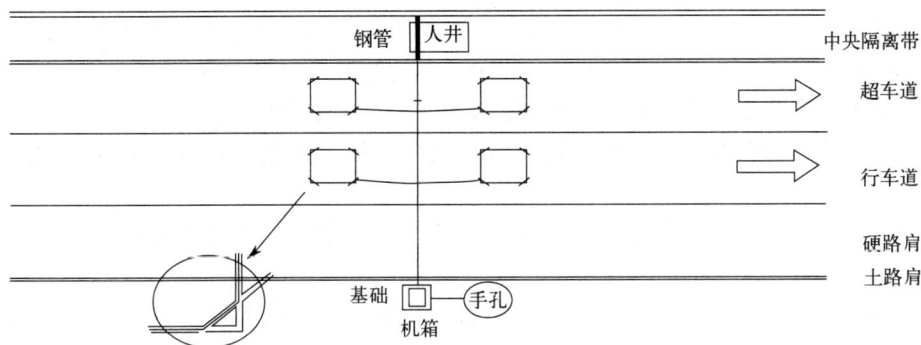

图 3-24　地磁线圈车辆检测器安装平面布局示意图

地磁线圈埋设质量非常重要，应敷设在路面之中。切割路面线槽建议使用盘式切割机或类似设备。为防止线槽的直角拐角损坏线圈，建议在直角拐弯处切一个 45° 的斜角，如图 3-24 所示。线圈相关参数建议如下：

① 线圈材料：耐高温导线，匝数 4～6 圈。

② 电感量大小：20～2000μH，视检测物体而定。

③ 引线要求：不超过 500m，且在引入控制柜之前需双绞屏蔽，一般每米在 15 绞左右，接入车辆检测器端子排之前不得用其他线引接。在将电缆放入线槽前，线圈末端建议保留足够的余量，便于和馈线的连接。

④ 建议槽宽：4mm；建议槽深：30～60mm。

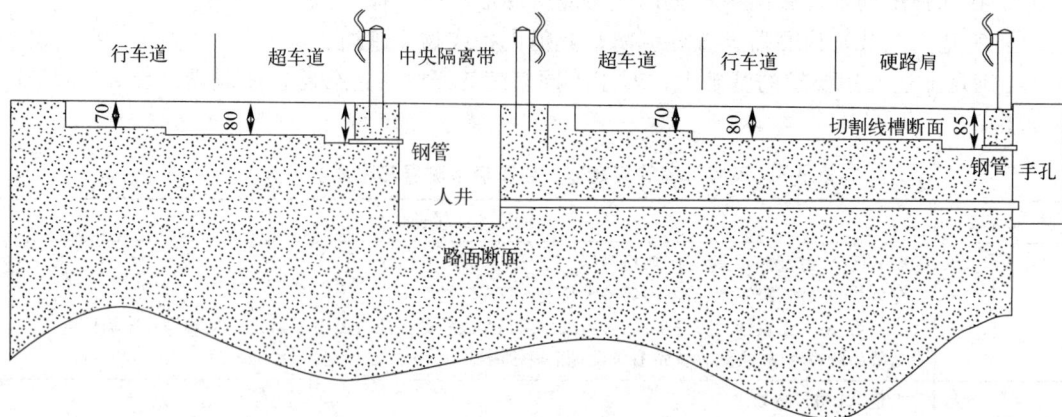

图 3-25　地磁线圈车辆检测器安装剖面示意图

⑤ 线缆布设：当埋入线槽的耐高温导线敷设到预定圈数后，沿着引线槽敷设到路边的手孔，以便连接馈线。从耐高温导线到检测器端子排的馈线建议对绞且馈线长度应尽可能短，以免引入不必要的外界信号干扰。

⑥ 在 250V 直流电压测试条件下，线圈对地绝缘电阻应大于 $10M\Omega$。

⑦ 当采用双线圈检测时，迎着车开来的方向的第一个线圈为前线圈，第二个为后线圈，推荐两个线圈的中心距 $4\sim5m$，线圈宽度 $2m$。

（四）高速公路监控系统环境检测设备的部署要求

1. 高速公路监控系统环境检测设备部署原则

高速公路监控系统中的环境检测设备，用于采集与高速公路交通相关的能见度、风速、风向、降雨量等气象信息，以及高速公路路面的湿滑、积雪、结冰等路面状态。具体设备形式既有单功能检测器，也可以采用集多功能于一体的综合环境检测仪。

高速公路监控系统中的环境检测设备部署的通用原则主要包括：

① 布设位置应能反映当地高速公路沿线的气象状况，并能代表周边一定范围内的自然状况。

② 周边无高大林木、大范围稠密灌木林和建筑物的阻挡，不受烟火源及强光源的直射光、反射光的污染等。

③ 气象检测器应根据高速公路沿线气象状况合理选择单项检测设备，不宜笼统采用全套气象检测器。

④ 气象检测器应根据高速公路沿线地区气候状况确定是否设置，其间距不宜大于 50km。

⑤ 气象检测器的气象要素应根据设置所在地需要检测的内容来确定；应设置能见度、路面状况检测器。以大雾为主要恶劣气象条件的，应采集能见度参数；以大风为主要恶劣气象条件的，应采集风速参数；以路面湿滑为主要恶劣气象条件的，应采集路面是否干燥、是否潮湿、是否有冰等状态参数；具备多种恶劣气象条件的，应同时采集相应的环境参数。

2. 高速公路监控系统环境检测设备安装要求

高速公路监控系统的单项功能气象检测器多采用路侧立柱式安装，安装于路边，类似于摄像机的路侧立柱式安装，具体安装形式可参考图 3-23。综合环境检测仪由于要安装的设备仪器数量较多，通常采用路侧立柱＋悬臂式安装形式，如图 3-26 所示。

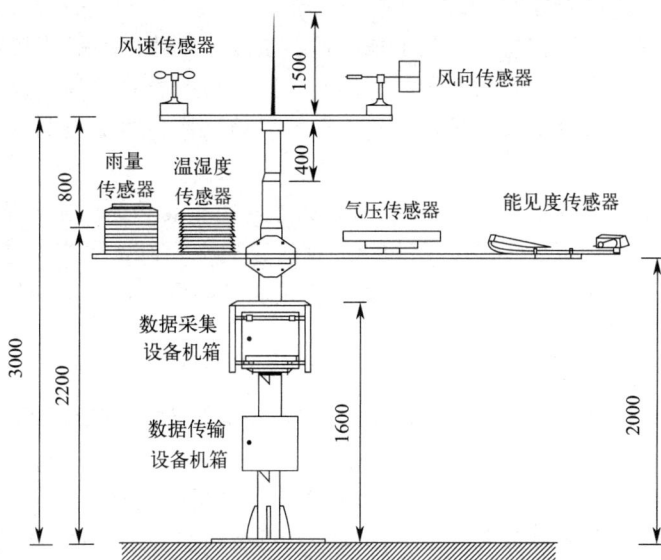

图 3-26　综合环境检测仪路侧立柱＋悬臂式安装示意图

需要注意的是：采用路侧立柱＋悬臂式安装的综合环境检测仪，如果悬臂在路面上方，那么悬臂及悬臂上安装的检测器均不可侵占路面以上 5.5m 的净空。

（五）高速公路监控系统信息发布设备的部署要求

1. 高速公路监控系统信息发布设备的部署原则

（1）总体部署原则

高速公路信息发布系统通过将相关信息发布给高速公路交通参与人员，可以实现行驶路径引导、恶劣天气警告、排队与拥挤警告、道路施工警告、可视距离警告、事件警告、隧道桥梁控制、车道限制、可变车道控制、速度限制、环境警告、交通信息发布、安全信息发布、公路调节控制、行车管理等功能。高速公路沿途信息发布主要通过固定内容信息牌和可变信息标志板来完成。高速公路监控系统信息标志的通用部署要求详见《公路交通标志和标线设置规范》（JTG D82—2009），部分要求摘录如下：

① 在高速公路的起点应设置起点标志，当高速公路终点与一般公路或城市道路相连接时，在距离高速公路终点前 2km、1km、500m 处应设置终点预告标志，在距终点前 200m 附近位置可设置终点提示标志。在高速公路的终点位置，应设置高速公路的终点标志。

② 高速公路起点和终点之间的路段应设置里程牌，里程牌之间每隔 100m 设置 1 个百米牌。

③ 当高速公路两相邻互通式立体交叉间距大于 10km 时，在其间无其他指路标志的平直路段上可设置车距确认标志。

④ 互通式立体交叉间距大于或等于 5km、小于 10km 时，应设置一处地点距离标志；当互通式立体交叉间距大于或等于 10km、小于 30km 时，地点距离标志可设置两处；当互通式立体交叉间距大于或等于 30km 时，地点距离标志可视具体情况适当加密设置。

⑤ 在高速公路驶出匝道的三角地带端部，应设置出口标志或地点、方向标志。

⑥ 在距离高速公路服务区 2km、1km、0km（前基准点）处应设置服务区预告及服务

区入口标志。

（2）可变信息标志部署原则

可变信息标志主要设置在急弯、长下坡路段、事故多发路段、拥堵频发路段、气象灾害多发路段，以及互通立交、收费站、服务（停车）区、超限检测站等位置，以便在高速公路路段发生紧急情况时，通过交通诱导信息的发布，引导高速公路交通参与人员及时采取应对措施。

根据《高速公路监控技术要求》，可变信息标志通用布设总体原则如下：

① 省界高速公路入口侧、高速公路相接的枢纽互通必须设置可变信息标志。

② 可变信息标志设置时宜避开不利于施工安装和维护的高填方区和挖方区。

③ 可变信息标志应避开构造物设置。

④ 严禁可变信息标志与安全标志牌或其他设施相互遮挡。

⑤ 考虑到可变信息标志的用电负荷很大，在设备布局时应权衡远距离供电成本与设备显示效果的性价比。

⑥ 可变信息标志设置时应考虑性价比高低和是否方便信息发布。

在满足上述总体部署原则的基础上，高速公路可变信息标志还应根据监控系统的不同管理等级，满足表 3-6 所示的具体部署要求。

表 3-6 高速公路不同监控系统管理等级可变信息标志部署要求一览表

监控系统管理等级	可变信息标志部署要求
A1	①隧道群、长下坡路段宜设置可变信息标志。 ②互通立交两侧宜设置可变信息标志。 ③服务区宜设置服务区信息发布标志。 ④大型收费站（8 车道及以上）出入口可设置可变信息标志
A2	①隧道群、桥隧相连路段、长下坡路段应设置可变信息标志。 ②交通事故多发路段、地质灾害易发路段、气象条件恶劣区段、交通量特别大的区段应设置可变信息标志，其设置间距宜为 5~10km。 ③跨大江和大河、跨海湾、跨湖泊等特大桥宜设置可变信息标志。 ④互通立交两侧应设置可变信息标志。 ⑤服务区应设置服务区信息发布标志。 ⑥大型收费站（8 车道及以上）出入口宜设置可变信息标志
A3	①满足 A2 等级设置要求。 ②全程设置可变信息标志，其平均设置间距宜小于 10km

2. 高速公路监控系统信息发布设备的安装施工

（1）信息标志牌的常用支撑形式

高速公路信息标志牌安装时的支撑方式可分为立柱式、悬臂式、门架式三种，可根据实际情况合理选用。

① 警告、禁令、指示标志和小尺寸指路标志宜采用单柱式支撑方式，中、大型指路标志可采用双柱或多柱式支撑方式，如图 3-27 所示。

② 符合一定条件、经论证后可采用悬臂式或门架式等悬空支撑方式。版面内容少时，宜采用悬臂式。如图 3-28 所示。

（2）信息标志牌安装时的注意事项

在高速公路信息标志牌安装施工过程中，应注意以下事项：

① 立柱必须在基础混凝土强度达到设计强度的 80% 以上时才能安装。

图 3-27　高速公路信息标志的立柱式安装

图 3-28　高速公路信息标志的悬臂式和门架式安装

② 悬臂式、门架式标志吊装横梁时，应使预拱度达到设计文件的要求。一般情况下，横梁中间处的预拱度为 50mm，悬臂标志的预拱度为 40mm。

③ 安装中型标志板一般应采用 8 吨吊车安装，所有标志版面应在地面安装好后整体吊装，对门架之类的大型标志采用两台 16 吨吊车配合进行。安装时先对立柱进行初步固定，对横梁和两立柱之间的间距进行测量、核对以后，对横梁用两台吊车整体配合安装，安装好后重新检查板面横梁位置及各螺栓的紧固度。

④ 所有安装的标志与交通流方向应成直角；在曲线路段，标志的设置角度应由交通流的行进方向来确定。为了消除路侧标志表面产生的眩光，标志应向后旋转一定角度，避开车前灯光束的直射。门架标志的垂直轴应按设计要求向后倾斜成一角度。对于路侧标志，标志板内缘距土路肩边缘不得小于 250mm。

模块七　了解高速公路监控系统的维护工作

高速公路监控系统长期可靠工作有赖于对系统的精心维护。在高速公路监控系统维护过程中，除了日常维护（如定期巡查）外，重点在于对系统故障的及时排除。监控系统常见故障简单分析如下。

1. 视频监控系统常见故障与分析

高速公路视频监控系统常见故障及其主要原因，如表 3-7 所示。

表 3-7　高速公路视频监控系统常见故障及主要原因一览表

序号	故障现象	主要原因
1	摄像机本地无视频信号	①前端摄像机硬件故障 ②摄像机供电不正常 ③视频信号传输故障
2	本地图像正常,分中心无法查看摄像机图像	①光端机故障 ②工业环网交换机设备故障 ③传输链路故障
3	摄像机图像不稳定,时断时续	①分辨率码流过大 ②网络传输故障(如光纤损耗过大、网线接触不良、交换机故障等)
4	摄像机云台无法转动	①控制键盘故障,云台控制命令未正常发出 ②控制信号传输链路故障 ③摄像机云台前端解码器故障 ④摄像机云台转动机构故障
5	无法实现对监控视频的统一调度、切换控制	①光纤传输线路故障 ②供电故障 ③视频管理平台故障
6	软件查看摄像机图像正常,监视墙或拼接屏无法显示	①视频解码设备故障 ②显示设备故障
7	本地图像正常,上级视频监控平台无法调用本地图像或图像传输不稳定	①上级视频监控平台网络连接故障 ②网关配置错误 ③视频码率过高

2. 气象检测系统常见故障与分析

高速公路气象检测系统常见故障及其主要原因,如表 3-8 所示。

表 3-8　高速公路气象检测系统常见故障及主要原因一览表

序号	故障现象	主要原因
1	气象检测器无法采集或不能准确采集气象信息(本地无数据)	①气象检测器硬件故障 ②供电故障
2	本地全要素气象检测器数据正常,分中心无法查看气象信息	①光端机故障 ②工业环网交换机设备故障 ③传输链路故障
3	气象数据传输不稳定,时断时续	网络传输故障(如光纤损耗过大、网线接触不良、交换机故障等)
4	气象数据输出正常,但分中心对应串口无接收数据	串口服务器故障
5	管理计算机无法存储、查询、统计气象数据	①计算机网络故障 ②数据服务器故障

3. 车辆检测系统常见故障与分析

高速公路车辆检测系统常见故障及原因,如表 3-9 所示。

表 3-9　高速公路车辆检测系统常见故障及主要原因一览表

序号	故障现象	主要原因
1	车辆检测器无法采集或不能准确采集道路车辆通行信息(本地无数据)	①前端车辆检测器硬件故障 ②车辆检测器供电故障
2	本地车辆检测器数据正常,分中心无法查看车辆检测器数据信息	①光端机故障 ②工业环网交换机设备故障 ③传输链路故障

续表

序号	故障现象	主要原因
3	车辆检测器数据传输不稳定,时断时续	网络传输故障(光纤损耗过大、网线接触不良等)
4	车辆检测器数据输出正常,但分中心对应串口无接收数据	串口服务器故障
5	管理计算机无法存储、查询、统计车辆检测器数据	①计算机网络故障 ②数据服务器故障

4. 信息发布系统常见故障与分析

高速公路信息发布系统常见故障及主要原因，如表 3-10 所示。

表 3-10　高速公路信息发布系统常见故障及主要原因一览表

序号	故障现象	主要原因
1	可变信息情报板黑屏	①情报板工控机故障 ②控制板故障 ③情报板供电故障
2	可变信息情报板花屏、显示不全、有坏点	①情报板 LED 显示模块故障 ②输出排线故障
3	监控分中心信息发布计算机无法连接前端可变信息情报板,无法发送信息至可变信息标志	①光端机故障 ②串口服务器故障 ③工业环网交换机设备故障 ④传输链路故障 ⑤数据库未连接
4	监控分中心向前端可变信息情报板发送信息不稳定,时好时坏	网络传输故障(光纤损耗过大、网线接触不良等)
5	管理计算机无法存储、查询、统计信息发布数据	①计算机网络故障 ②服务器数据故障

项目实施

请综合本项目所学专业知识，根据教学项目给定高速公路路段的设计情况和监控要求，查找网络资料，分组完成本教学项目所给定高速公路路段的监控系统集成方案设计，要求方案中需包含系统的总体结构和相关子系统实现方案、主要设备选型。提交所完成方案的文字稿和方案交流 PPT，开展课堂分享交流。

监控系统集成方案内容各组自行讨论确定。

项目总结

本项目主要是了解和熟悉高速公路监控系统集成和维护的相关基础知识和技能。大家要学习和掌握的重点包括以下几个方面：

① 相对于普通公路，高速公路交通具有车辆运行速度快、车辆密度大、事故损失大、安全性要求高等特点，因此高速公路必须配套建设监控系统，以尽可能保证高速公路的交通安全，并提高高速公路通行效率。

② 高速公路监控系统，是指将传统的交通信息采集技术、数据传输技术和电子控制技

术，以及新兴的物联网技术、大数据分析技术、人工智能技术等相关技术综合运用于地面运输管理体系，而建立起的一种在大范围内、全方位发挥作用，实时、准确、高效的公路运输综合管理系统。

③ 高速公路监控系统采用分级组建和管理思路，分为基层监控单元、路段监控分中心、省级监控中心三个主要层级，并在国家层面，组建有交通运输部路网监测与应急处置中心，负责整个国家层面的高速公路网运行管理和应急处置。

④ 高速公路监控系统组成主要包括：信息采集子系统、信息处理子系统、信息发布子系统、信息传输子系统等主要部分。

⑤ 高速公路监控系统常用的信息采集设备主要包括：摄像机、雷达等交通状况采集设备，以及能见度检测仪、综合气象监测仪等气象信息采集设备。

⑥ 按照摄像机的外形，可将摄像机分为：枪式摄像机、半球形摄像机和球形摄像机。

⑦ 按照灵敏度的不同，常用的摄像机可分为：普通型摄像机、月光型摄像机、星光型摄像机和红外照明型摄像机。

⑧ 按照供电方式的不同，可将摄像机分为独立供电的摄像机和 POE 供电的摄像机。

⑨ 常用 CCD 摄像机的主要性能参数包括：信噪比、最低照度、焦距、清晰度等。

⑩ 雷达是高速公路监控系统常用的一种监控设备，能够实现的监控功能主要包括：车辆速度检测、公路断面车流量监测、高速公路异常事件检测、高速公路自身状态检测等。

⑪ 高速公路监控系统中常用的雷达包括：毫米波雷达、微波雷达、激光雷达。

⑫ 微波雷达信号功率大，设备体积较大，能够检测到更远的距离，但分辨率通常较低，适合于大型车辆的探测。

⑬ 毫米波雷达设备体积相对较小，信号发射功率较小，探测分辨率高，穿透雾、烟、灰尘的能力强，适合于近距离、小型车辆的探测。

⑭ 激光雷达具有物体的三维探测和精准探测能力，可用于高速公路监控系统中的车辆速度检测、超限车辆检测、异常事件检测等多个方面。

⑮ 可以将视频检测和雷达检测融合使用，实现雷视融合检测，以提高高速公路信息采集的可靠性和准确性。

⑯ 高速公路监控系统所需要采集的气象信息主要包括：雨雪信息、大气温度信息、风力风向信息、能见度信息等。

⑰ 高速公路气象信息的监测，可以通过收取气象台的天气预报，以及在高速公路沿线安装气象信息采集设备实现。

⑱ 高速公路监控系统中常用的气象信息采集设备包括单项功能的信息采集设备（比如能见度检测仪）和集多项检测功能于一体的综合气象监测仪（可以同时完成能见度、降雨量、风力、风向、温湿度、大气压力等气象信息监测）。

⑲ 高速公路监控系统需要通过发布相关信息实现交通的管理和异常事件的应急处置。需要发布的信息从内容方面，可以分为：高速公路主要基础信息和高速公路出行状态信息。

⑳ 高速公路主要基础信息包括：高速公路路段基础信息、收费站相关信息、服务区信息。高速公路主要基础信息一般是固定不变的静态信息，通常通过在高速公路沿线设置各种指示牌和固定情报标志进行信息发布。

㉑ 高速公路出行状态信息主要包括：交通运行状态信息、路况事件信息、施工养护信息、服务设施（收费站、服务区）状态信息等。

㉒ 高速公路出行状态信息常常是随着交通运行动态变化的信息，通常采用交通广播、高速公路沿线部署的可变情报标志、临时交通标志、车载导航网络等形式发布。

㉓ 高速公路监控系统的信息处理子系统通常位于各层级交通监控中心中，要实现的功能主要包括：信息分析处理、信息存储、信息显示、外场设备控制等。

㉔ 高速公路监控系统中的信息传输主要包括：信息采集设备和监控中心信息处理设备之间的信息传输、可遥控信息发布设备和监控中心信息处理设备之间的信息传输、不同地点的监控中心中信息处理设备之间的信息传输。

㉕ 高速公路监控系统中常用的信息传输方式主要有：电缆基带传输（现在已经较少应用）、网络线传输、光纤传输、无线传输等。

㉖ 监控系统常用信息传输方式中：光纤传输适合于远距离、大容量监控信息传输；网络线传输适合于近距离（小于 100m）、计算机网络化监控信息传输，但需要相关设备具备计算机网络信号接口；无线传输主要应用于具备无线信号接口的监控设备在不便于布设信息传输缆线时的信息传输，比如车载移动监控设备的信息传输、公路无线传感网的信息传输。

㉗ 高速公路外场监控设备常见的安装形式包括：路侧立柱式安装、门架式安装等。

㉘ 高速公路监控系统故障的常见原因主要包括：外场设备硬件故障、设备供电故障、信息传输链路故障、系统管理软件缺陷等。

自测练习

在线测试

一、单项选择题

1. 高速公路监控摄像机属于高速监控系统中的（　　　）。

A. 信息采集子系统　　　　　　　　B. 信息传输子系统

C. 信息发布子系统　　　　　　　　D. 信息处理子系统

2. 高速公路固定信息情报板属于高速监控系统中的（　　　）。

A. 信息采集子系统　　　　　　　　B. 信息传输子系统

C. 信息发布子系统　　　　　　　　D. 信息处理子系统

3. 高速公路沿线收费站和省级监控中心之间的监控信息传输线路属于（　　　）。

A. 信息采集子系统　　　　　　　　B. 信息传输子系统

C. 信息发布子系统　　　　　　　　D. 信息处理子系统

4. 高速公路收费亭内安装的摄像机通常采用（　　　）。

A. 枪式摄像机　　　　　　　　　　B. 半球形摄像机

C. 球形摄像机　　　　　　　　　　D. 不确定

5. 高速公路车道监控摄像机通常采用（　　　）。

A. 枪式摄像机　　　　　　　　　　B. 半球形摄像机

C. 球形摄像机　　　　　　　　　　D. 不确定

6. 高速公路监控系统常用的雷达类型主要包括（　　　）。

A. 毫米波雷达　　　　　　　　　　B. 微波雷达

C. 激光雷达　　　　　　　　　　　D. 以上全对

7. 近距离、小型车辆的探测通常采用的雷达类型是（　　　）。

A. 毫米波雷达　　　　　　　　　　B. 微波雷达

C. 激光雷达　　　　　　　　　　　D. 以上全对

8. 高速公路路段基础信息比较适合采用（　　）信息发布方式进行发布。

A. 固定信息情报标志　　　　　　　　　B. 可变信息情报标志

C. 临时信息情报标志　　　　　　　　　D. 交通广播

二、多项选择题

1. 高速公路监控系统建设的主要目的包括（　　）。

A. 保障高速公路交通安全　　　　　　　B. 提高高速公路通行效率

C. 抓拍司机违章行为　　　　　　　　　D. 以上都不对

2. 高速路网的监控系统采用层次化结构，主要层次包括（　　）。

A. 省级监控中心　　　　　　　　　　　B. 路段监控分中心

C. 基层监控单元　　　　　　　　　　　D. 以上都不对

3. 高速公路监控系统的子系统主要包括（　　）。

A. 信息采集子系统　　　　　　　　　　B. 信息传输子系统

C. 信息发布子系统　　　　　　　　　　D. 信息处理子系统

4. 高速公路交通相关信息的常见发布手段主要包括（　　）。

A. 固定信息情报标志　　　　　　　　　B. 可变信息情报标志

C. 广播、电视、网络等公共媒体　　　　D. 临时信息情报标志

5. 高速公路常用的监控摄像机按照照明类型的不同可分为（　　）。

A. 普通型摄像机　　　　　　　　　　　B. 月光型摄像机

C. 星光型摄像机　　　　　　　　　　　D. 红外照明型摄像机

6. 通常关注的交通监控摄像机主要性能参数包括（　　）。

A. 信噪比　　　　　　　　　　　　　　B. 最低照度

C. 焦距　　　　　　　　　　　　　　　D. 清晰度

7. 雷达交通监控系统中可以实现（　　）。

A. 车辆速度检测　　　　　　　　　　　B. 公路断面车流量检测

C. 高速公路异常事件监测　　　　　　　D. 高速公路自身状态检测

8. 高速公路监控系统中需要关注的气象因素主要包括（　　）。

A. 雨雪天气　　　　　　　　　　　　　B. 雾霾天气

C. 极端的高、低温天气　　　　　　　　D. 大风天气

9. 高速公路交通管理需要发布的主要基础信息包括（　　）。

A. 路段基础信息　　　　　　　　　　　B. 收费站相关信息

C. 服务区信息　　　　　　　　　　　　D. 不确定

10. 高速公路交通管理需要发布的出行状态信息包括（　　）。

A. 交通运行状态信息　　　　　　　　　B. 路况事件信息

C. 施工养护信息　　　　　　　　　　　D. 服务设施状态信息

11. 高速公路施工养护信息适合的发布手段包括（　　）。

A. 信息网络　　　　　　　　　　　　　B. 交通广播

C. 临时信息情报标志　　　　　　　　　D. 固定信息情报标志

12. 高速公路监控系统信息处理子系统实现的功能主要包括（　　）。

A. 信息显示　　　　　　　　　　　　　B. 信息存储

C. 信息分析　　　　　　　　　　　　　D. 外场设备控制

13. 高速公路监控系统常见的信息传输方式主要包括（　　）。

A. 网络线传输　　　　　　　　　　　　B. 无线传输

C. 光纤传输　　　　　　　　　　　　　D. 电缆基带传输

14. 高速公路需要监控的重点区段主要是指（　　　）。

A. 事故多发路段　　　　　　　　　　　B. 长下坡路段

C. 气象恶劣区段　　　　　　　　　　　D. 不确定

15. 我国高速公路监控系统外场设备部署规模主要分为（　　　）三个级别。

A. A1　　　　　　　　　　　　　　　　B. A2

C. A3　　　　　　　　　　　　　　　　D. 不确定

16. 高速公路沿途监控摄像机的常见安装方式包括（　　　）。

A. 壁挂式安装　　　　　　　　　　　　B. 门架式安装

C. 吸顶式安装　　　　　　　　　　　　D. 路侧立柱安装

17. 高速公路信息标志牌安装时的支撑方式主要包括（　　　）。

A. 立柱式　　　　　　　　　　　　　　B. 悬臂式

C. 门架式　　　　　　　　　　　　　　D. 不确定

18. 下列设备中属于交通信息采集设备的有（　　　）。

A. 监控摄像机　　　　　　　　　　　　B. 微波雷达

C. 传输光端机　　　　　　　　　　　　D. 能见度监测仪

三、判断题

1. 我国高速公路必须配套建设交通监控系统。　　　　　　　　　　　　　　（　　　）

2. 建设高速公路监控系统的目的主要在于保障交通安全和提高通行效率两个方面。

（　　　）

3. 高速公路沿线部署的气象信息监测设备按照所实现的功能，可分为单项功能检测仪和综合气象监测仪。　　　　　　　　　　　　　　　　　　　　　　　　　（　　　）

4. 从所发布的信息内容来看，高速公路交通管理所发布的信息主要分为高速公路主要基础信息和高速公路出行状态信息两大类。　　　　　　　　　　　　　　（　　　）

5. 在高速公路监控系统中，可以将雷达设备和视频监控设备融为一体，实现雷视一体化监控。　　　　　　　　　　　　　　　　　　　　　　　　　　　　　　（　　　）

6. 有气象台的天气预报，不需要在高速公路沿线设置气象监测设备。　　　（　　　）

7. 收费站监控系统属于高速公路监控系统层次化管理中的基层监控单元。　（　　　）

8. 部分具有计算机网络接口的交通监控摄像机可以采用计算机网络线供电，不需要设置专门的供电线路。　　　　　　　　　　　　　　　　　　　　　　　　　（　　　）

9. 采用POE方式供电的交通监控摄像机，可以和普通网络交换机直接通过计算机网络线相连接，并正常传输监控数据。　　　　　　　　　　　　　　　　　　　（　　　）

10. 通常采用光纤传输网络实现长距离、高速率的交通监控信息传输。　　（　　　）

四、简答题

1. 什么是高速公路监控系统？

2. 高速公路监控系统主要由哪些子系统组成？

3. 高速公路监控系统常见的信息传输方式有哪些？

4. 高速公路监控的重点区段主要是指哪些区段？

拓展思考

车辆自动驾驶技术日趋成熟，自动驾驶车辆逐渐走进现实，我国正在组织开展车路云一体化试点。

请自行查找并学习相关资料，并思考在车路云一体化运行管理机制下，高速公路监控系统应该做出哪些改进，以更好地适应高速公路上的车辆自动驾驶。

项目四

高速公路收费系统集成与维护

📖 项目描述

假设 A、B 两地之间的跨省高速公路为双向六车道设计，A、B 两地各设一个收费站，每个收费站包含 8 条收费车道，其中 4 条为入口车道，4 条为出口车道。入口和出口车道中，ETC 专用车道有 3 条，MTC/ETC 混合车道有 1 条。请根据以上内容确定收费站布局和车道配置，并设计 ETC 和 MTC/ETC 混合车道的具体实施方案，规划每条车道控制器、RSU、高清车牌识别系统等设备的布局。

📚 学习目标

(1) 知识目标

➤ 了解车辆通行费的意义。

➤ 了解高速公路收费系统架构。

➤ 了解高速公路收费系统常见故障。

➤ 掌握 ETC 门架系统结构组成。

➤ 掌握 ETC 专用车道系统集成方案。

➤ 掌握 ETC/MTC 混合车道系统集成方案。

(2) 技能目标

➤ 能够正确描述高速公路收费系统及其作用。

➤ 能够根据具体场景下的系统需求，设计搭建简单的收费系统方案。

➤ 能够阐述 ETC 入口车道系统处理流程。

➤ 能够阐述 ETC 出口车道系统处理流程。

➤ 能够阐述 ETC/MTC 混合入口车道系统处理流程。

➤ 能够阐述 ETC/MTC 混合出口车道系统处理流程。

(3) 素养目标

➤ 具备较强的自我学习能力。

➤ 培养创新思维习惯。

➤ 树立国家认同感和民族自豪感。

拓展阅读

浙江高速收费员八载"成长记"：暖心守护民众平安路

从高速公路收费员到收费站站长，浙江交通集团高速公路杭州南管理中心诸暨东收费中心所的王沪燕用了8年时间。八年成长，也让她实现了从一名业务小白到独当一面的收费业务内训师。

2016年，王沪燕成为诸永高速璜山收费站一名普通的收费员，然而这份看似简单的工作实际一点都不简单：无入口信息车辆处理、ETC卡故障处理、绿通查验……让原本以为收费员只需要在岗亭收钱就行的王沪燕措手不及。

选择了一份职业，就选择了一份坚守。为了提升自己的业务水平，在内部培训、交流和实操时王沪燕都会随身携带一个小本子，一有时间就主动向同事请教，并记录自己碰到的问题。"我们诸暨人有坚韧不拔、勇往直前的'木陀精神'，我一定要成为收费员中的佼佼者。"就这样，王沪燕在2018年凭借出色的工作表现，成功竞聘收费班长。

作为高速公路运营中最小的管理单元，一个班组业务能力、服务水平的高低直接影响车道的有序畅通和司乘体验，能否带领班组在当班期间做好各方面工作是考验收费班长综合能力的体现。自当班长以来，王沪燕所在的班组未发生司乘有责投诉、上级稽查通报、收费差错等情况。随着经验的积累和能力的提升，2023年王沪燕竞聘成为璜山收费站站长。

收费站是高速公路的第一道关口，车道的有序通行、收费站的干净整洁、入口的安全管控……每一项工作都至关重要。对此，王沪燕根据璜山收费站实际情况，从小事着手、从难事下手，抓好劳动纪律、站容站貌、员工业务技能以及内务管理等方面，精细化管理各项工作，在她的带领下，璜山收费站整体工作质量有了显著提升。

在王沪燕看来，如何培养新员工、培养什么样的新员工是每一位管理者需要思考的最关键问题。对此，王沪燕利用自己丰富的工作经验和专业知识，制作了大量的优质课件，通过收费站设立的"木柁讲堂"培训教育阵地，为员工开展微笑服务、业务知识、操作技能等方面培训，并引导更多收费员在原有文明服务的基础上不断寻找突破点，提高收费效率与服务质量。

王沪燕不仅在工作中表现出色，她还具有强烈的社会责任感。2024年夏天，浙江持续高温晴热，王沪燕和同事一起在璜山收费站外广场开展"高速送清凉，防暑保安康"志愿活动，为过往司乘送上一杯杯乌梅汤、银耳羹等消暑饮品。在她的带领下，越来越多的员工参与到服务司乘、服务社会志愿活动中来。

一方水土养一方人，浙江诸暨人肯吃苦的"木柁精神"在王沪燕身上得到了很好体现。对于未来，王沪燕表示将继续发挥自身优势，与时俱进，为收费站打造高素质收费员队伍贡献力量。

知识储备

模块一　了解收费系统基本知识

一、公路车辆收费的意义和要求

（一）公路车辆收费的意义

车辆通行费，是指在公路（含桥梁和隧道）上经批准向过往车辆依法征收的一项费用，其背后承载着多重深远的意义与价值。尤其在高速公路这一现代化交通体系的构建与运营中，车辆通行费的征收显得尤为重要。

从高速公路建设与资金回收的视角来看，通行费征收机制是确保公路建设可持续性的关键所在。首先，高速公路的建设与日常维护均需投入巨额资金，这些资金往往来源于多元化的融资渠道，包括银行贷款、政府财政拨款以及社会资本等。通过实行"使用者付费"的原则，能够有效回收部分或全部投资成本，用于偿还贷款本息、获取合理回报，并为后续的高速公路建设及日常养护提供稳定的资金支持。这一机制不仅确保了高速公路建设的顺利进行，更为其长期运营提供了坚实的经济基础。其次，高速公路通行费还为路面养护、桥梁隧道维护、交通安全设施更新以及绿化美化等提供了必要的经费保障。这些养护与管理措施对于提升高速公路的通行能力、改善服务质量具有至关重要的作用。最后，高速公路通行费的收费标准根据车型类别与行驶距离的不同而有所区别，这充分体现了"谁受益、谁支付；多受益、多支付"的公平合理原则。这种差异化的收费方式不仅确保了公路资源的合理利用与公平分配，还鼓励了车辆根据自身实际情况选择最优的行驶路线与方式，从而进一步提高了交通网络的运行效率与整体效益。

（二）公路车辆收费的要求

根据《中华人民共和国公路法》及《收费公路管理条例》等相关法律法规，我国公路发展遵循以非收费公路为主导，适度发展收费公路的原则。其中，收费公路主要以高速公路为核心，其建设、养护及管理的资金筹措，除依赖于一般公共预算投入外，还须通过政府举债、吸引社会资本投资及征收车辆通行费等多种方式来实现。对于完全由政府投资或源自社会组织、个人捐赠资金建设的公路，则不得向过往车辆征收通行费。

收费公路发展实行用路者付费原则。收费公路的投资、建设和管理坚持鼓励社会资本投资、防控政府债务风险、实行信息公开和加强政府监管的原则。收费公路的使用者依法享有对收费公路相关信息的知情权，这是保障公众权益、提升服务透明度的重要举措。

建设收费公路，需满足以下技术等级与里程要求：一是高速公路；二是连续里程达到50km以上的一级公路；三是长度超过1000m的独立桥梁或隧道。对于国家已确定的东、中部地区已取消收费的二级公路，若其升级改造为一级公路，则不得重新设立收费站。同时，新建或改建的技术等级为二级及以下（含二级）的公路，亦不得征收通行费。

政府收费公路的偿债期限，遵循"以收费偿还债务"的基本原则予以确定。其中，高速公路由省级人民政府按照统借统还核定，其他收费公路的偿债期限最长不得超过15年，但国家确定的中西部省、自治区、直辖市可延长至20年。对于特许经营公路的经营期限，则需按照"收回投资并有合理回报"的原则来确定，并通过动态调整收费标准、收益调节等方式来控制合理回报水平。其中，高速公路的经营期限原则上不得超过30年，但对于投资规模大、回报周期长的项目，经相关部门批准后可适当延长。一级公路及独立桥梁、隧道的经营期限最长不得超过25年，但国家确定的中西部省、自治区、直辖市可放宽至30年。在偿债期限或经营期限届满后，收费的一级公路、二级公路、独立桥梁及独立隧道等必须终止收费，其剩余的政府债务需经审计后全部纳入预算管理范畴，以确保资金使用的合规性与透明度。

（三）公路车辆通行费车型分类

在高速公路收费体系的运作中，对过往车辆实施科学且合理的分类，是确保收费公正性与效率性的基石。车辆分类不仅深刻影响着收费标准的精确制定，更直接关联到收费系统整体的设计与日常运营效能。鉴于此,中华人民共和国交通运输部于 2019 年 5 月正式发布了《收费公路车辆通行费车型分类》(JT/T 489—2019),并明确规定,自 2020 年 1 月 1 日起,全国范围内均需严格遵循此交通行业标准执行。

依据该标准,收费公路上的车辆通行费车型被明确划分为客车、货车和专项作业车三个系列。

1. 客车

客车包括载客汽车和乘用车列车,依据公安机关交通管理部门机动车注册登记的车辆类型和核定载人数进行分类,如表 4-1 所示。

表 4-1　收费公路车辆通行费客车车型分类

类别	车辆类型	核定载人数	说明
1 类客车	微型 小型	≤9	车长小于 6000mm 且核定载人数不大于 9 人的载客汽车
2 类客车	中型	10～19	车长小于 6000mm 且核定载人数为 10～19 人的载客汽车
	乘用车列车	—	—
3 类客车	大型	≤39	车长不小于 6000mm 且核定载人数不大于 39 人的载客汽车
4 类客车		≥40	车长不小于 6000mm 且核定载人数不少于 40 人的载客汽车

2. 货车

货车作为高速公路收费体系中的重要组成部分,其分类依据主要涵盖车辆的总轴数、车长以及最大允许总质量等多个维度。具体而言,货车被细分为载货汽车、货车列车以及半挂汽车列车等多个类别。其中,货车列车和半挂汽车列车,按牵引车和挂车合并进行车型分类。对于轴数超过六轴的货车,将依据其车辆总轴数,按照超限运输车辆的相关规定执行收费。货车车型分类如表 4-2 所示。

表 4-2　收费公路车辆通行费货车车型分类

类别	总轴数(含悬浮轴)	车长和最大允许总质量
1 类货车	2	车长小于 6000mm 且最大允许总质量小于 4500kg
2 类货车	2	车长不小于 6000mm 且最大允许总质量不小于 4500kg
3 类货车	3	
4 类货车	4	
5 类货车	5	—
6 类货车	6	

3. 专项作业车

专项作业车是指装置有专用设备或器具,在设计和制造上用于工程专项(包括卫生医疗)作业的汽车,如汽车起重机、消防车、混凝土泵车、清障车、高空作业车、扫路车、吸污车、钻机车、仪器车、检测车、监测车、电源车、通信车、电视车、采血车、医疗车、体检医疗车等,但不包括装置有专用设备或器具而座位数(包括驾驶人座位)超过 9 个的汽车(消防车除外)。专项作业车分类依据总轴数以及车长和最大允许总质量,如表 4-3 所示。

表 4-3　收费公路车辆通行费专项作业车车型分类

类别	总轴数（含悬浮轴）	车长和最大允许总质量
1 类专项作业车	2	车长小于 6000mm 且最大允许总质量小于 4500kg
2 类专项作业车	2	车长不小于 6000mm 且最大允许总质量不小于 4500kg
3 类专项作业车	3	
4 类专项作业车	4	—
5 类专项作业车	5	
6 类专项作业车	≥6	

二、高速公路收费制式

收费制式作为道路通行费计算的基础框架，定义了道路通行费与车辆类型、行驶里程（或占用道路资源的时间或行驶次数）和费率之间的关联规则，是道路通行收费的基本体制。收费制式的选择与确定旨在实现经济效益最大化，并以有利于吸引交通为原则。收费制式和收费方式对收费公路的建设规模、工程成本和营运管理都有较大直接影响，应在规划、设计阶段根据地区路网和交通特点进行合理比选确定。不同的收费制式有其布设特点和适用条件，它影响高速公路互通立体交叉、收费设施、土地征用等分项工程设计方案和造价，决定着高速公路收费设施收费方式、设计方案、运营模式和运营效益，甚至影响高速公路使用者的感受。因此，合理选择收费制式和收费方式是规划、设计公路收费系统时的首要问题。在选择并确定收费制式时应综合考虑以下因素：

① 收费公路在路网中的位置和作用；

② 收费公路与其他收费公路或道路的关系，以及联网的可能性；

③ 公路使用者通行费负担的公平合理性；

④ 受收费制式影响的收费效率和收费次数等；

⑤ 收费系统本身的建设成本和营运成本。

公路收费制式可分为开放式、封闭式、混合式三种类型。开放式收费制式通常不限制车辆的行驶路线，依据车辆通过收费站点的次数或时间进行计费；封闭式收费制式则要求车辆通过特定的入口和出口收费站，根据行驶里程计费；而混合式收费制式则是前两者的结合，既包含封闭式的路段，也允许开放式通行。每种收费制式都有其独特的布设特点和适用条件，需根据具体情况进行灵活选择与优化。

（一）开放式收费制式

开放式收费制式可分为有站开放式和无站开放式。其中无站开放式又可以分为 ETC 门架系统和其他设置方式。

1. 有站开放式的布设

有站开放式的收费站宜设在路段内主线的某个位置上。距离较长的收费公路可以划分多个路段，各收费站的间距宜大于 50km，如图 4-1 所示。

2. 无站开放式 ETC 门架系统的布设

无站开放式的 ETC 门架系统宜设在路段内主线交通量变化较大的位置前。距离较长的路段可以划分多个区段，各收费设施的间距宜大于 3km，如图 4-2 所示。

无站开放式其他设置方式的布设则通过其他信息技术手段实现车辆在路段内的统一费额收费。

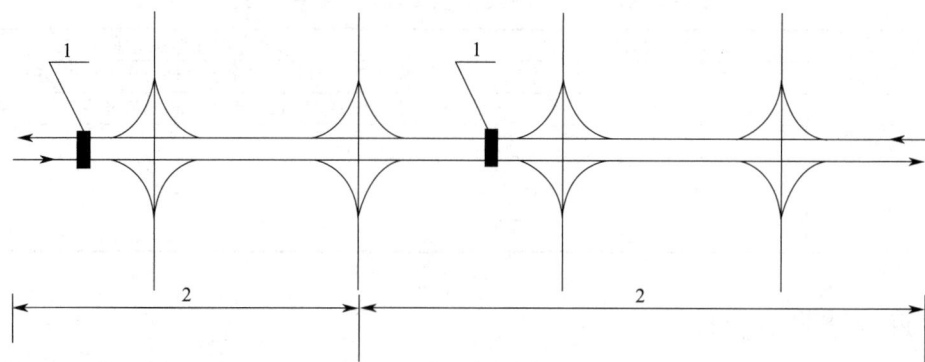

标引序号说明：

1—收费站；

2—收费路段。

图 4-1　有站开放式收费站布设示意图

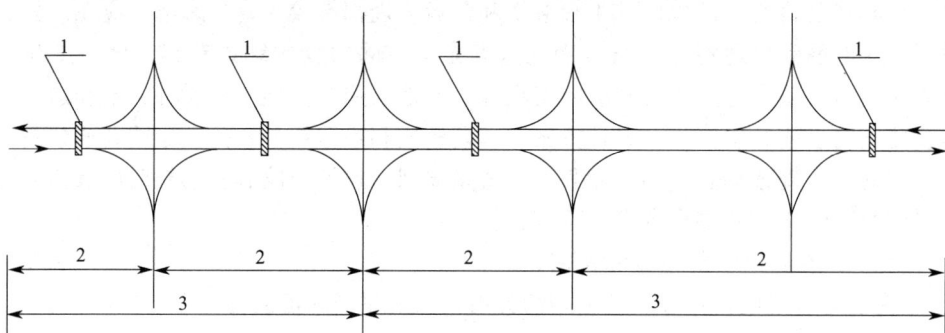

标引序号说明：

1—ETC 门架系统；

2—收费区段；

3—收费路段。

图 4-2　无站开放式 ETC 门架系统布设示意图

3. 开放式收费制式的特点与适用条件

在开放式收费制式下，各入出口匝道可以不设收费站，车辆可以自由进出公路，这大大提高了道路的通行效率，减少了因收费站造成的交通拥堵现象。在公路内部，车辆需根据车型按统一费额交费，这种计费方式相对简单明了，便于管理和执行。同时，由于费额统一，也减少了因计费差异而引发的争议和纠纷。虽然整体采用统一费额，但根据控制距离的不同，各路段或区段的费额可以有所差别。这种差异性的计费方式更加公平合理，能够反映不同路段或区段的交通状况和建设成本。开放式收费制式主要适用于独立收费的桥梁、隧道和不封闭（含有多处平交路口）的收费公路。对于不封闭的收费公路，可以选择交通流量较大且不易绕行其他平行路线的路段设置主线收费站或 ETC 门架系统，实现快速、准确的计费和管理，提高道路的通行效率和安全性。

（二）封闭式收费制式

封闭式收费制式可分为无 ETC 门架系统的封闭式收费和有 ETC 门架系统的封闭式收费。里程较长的收费公路宜通过在交通量发生变化位置前的路段区间设置 ETC 门架系统，将收费公路划分为多个收费区段进行分段计费来提高收费的准确性。

1. 无 ETC 门架系统的封闭式收费站的布设

无 ETC 门架系统的封闭式收费站设在收费公路的所有入出口处，包括主线起终点收费站和互通立交匝道收费站。每处收费广场的收费车道分为入口车道和出口车道。车辆进出收费公路都要经过收费站并受控制，但在公路内部可以自由行驶，收费公路对外界呈"封闭"状态，如图 4-3 所示。

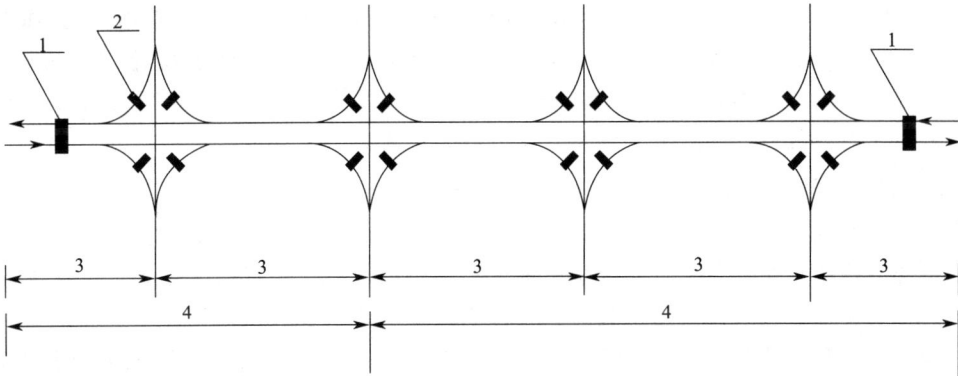

标引序号说明：

1—主线收费站；

2—匝道收费站；

3—收费区段；

4—收费路段。

图 4-3　无 ETC 门架系统封闭式收费站布设示意图

2. 有 ETC 门架系统的封闭式收费站的布设

有 ETC 门架系统的封闭式收费是在无 ETC 门架系统封闭式收费站设置的基础上，通过在交通量发生变化位置前的路段区间设置 ETC 门架系统，将收费公路划分为多个收费区段进行分段计费，如图 4-4 所示。

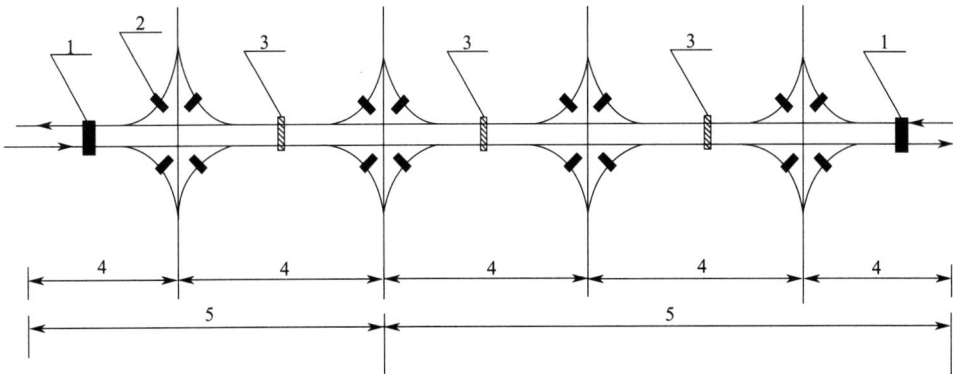

标引序号说明：

1—主线收费站；

2—匝道收费站；

3—ETC 门架系统；

4—收费区段；

5—收费路段。

图 4-4　有 ETC 门架系统封闭式收费站布设示意图

3. 封闭式收费制式的特点与适用条件

封闭式收费制式采用在入口车道对车辆进行信息标记，在出口根据车型和行驶里程收费的模式。车辆进入收费公路时，MTC（人工收费）车辆需在入口车道领取复合通行卡或纸质通行券，复合通行卡或纸质通行券上记录该收费站名称或编号（或称入口地址编码）等入口信息，ETC 车辆在收费站的入口车道将车辆入口信息写入 OBU（车载电子标签）。车辆驶离收费公路时，驶离收费站的出口车道将根据车型和行驶的区段累计收费。封闭式收费制式通常通过在交通量发生变化位置前的路段区间设置 ETC 门架系统，实现通行车辆的分段计费、精确收费。

封闭式收费制式适用于里程较长（约 40km 以上）、含有多个互通立交入出口、车辆行驶里程差距较大，且主线和匝道交通量较大的收费公路。

（三）混合式收费制式

混合式收费制式适用于互通立交间距较大或主线和互通立交交通量不大的收费公路，根据车型按统一费额收费。主线收费广场收取所控路段的通行费；互通立交的匝道收费广场按行驶方向分别实行入口收费或出口收费，并分别收取所控区段的通行费。

布设混合式收费站时首先根据路线长度和互通立交的分布情况将全线划分成若干路段，每个路段设置一处主线收费广场，条件允许时主线收费广场宜结合互通立交设置在入出匝道之间，主线收费广场的间距宜大于 40km，如图 4-5 所示。在路段内的互通立交设置匝道收费广场。其中建有主线收费广场的互通立交需设全部匝道收费广场，路段内的其他互通立交则设部分匝道收费广场，从而在同一区段的两个方向分别实行入口收费和出口收费。

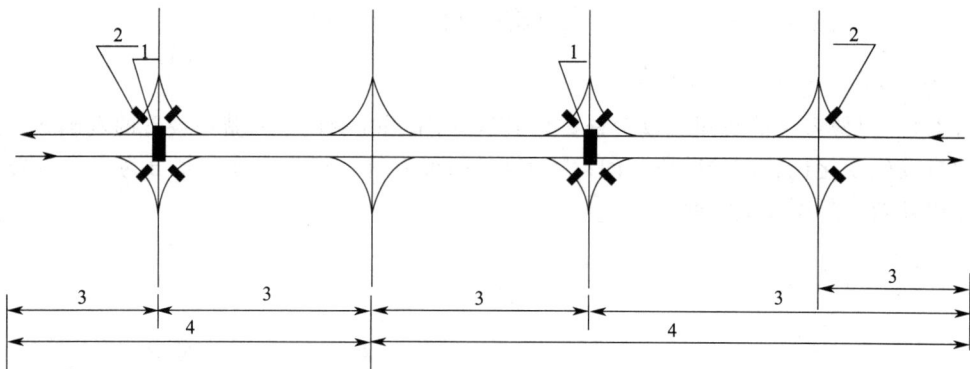

标引序号说明：

1—主线收费站；

2—匝道收费站；

3—收费区段；

4—收费路段。

图 4-5 混合式收费站布设示意图

模块二 熟悉高速公路联网收费系统

一、高速公路联网收费系统架构

（一）总体架构

收费系统是高速公路有效实施运营、管理的重要方面。自 2014 年以来，我国逐步完成了 ETC 全国联网攻坚任务。2020 年 1 月 1 日起,全国统一取消高速公路省界收费站,进入"一张网运行、一体化服务"的阶段,实现了我国高速公路由封闭式向开放式无站自由流收费方式转变,向加快建设交通强国目标迈进。

高速公路联网收费系统由部、省两级系统组成,系统总体架构示意如图 4-6 所示。

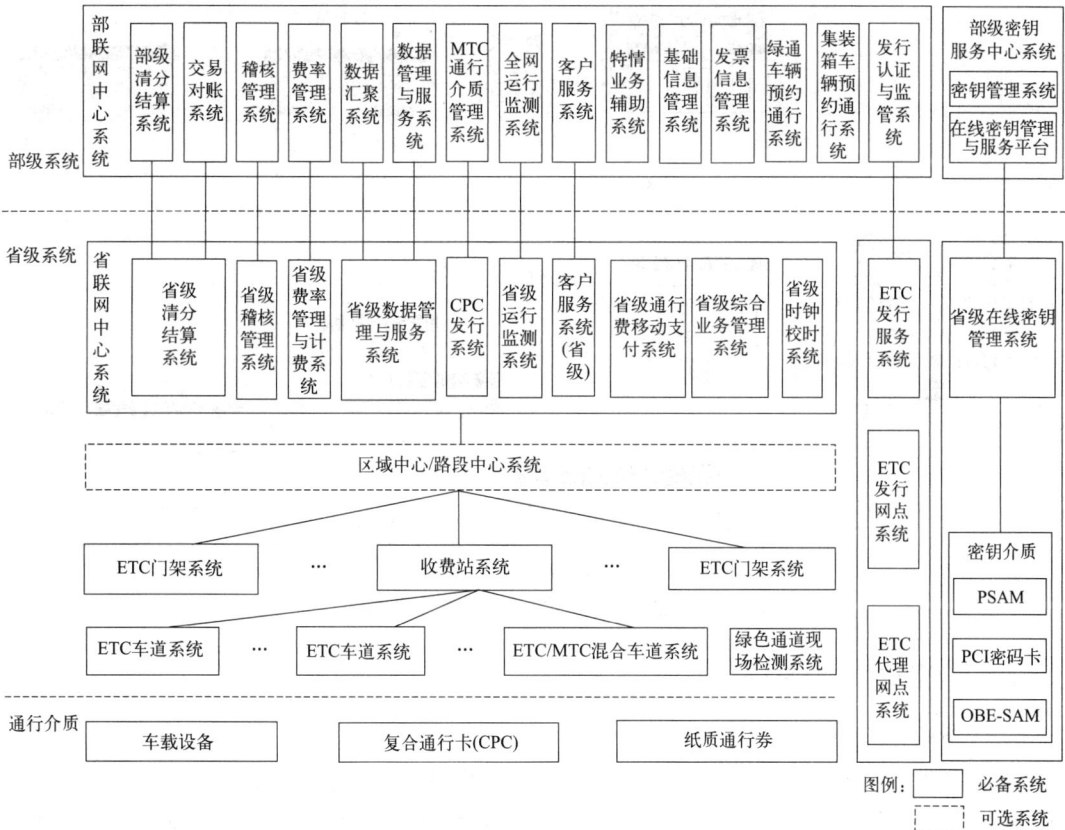

图 4-6 高速公路联网收费系统架构示意图

部级系统包括部联网中心系统、部级密钥服务中心系统。部联网中心系统包括部级清分结算系统、交易对账系统、特情业务辅助系统、稽核管理系统、费率管理系统、绿通车辆预约通行系统、集装箱车辆预约通行系统、发票信息管理系统、发行认证与监管系统、MTC通行介质管理系统、基础信息管理系统、数据汇聚系统、数据管理与服务系统、全网运行监测系统等。部级密钥服务中心系统包括密钥管理系统、在线密钥管理与服务平台。

省级系统包括省联网中心系统、省级在线密钥管理系统、区域中心/路段中心系统(可选)、收费站系统、ETC 门架系统、收费车道系统、绿色通道现场检测系统、ETC 发行服务系统等。省联网中心系统包括省级清分结算系统、省级稽核管理系统、省级费率管理与计费系统、省级通行费移动支付系统、CPC(复合通行卡,compound pass card)发行系统、省级数据管理与服务系统、省级综合业务管理系统、省级运行监测系统、省级时钟校时系统等。

部、省两级系统相互协同配合,完成结算、客户服务、稽核、运行监测等业务。各省级联网收费系统运营管理架构存在差异,可根据实际情况选建区域中心/路段中心系统。高速公路联网收费系统业务关系示意图如图 4-7 所示。

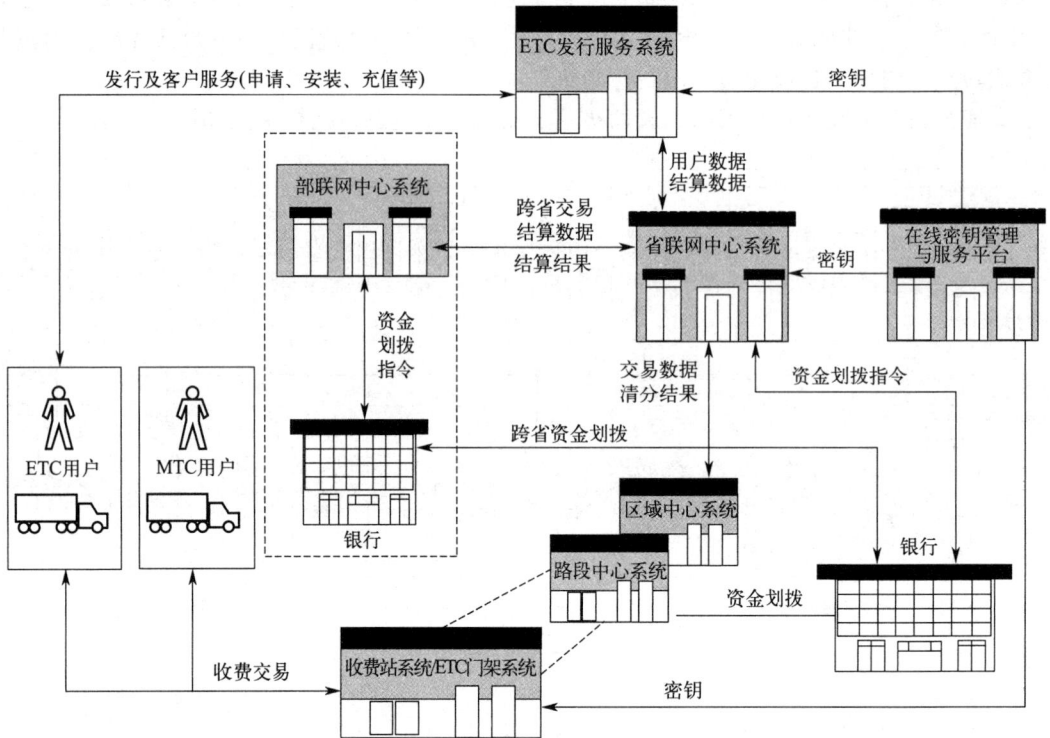

图 4-7 高速公路联网收费系统业务关系示意图

(二) 部联网中心系统

1. 系统组成

部联网中心系统由部级清分结算系统、交易对账系统、特情业务辅助系统、稽核管理系统、费率管理系统、绿通车辆预约通行系统、集装箱车辆预约通行系统、发票信息管理系统、发行认证与监管系统、MTC通行介质管理系统、基础信息管理系统、数据汇聚系统、数据管理与服务系统、全网运行监测系统、客户服务系统等组成。

2. 系统功能

(1) 部级清分结算系统

具备跨省的 ETC 数据、MTC 数据、退费补交数据、交易对账数据、预约通行数据、ETC 拓展交易数据的清分结算功能,可按实际进行省际拆分、按出口分省金额进行省际拆分、按比例进行省际拆分、按出口交易记录分省累计金额进行省际拆分。

(2) 交易对账系统

具备跨省 ETC 交易数据、省内 ETC 交易数据、多省通行的其他交易数据等的交易对账功能,可向各参与方提供交易对账结果查询服务,生成交易对账通知书。

(3) 特情业务辅助系统

具备跨省通行车辆入口收费站信息查询功能,可根据在途通行车辆交易数据、车牌识别数据等信息,进行拟合计费,并将计费信息、行驶路径在 GIS 地图上进行展示。

(4) 稽核管理系统

负责全网内部稽核及外部稽核,对 ETC 发行服务、联网收费等行为进行分析管理,对全网通行车辆的行驶行为进行分析、挖掘，甄别改变车型、改变车种、假冒优免等疑似逃费行为，并通过多种方式筛选并鉴别因客户原因造成少交、未交、拒交通行费的情况，确定其逃费类型和责任主体。

（5）费率管理系统

具备全网费率基线版本的集成、管理、归档等功能，具备计费参数、计费模块参数、性能验算功能，具备计费参数、计费模块、联通参数等数据归档管理功能，具备对路网节点信息、收费单元信息、连通关系信息、费用种类信息、费用标准信息、计费方式信息进行版本管理的功能，具备对费用种类、车型费用、计费类型、差异化收费参数、费率版本等参数信息进行管理的功能，具备支撑稽核管理系统进行计费拟合的功能，具备为稽核管理系统和客户服务系统提供费率信息查询、数据同步的功能。

（6）绿通车辆预约通行系统

具备添加车辆、预约运输行程、预计结束行程时间、运输货物、运输行程查询等预约功能，并可对查验结果信息进行录入、修改、上传，以及对绿通车辆积分进行分析统计及免检业务管理。

（7）集装箱车辆预约通行系统

具备绑定运输企业、预约运输行程、运输行程查询、挂车登记、确认开始运输行程、确认结束运输行程等集装箱车辆预约功能，具备解绑集装箱运输车辆、集装箱运输车辆查询、集装箱运输车辆绑定审核、预约运输行程、挂车登记、运输行程查询等集装箱运输企业服务功能，具备运输企业查询、集装箱运输车辆查询、预约信息查询、冻结预约权限、解冻预约权限、统计分析等集装箱车辆管理功能。

（8）发票信息管理系统

具备对省内发票基础数据、跨省发票基础数据的完整性、及时性、合规性进行数据核查的功能，可对通行费发票开具情况进行统计和展示，对完整性、及时性较低的参与方进行风险提示。

（9）发行认证与监管系统

对 ETC 用户进行注册、认证、监管，可对全网发行唯一性进行校验，并对用户隐私数据进行加密。

（10）MTC 通行介质管理系统

负责 CPC 新卡发行申请、新卡发行审核、新卡入库申请、新卡入库审核、新卡核销等发行管理，并具备 CPC 跨省调拨、省内调拨、路段调拨、站内领用、站内归还等在网管理功能。

（11）基础信息管理系统

管理高速公路信息、道路业主信息、发行方信息、路段断面信息、收费站信息、车道信息、ETC 门架信息、收费广场信息、拓展服务信息等运行参数，对业务人员维护基础信息进行审核，并可对全网基础信息进行统计和展示。

（12）数据汇聚系统

对基础数据、交易数据、清分结算数据、特情数据、稽核数据、预约数据、发票数据、费率数据、客服数据等部省数据进行汇聚，实现部省联网收费业务数据交互及处理，并可对部联网中心系统与各收费站系统、ETC 门架系统及其他路网设施设备进行数据交互和数据校核。

（13）数据管理与服务系统

与相关部门或单位共享相关数据，实现数据管理和交换，并对关键敏感数据进行脱敏处理，在传输过程中进行数据和链路加密处理，并对数据进行深度挖掘分析和可视化展示。

（14）全网运行监测系统

对全网收费站和 ETC 门架系统的关键设备、运行参数、业务指标、通信传输进行实时监测，当出现故障或异常时能生成对应的告警信息并及时通知相关人员。

（三）省联网中心系统

1. 系统组成

省联网中心系统由省级清分结算系统、省级稽核管理系统、省级费率管理与计费系统、省级通行费移动支付系统、CPC 发行系统、省级数据管理与服务系统、省级综合业务管理系统、省级运行监测系统、省级时钟校时系统等构成。

2. 系统功能

（1）省级清分结算系统

对交易数据进行分类汇总，与各参与方开展清分对账，包括对 ETC 交易数据、ETC 特情交易数据的清分对账，对 MTC 交易数据的对账，对退费、补交数据的对账等。将经过清分处理的本省（自治区、直辖市）通行费按照拆分规则分配至道路经营管理单位，实现省联网中心系统与结算银行之间缴款明细、划账指令等数据的传送，并提供资金结算报表及对账功能。

（2）省级稽核管理系统

负责对本省（自治区、直辖市）收费系统产生的各种数据、图片进行查询，并具备稽核工单管理、稽核业务操作等功能。

（3）省级费率管理与计费系统

具备费率基线版本的新增、删除、修改、查询、归档功能，管理路网节点信息、收费单元信息、连通关系信息、费用种类信息、费用标准信息、计费方式信息，将费率参数、算法及相关逻辑封装为费率模块，为 ETC 门架系统、车道系统及其他相关系统提供计费能力的支撑。省内通行车辆由省级费率管理与计费系统实现计费功能，对于跨省通行车辆的在线计费业务转发至部级特情业务辅助系统完成。

（4）省级通行费移动支付系统

支持对接第三方支付平台、移动终端（APP），进行数据交互，完成停车移动支付交易的对账、结算。

（5）CPC 发行系统

通过省级在线密钥管理系统调用部级在线密钥管理与服务平台接口实现 CPC 发行功能，发行流程符合相关规定。

（6）省级数据管理与服务系统

负责维护管理省内基础数据，包括发行服务机构信息、客户合作机构信息、服务网点信息、流动服务网点信息、自助服务终端信息、线上服务渠道信息等发行服务设施数据，以及收费经营管理单位信息、收费公路信息、收费路段信息、收费单元信息、ETC 门架系统信息、收费站信息、收费广场信息、收费车道信息、清分机构信息、跨省结算账户信息、发票基础信息等应用服务设施数据。此外，还具备省级数据汇聚与处理、共享与管理、容灾备份与恢复等相关功能。

（7）省级综合业务管理系统

维护、发布状态名单、重点关注名单，对绿通车辆、进行跨区作业的联合收割机和运输联合收割机（包括插秧机）、集装箱车辆、大件运输车辆进行预约通行与优惠计费等。

（8）省级运行监测系统

对 ETC 门架系统、收费车道系统、各级业务系统等监测数据进行采集，并统计分析监测指标，对异常事件进行管理和预警。

（9）省级时钟校时系统

基于北斗时钟源进行校时，实现系统及设备设施时钟同步。

（四）区域中心/路段中心系统

1. 系统组成

区域中心/路段中心系统宜采用双绞线星形开放网络结构，选用高速以太网等技术组网，具体拓扑结构如图 4-8 所示。区域中心/路段中心系统由数据传输系统、收费管理系统、稽核管理系统、系统运行状态监测系统、收费视频监控系统、特情管理系统、财务管理系统、统计报表管理系统等组成。

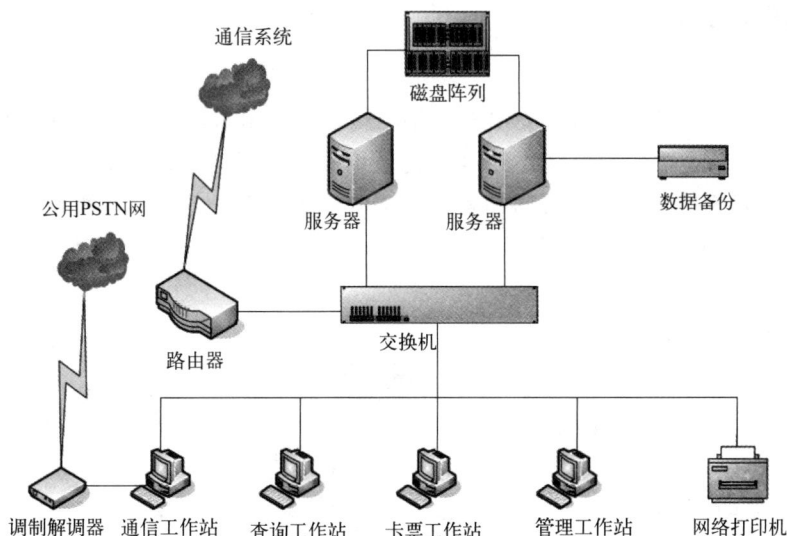

图 4-8　区域中心/路段中心系统构成拓扑图

2. 系统功能

（1）数据传输系统

建立与省联网中心系统、收费站系统的通信连接，传输本区域/路段的联网收费数据。

（2）收费管理系统

负责票据管理、MTC 通行介质管理、参数管理、收费查询等；提供权限管理功能，实现分级分权限操作；进行数据校验，实现数据一致性、完整性管理。

（3）稽核管理系统

对所辖路段通行车辆的行驶行为进行分析，对通行图像进行特征提取、挖掘分析，筛选逃费嫌疑车辆数据。对通行费进行核算、填报稽核结论，具备基础参数查询、流水查询、图像查询、名单查询、车辆发行信息查询、通行费查询等功能，并可上传业务数据至省级稽核管理系统。

（4）系统运行状态监测系统

对所辖车道系统、ETC门架系统核心功能及关键设备进行状态监测，并对异常情况进行报警提示。

（5）收费视频监控系统

对所辖收费车道关键设备状态、操作状态、特殊事件报警处理状态进行实时监控。与报警信号实现视频联动，并可通过网络对视频监控设备进行远程控制与管理。

（6）特情管理系统

接收、响应特情请求，并可进行维护和配置管理。

（7）财务管理系统

管理现金收费数据、非现金收费数据、合计收费数据、银行缴款数据，并可对财务数据进行统计、分析、打印等。

（8）统计报表管理系统

对所辖路段收费数据进行整合、处理、统计，生成报表，并具备打印报表、精确检索等相关功能。

（五）收费站系统

1. 系统组成

收费站系统一般采用双绞线星形开放网络结构，可选用高速以太网等技术组网，具体拓扑结构如图4-9所示。收费站系统由站级传输系统、收费管理系统、MTC通行介质管理系统、收费车道管理系统、站级运行监测系统、特情管理系统、交接班管理系统、统计分析系统等组成。

收费站系统可根据管理需要设置，系统组成可适当简化。简化的收费站系统至少具备参数下发、数据上传的功能。

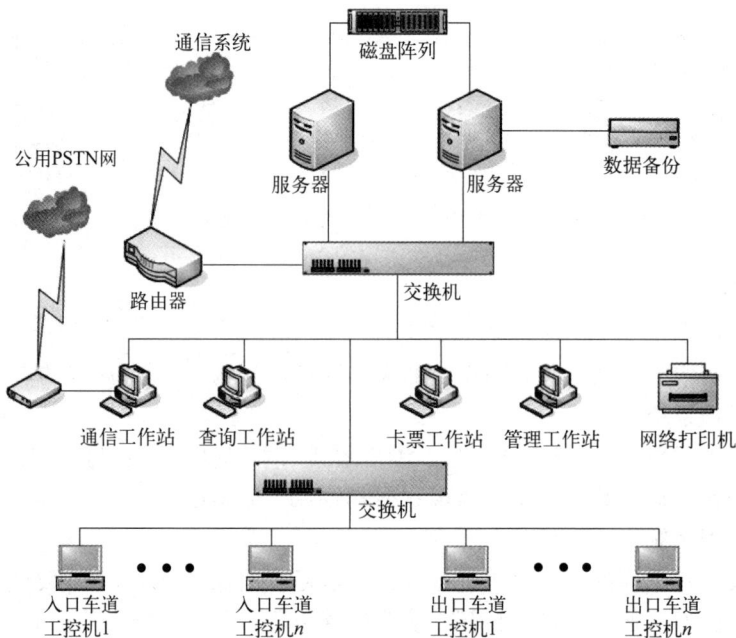

图4-9　收费站系统构成拓扑图

2. 系统功能

（1）站级传输系统

建立与部联网中心系统、省联网中心系统、区域中心/路段中心系统的通信连接，实现传输收费站系统所需数据，并确保数据的完整性、一致性、可靠性、真实性和不可抵赖性。汇聚收费车道 ETC 交易流水或通行凭证、MTC 通行流水、交易日志、车牌图像识别信息等相关数据，存储并转发至部、省两级联网中心系统。

（2）收费管理系统

管理系统参数信息，浏览/打印现有收费系统参数，对流水数据进行查询、统计和存储管理。

（3）MTC 通行介质管理系统

具备站级 CPC 入库、出库、调拨管理功能，车道在用 CPC、库存 CPC 信息查询/统计功能，纸质通行券发放、统计、查询功能。

（4）收费车道管理系统

对入口交易、出口交易、抓拍图片、心跳信息等原始数据进行管理，下发车道系统使用的各类收费参数，对收费车道开/关进行管理。

（5）站级运行监测系统

监测收费站系统在线状态（开启/关闭）、操作系统版本、车道软件版本等信息，对所辖收费车道系统 RSU、高清车牌图像识别设备、车道控制器等关键设备运行状态进行监测，可实时显示车道收费过程中产生的各种收费数据、操作日志、事故日志（报警信息）以及登录日志等数据。

（6）特情管理系统

具备特情请求接收、特情请求响应功能。

（7）交接班管理系统

对收费员交接班所涉及的 MTC 通行介质、票证、款项按照班次进行统一管理，具备收费站日常交接班业务登记、清账、打印基本业务报表等功能。

（8）统计分析系统

可查询交易明细数据，并支持车流量/通行费统计等报表查询。

收费站系统建议配置北斗授时设备，其具备北斗校时和授时功能。建议设置收费视频监控系统，在收费车道、收费亭、收费广场、机房、财务室等重点区域设置摄像机，对联网收费业务进行实时监控以及核查。

收费站系统具备对讲、报警等功能，可实现报警信号与视频图像的联动。在通信网络出现异常时，可将所有数据存储在本地，待网络恢复后自动将本地滞留数据上传。

二、ETC 门架系统

（一）ETC 门架系统组成

ETC 门架系统是取消高速省界收费站后的一项必备的硬件设施，也是对原有省界收费站物理拆除后的必要补充。ETC 门架系统由 5.8G 天线采集系统，高清车牌识别系统，ETC 门架控制、传输系统，供电及通信系统，防雷接地系统等子系统构成，其关键设备主要包括门架服务器、车道控制器、RSU（路侧单元）、高清监控摄像机、车牌图像识别设备、网络安全设备、补光灯、供电设备、车辆检测器等，通过工业以太网交换机、收费站三层交换机形成以太网环网保护，与 ETC 门架服务器、业务管理工作站相连，系统构成如图 4-10、图 4-11 所示。

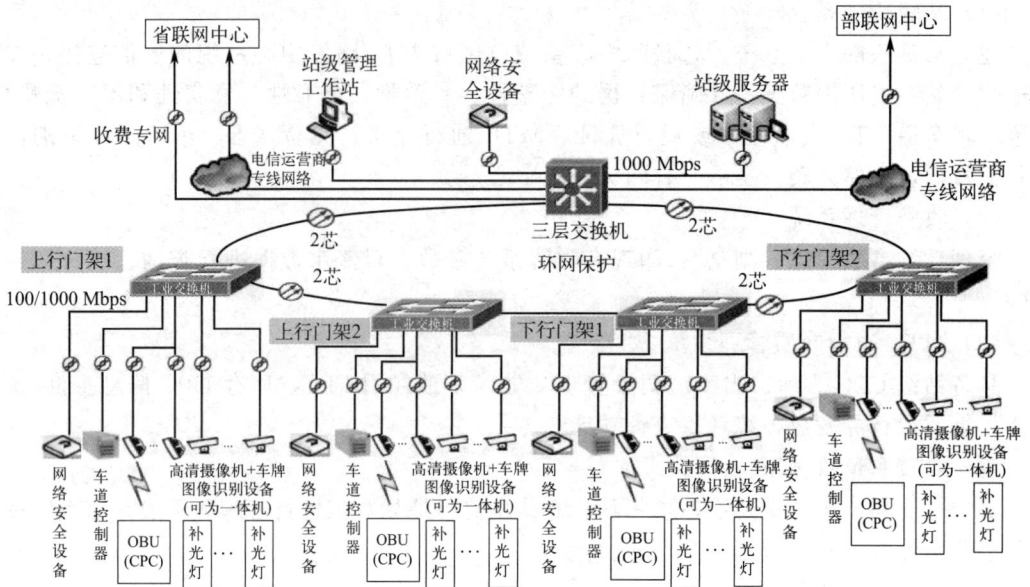

图 4-10　省界路段 ETC 门架系统构成图

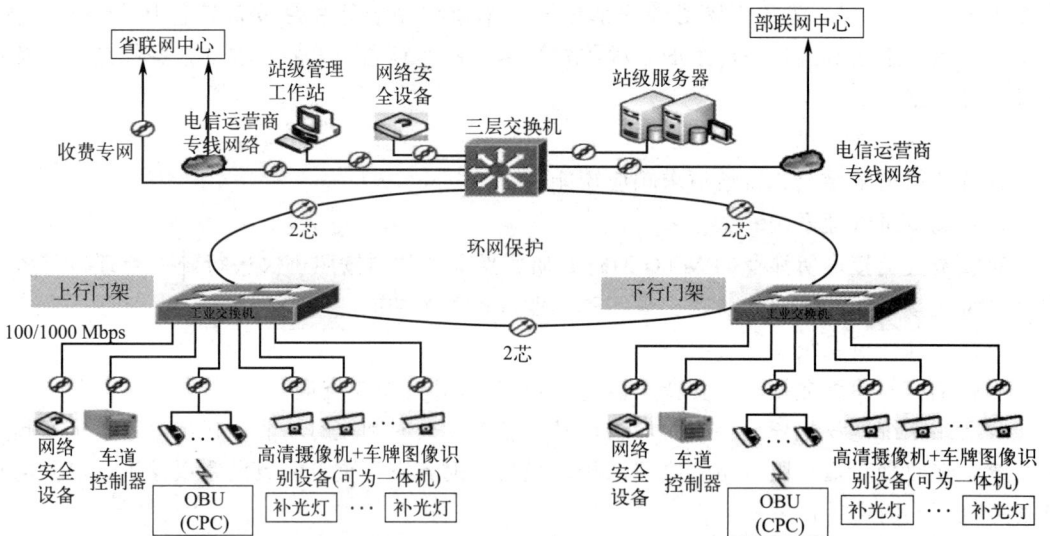

图 4-11　普通路段 ETC 门架系统构成图

① 5.8G 天线采集系统：主要包括 5.8G RSU 天线、天线控制器、配套线缆、安装支架、供电及防雷设施等。

② 高清车牌识别系统：主要包括高清车牌识别一体机、补光设备、配套线缆、安装支架、供电及防雷设施等，具有高清车牌识别功能，与 RSU 天线标识单元同断面设置，识别结果通过网络上传至上级管理机构，此结果是车辆通过 ETC 门架系统的有力证据，对收费车辆的溯源和稽查有重要作用，车牌识别设备是分段计费收费的重要补充。

③ ETC 门架控制、传输系统：主要包括户外综合机柜、ETC 门架服务器、车道控制器、以太网交换机等，主要实现对 ETC 门架系统前端设备信息的采集与处理，具备自检、

程序和应用在线更新功能，并将 ETC 门架系统及设备状态信息实时发送至上级管理部门。

④ 供电及通信系统：ETC 门架系统在就近收费站箱变接电，通过调整箱变回路，提高 ETC 门架系统的供电回路优先级，确保现有发电机组可优先应急供电；通信光缆采用 2 根铠装 8 芯（使用 2 芯、预留 6 芯）单模光缆，光缆与电缆同路由敷设。

⑤ 防雷接地系统：ETC 门架采用联合接地方式，接地极以 L50mm×50mm×5mm 长 2.5m 镀锌角钢（端头为尖端）打入土层，接地极顶端埋深大于 0.7m；角钢之间及角钢与基础地脚螺栓之间用 4mm×40mm 的镀锌扁钢以焊接方式连接；焊接完成后，焊接处进行防腐防锈处理；接地极表面有光滑的、清洁的、连续的镀锌层；安全接地电阻≤4Ω，防雷接地电阻≤10Ω。

ETC 门架能够实现高速公路车辆不停车快捷收费功能，借助大数据技术，加强对路网实时数据的挖掘分析，动态预测 ETC 用户的行车路线，结合路段通行能力，分析路段的拥挤度，并及时将信息反馈给 ETC 用户，加强高速公路运营管理。当取消省界收费站后，ETC 用户上交的通行费，由国家统一的清分平台获取，再按实际里程的省际归属，将金额按比例划拨至各省级单位。

（二）ETC 门架系统布设要求

根据交通运输部《深化收费公路制度改革取消高速公路省界收费站实施方案》，通过 ETC 门架系统实现收费自由流，ETC 门架现场选点基本原则如下：

① 在交通流发生变化的路段区间，如入/出口匝道、互通立交前，设置 ETC 门架，以适应交通流的变化并进行相应的收费管理。

② 在省界设置 ETC 门架时，由相邻两省分别设置，原则上中间无入/出口，以确保收费的准确性和连续性。

③ ETC 门架尽量设置在平直路段，且来车方向 50m 范围内平曲线半径大于或等于不设超高的平曲线半径值，以保证车辆通过的安全性和门架系统的稳定性。

④ ETC 门架与互通立交、入/出口匝道端部、被交道路的直线距离宜为 1.5～3km，不具备条件的路段可根据实际情况适当调整，以减少对交通流的干扰。

⑤ 避免来车方向 200m 内存在交通标识等设施遮挡 ETC 门架，以确保门架系统的正常运行和车辆信息的准确识别。

⑥ 尽量避开 5.8GHz 相近频点干扰源，以减少信号干扰，保证 ETC 门架系统通信的稳定性。

⑦ 在满足 ETC 门架功能要求的前提下，应综合考虑布设位置的选择，优选供电、安装、通信方便的地点，尽量靠近附近的收费站房，以降低施工难度和运营成本。

⑧ 尽量避开交通拥堵严重的路段，避免逆光等干扰。

⑨ 布设在高速公路主线与相邻非收费公路距离较远的位置，以减少对非收费公路交通流的影响。

⑩ 在交通流发生变化（仅增加或仅减少），但收费金额不发生变化时，综合路段交通流变化、OD 情况，可不设置 ETC 门架，以优化资源配置。

⑪ 对于经批准实施收费的枢纽互通或匝道，在避免干扰主线 ETC 门架系统的情况下，各省（自治区、直辖市）可根据实际条件自行布设，以适应地方交通管理的特殊需求。

⑫ 在特长隧道、特大桥梁等特殊条件下，各省（自治区、直辖市）可结合实际自行布设。

⑬ 同一断面的 ETC 门架系统由上、下行双方向门架组成，上、下行双方向门架宜背向错开设置，距离宜不小于 30m，同时距离不宜过远，如图 4-12 所示。

(a) 示意图

(b) 俯视图

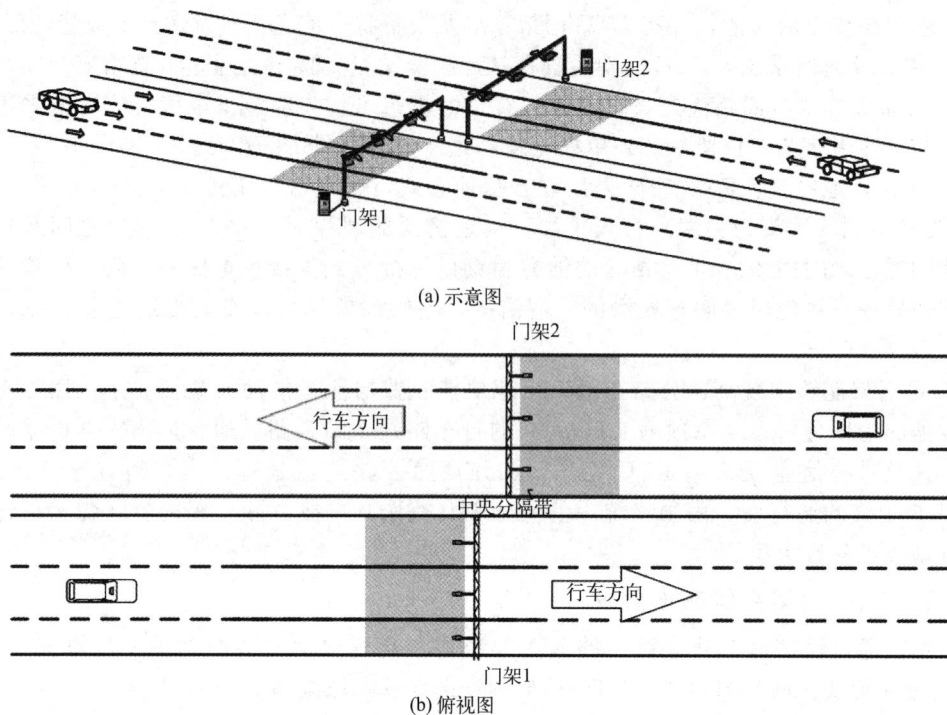

图 4-12　ETC 门架系统布局图

⑭ 设置在省界的 ETC 门架系统，上、下行方向宜各设置两个门架，其最小间距不小于 500m，原则上中间无入/出口，如图 4-13 所示。对于同向不具备设置两个门架条件的路段，可根据实际情况设置单门架，同时考虑关键设备的冗余设置。

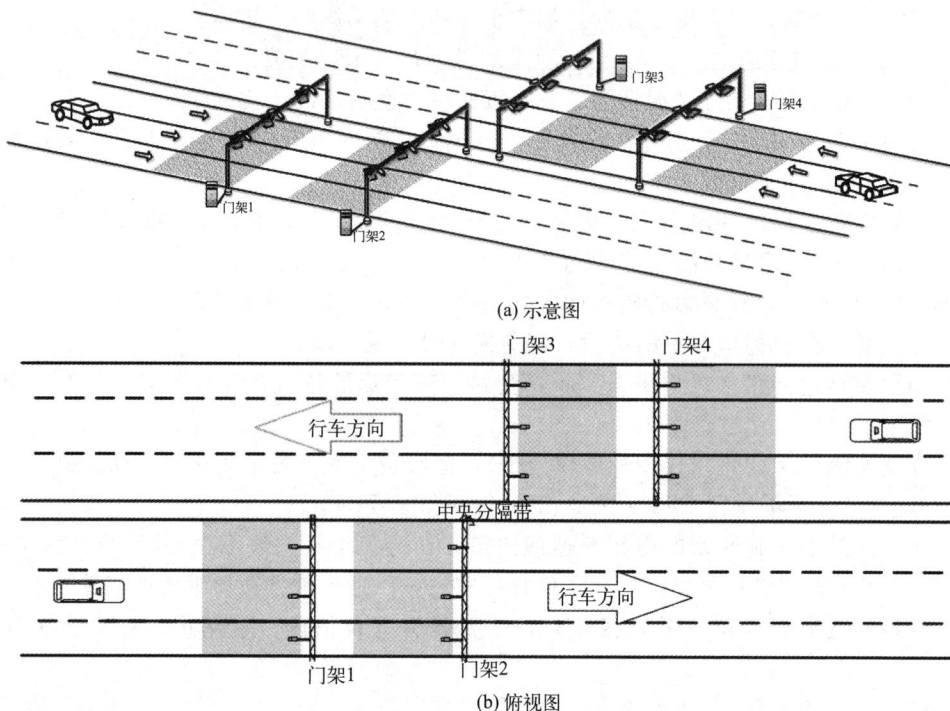

(a) 示意图

(b) 俯视图

图 4-13　省界 ETC 门架系统布局图

（三）ETC 门架系统功能

① 同时支持双片式 OBU、单片式 OBU 和 CPC 交易处理流程，并支持并发交易处理。相关加解密运算采用 SM4 国产对称密码算法，并支持 JR/T 0025 所规定的 DES、3DES 算法。

② 自动识别所有通行车辆（包括 ETC 车辆和 MTC 车辆）车牌颜色和车牌号码，经系统自动识别后，可由人工核对修正，将所有识别出的车牌信息及车辆图像信息以及通行时间、ETC 门架系统相关信息等形成图像流水记录保存在站级服务器中。

③ 实现 ETC 车辆、MTC 车辆分段计费，形成 ETC 通行记录、MTC 通行记录。对于 ETC 车辆，系统将 ETC 交易流水（或通行凭证）、ETC 通行记录、图像流水记录进行自动匹配后，可由人工核对修正，筛选出计费失败 ETC 车辆的图像流水记录，并上传至省联网中心系统和部联网中心系统。对于 MTC 车辆，系统将 CPC 通行记录、图像流水记录进行自动匹配后，可由人工核对修正，筛选出计费失败 MTC 车辆的图像流水记录，并上传至省联网中心系统和部联网中心系统。

④ ETC 门架系统具备去重机制，确保同一车辆仅形成一条流水或记录。同一车辆既有 OBU 又有 CPC，只生成 CPC 通行记录，并上传至省联网中心系统和部联网中心系统，实现对 ETC 通行记录、图像流水记录的自动匹配。

⑤ 具备动态补点功能，可补全遗漏计费交易。在同一 ETC 门架系统中同一车辆连续生成 ETC 交易流水（或通行凭证）、ETC 通行记录、CPC 通行记录或图像流水记录，去除重复流水和记录，并上传至省联网中心系统和部联网中心系统。

⑥ 具备系统自检、程序和应用在线更新功能，并将 ETC 门架系统及设备状态信息实时发送至省联网中心系统和部联网中心系统，如车道控制器 CPU、内存、硬盘的占用率，关键设备（RSU、车牌图像识别设备）在线状态及工作状态（如 RSU 发射、接收工作状态），机柜温度、湿度，供电和通信网络工作状态等。

⑦ 可通过设备接口实现对 ETC 门架系统及设备的状态监测，并实时上报设备运行状态，当设备出现异常时，可及时发出报警信息，并生成报警记录。

⑧ 可通过设备接口实现对关键设备（RSU、车牌图像识别设备、车道控制器等）的状态控制。

⑨ 允许远程授权登录，调整关键设备参数，获取 ETC 门架日志，备份流水和图片，支持系统在线升级。

⑩ 具备自我恢复功能，当软件异常时，能够自动恢复到正常状态运行，不需要人为介入。

⑪ 对流水数据进行查询，并对合计数进行校验。

⑫ 接收并更新省联网中心系统下发的 ETC 门架系统相关参数和文件。

⑬ 具备对生成的应用数据、记录、流水、图像及视频信息进行存储、查询的功能，存储具有容错及备份机制，能存储不少于 6 个月的图像信息和 1 个月的视频信息。

⑭ ETC 门架系统 RSU 和车牌图像识别设备宜进行冗余设计，并具备主备切换功能。

⑮ 能以独立作业的方式工作，在通信网络出现异常时可脱机离线操作，此时所有作业数据均可存储在本地，待网络恢复后自动将本地滞留数据上传至省联网中心系统和部联网中心系统，同时保证数据的完整性、一致性、真实性、不可抵赖性和安全性不受破坏。

（四）ETC 门架应用案例

ETC 门架采用镀锌钢管桁架式结构，所有构件均宜采用闭口截面；桁架下弦杆中心距路面最高点的高度不小于 6.0m；桁架宜满足人员检修通行需要，其前后弦管中心宽度 1.0m，其上下弦管中心高度 1.8m；栏杆高度不小于 1.2m。

　　3+1 车道 ETC 门架上每个车道（含应急车道）设置 1 台 RSU 天线，行车道之间设置 1 台 RSU 天线，每半幅断面为 4 台 RSU 天线；每半幅断面上设置 2 台高清卡口设备（对车辆的车头进行抓拍，且 1 主 1 备冗余），1 台高清摄像机；在每个车道（含应急车道）上设置两台补光灯。门架侧设置有设备机箱，机箱内设置车道控制器、天线控制器、卡口主机、工业以太网交换机、配线架、防雷设施、供电设备等，如图 4-14 所示。

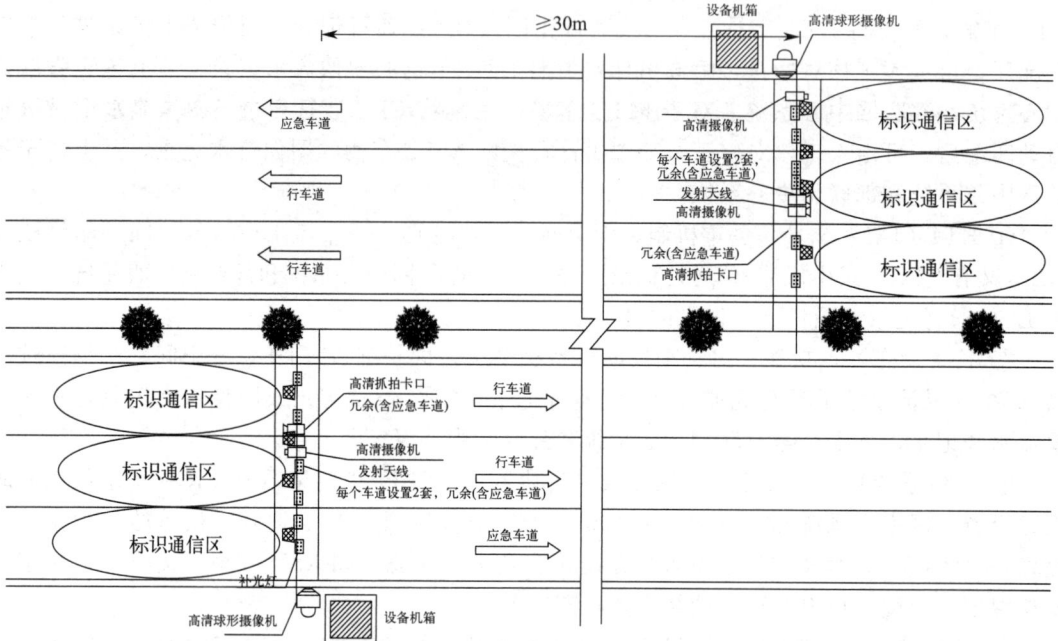

图 4-14　ETC 门架设备布置示意图

　　ETC 门架系统业务数据通过收费站与省联网中心和部联网中心建立连接，收费站内为门架系统服务的设备，按照收费站安全要求进行保护；多个门架系统共用收费站部署的一套计算环境和网络环境，可统筹考虑安全防护。同时，门架系统复用收费站的安全物理环境、网络环境和计算环境。ETC 门架现场构成如图 4-15 所示。

　　ETC 门架系统车辆处理流程如图 4-16 所示。首先判断进入通信区域的车辆是否为 ETC 车辆，如果为非 ETC 车辆，则读取 CPC 车辆信息，根据车型计算通行费额，并同过站信息一起写入 CPC，生成 CPC 通行记录并上传。如果为 ETC 车辆，则读取 OBU 车辆信息，判断车辆 OBU 有效性，如果无效则不扣费，并生成车辆通行记录上传至上级系统。如果 OBU 有效则判断 OBU 是否为单片，若为双片 OBU 则判断 ETC 用户卡的有效性，若有效，根据车型计算通行费额并扣费，扣费成功则生成 ETC 车辆交易流水，并上传；如果扣费不成功或 ETC 用户卡无效则不扣费，生成车辆通行记录并上传。如果为单片 OBU 则根据车型计算通行费额，计算成功后生成通行凭证并上传。

三、收费车道系统

　　在确保 ETC 车辆能够实现不停车快捷通行的同时，还需考虑到 MTC 车辆的通行流量需求。为此，各省（自治区、直辖市）根据实际交通流量，合理调配 ETC 专用车道与 ETC/MTC 混合车道的设置比例，以实现交通流的高效管理。

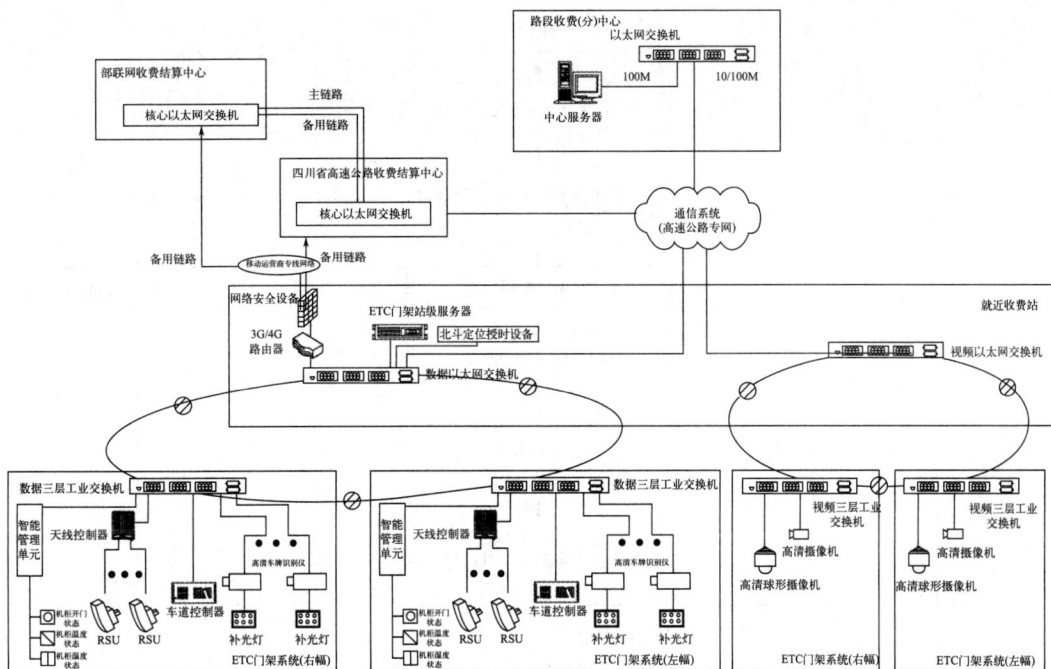

图 4-15 ETC 门架现场构成图

对于封闭式收费公路的收费站，应至少设置 ETC 专用车道和 ETC/MTC 混合车道。这样的设置可以确保 ETC 用户享受快速通行的便利，同时为 MTC 用户提供服务，满足不同用户的需求。对于开放式收费公路的收费站，建议设置开放式 ETC 专用车道和开放式 ETC/MTC 混合车道。开放式车道的设计有助于提高车辆通行效率，尤其是在交通流量较大的路段。

ETC/MTC 混合车道和开放式 ETC/MTC 混合车道可用自助交易终端，结合远程控制系统，设置为自助收费车道，减少人工干预，提高通行效率。

（一）ETC 专用车道

1. ETC 入口专用车道

ETC 入口专用车道系统由车道控制器、RSU、高清车牌图像识别设备、自动栏杆、信息显示屏、雨棚信号灯、通行信号灯、车辆检测器、车道摄像机、手动栏杆等设备设施及车道收费软件组成。可根据需求选配 IC 卡读写器、车型自动识别设备、自助应急处置装置、雾灯、可变信息情报板，系统布局示意如图 4-17 所示。如果不配置收费亭，则需将车道控制器、收费员终端、IC 卡读写器、车道收费软件集成在一个适合在室外环境安装的设施内。可根据收费站、收费车道等环境特点对组成设备和安装位置进行调整。

ETC 入口专用车道系统功能符合下列规定：

① 具备自动识别 ETC 车辆的功能。

② 支持双片式 OBU 交易，将入口信息写入 OBU 和 ETC 用户卡；支持单片式 OBU 交易，将入口信息写入 OBU。

③ 判断 ETC 车载设备有效性、ETC 业务有效性，判断结果为无效时系统置于车辆拦截状态，并转人工处理。

④ 具备从上级系统接收收费参数及向上级系统上传收费数据的功能。

⑤ 具备接收入口称重检测数据功能，根据《收费公路联网收费运营和服务规则》，拒绝

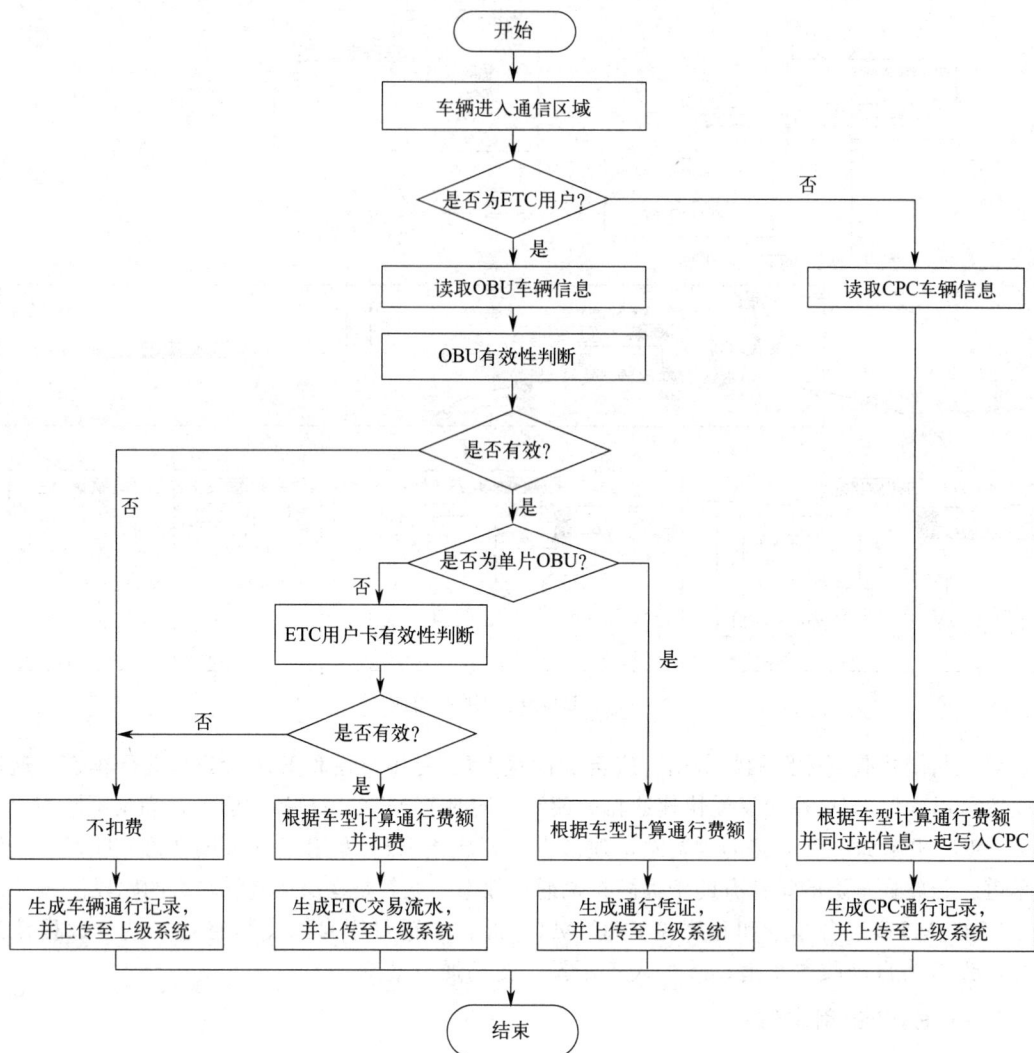

图 4-16　ETC 门架系统车辆处理流程图

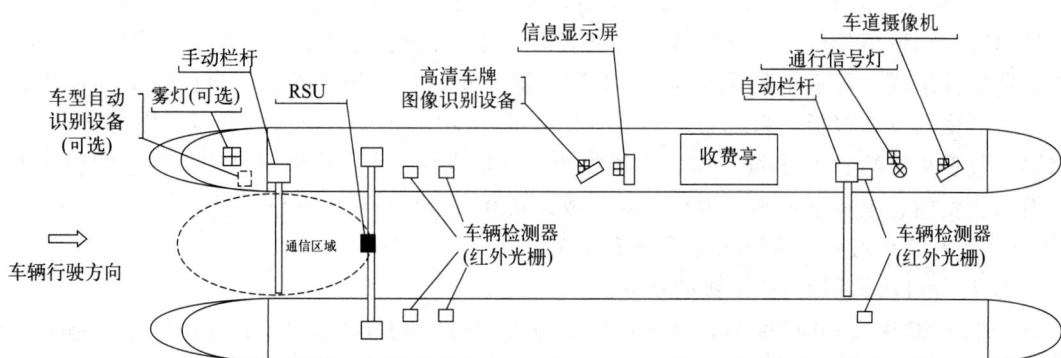

图 4-17　自动栏杆岛内布局 ETC 入口专用车道示意图（应用红外光栅车辆检测器）

违法超限超载车辆进入高速公路。

⑥ 若从 OBU 中读出的车辆用户类型为集装箱车、货车列车或半挂汽车列车，则需要根据入口称重检测数据，将车型、货车总轴数、货车总重写入 OBU 和 ETC 用户卡内。

⑦ 具备对车道连接状态、参数状态和关键设施状态进行监测，并生成运行监测数据的功能。

⑧ 具备交易数据、车牌识别数据和车辆抓拍图片的生成及自动关联功能。

⑨ 具备北斗校时的功能。

2.ETC 出口专用车道

ETC 出口专用车道系统由车道控制器、手动栏杆、RSU、高清车牌图像识别设备、自动栏杆、信息显示屏、雨棚信号灯、通行信号灯、车辆检测器、车道摄像机等设备设施及车道收费软件组成。可根据需求选配 IC 卡读写器、车型自动识别设备、自助应急处置装置、雾灯、可变信息情报板，系统布局示意如图 4-18 所示。如果不配置收费亭，则需将车道控制器、收费员终端、IC 卡读写器、车道收费软件集成在一个适合在室外环境安装的设施内。可根据收费站、收费车道等环境特点对组成设备和安装位置进行调整。

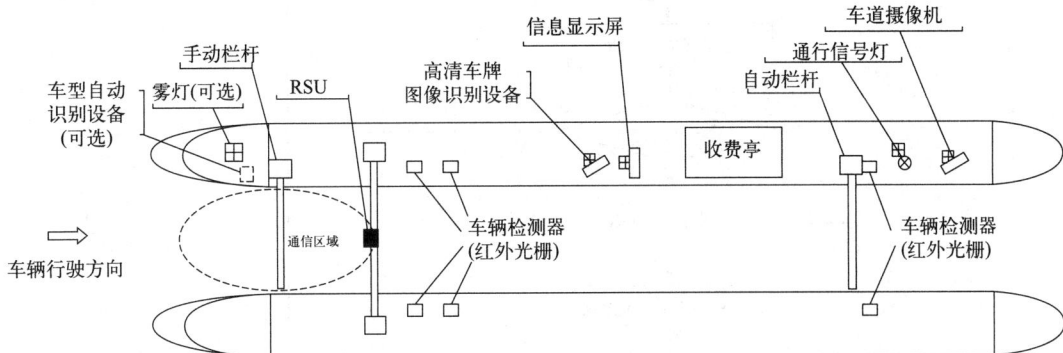

图 4-18 自动栏杆岛内布局 ETC 出口专用车道示意图（应用红外光栅车辆检测器）

ETC 出口专用车道系统功能符合下列规定：

① 具备自动识别 ETC 车辆的功能。

② 支持双片式 OBU、单片式 OBU 交易，进行扣费处理，并清除入口信息。

③ 判断 ETC 车载设备有效性、ETC 业务有效性，判断结果为无效时系统置于车辆拦截状态，并转人工处理。

④ 具备从上级系统接收收费参数及向上级系统上传收费数据的功能。

⑤ 具备对车道连接状态、参数状态和关键设施状态进行监测，并生成运行监测数据的功能。

⑥ 具备交易数据、车牌识别数据和车辆抓拍图片的生成及自动关联功能。

⑦ 具备北斗校时的功能。

3.ETC 出入口专用车道系统性能

ETC 出入口专用车道系统性能应符合下列规定：

① ETC 出入口专用车道保证每小时至少能够处理 550 辆 ETC 车辆，即通行能力需大于等于 550 辆/(车道·h)。

② 在 ETC 专用车道上，ETC 车辆的平均通行速度不低于 20km/h，以确保快速通行。

③ ETC 专用车道的车牌图像识别准确率（包括车牌颜色）达到 95% 以上，而捕获率达到 99% 以上，以确保高效率的车辆识别。

④ 使用双片式 OBU 的交易成功率达到 98.0% 以上，以确保交易的可靠性。

⑤ 使用单片式 OBU 的交易成功率达到 99.9% 以上，以实现高效率的交易处理。

⑥ ETC 系统的平均无故障工作时间（MTBF）达到 10000h 以上，以确保系统的稳定性

和可靠性。

　　⑦ ETC 系统能够支持 7 天 24 小时不间断运行，以满足全天候服务的需求。

　　4. ETC 出入口专用车道处理流程

　　ETC 入口车道系统处理流程如图 4-19 所示。

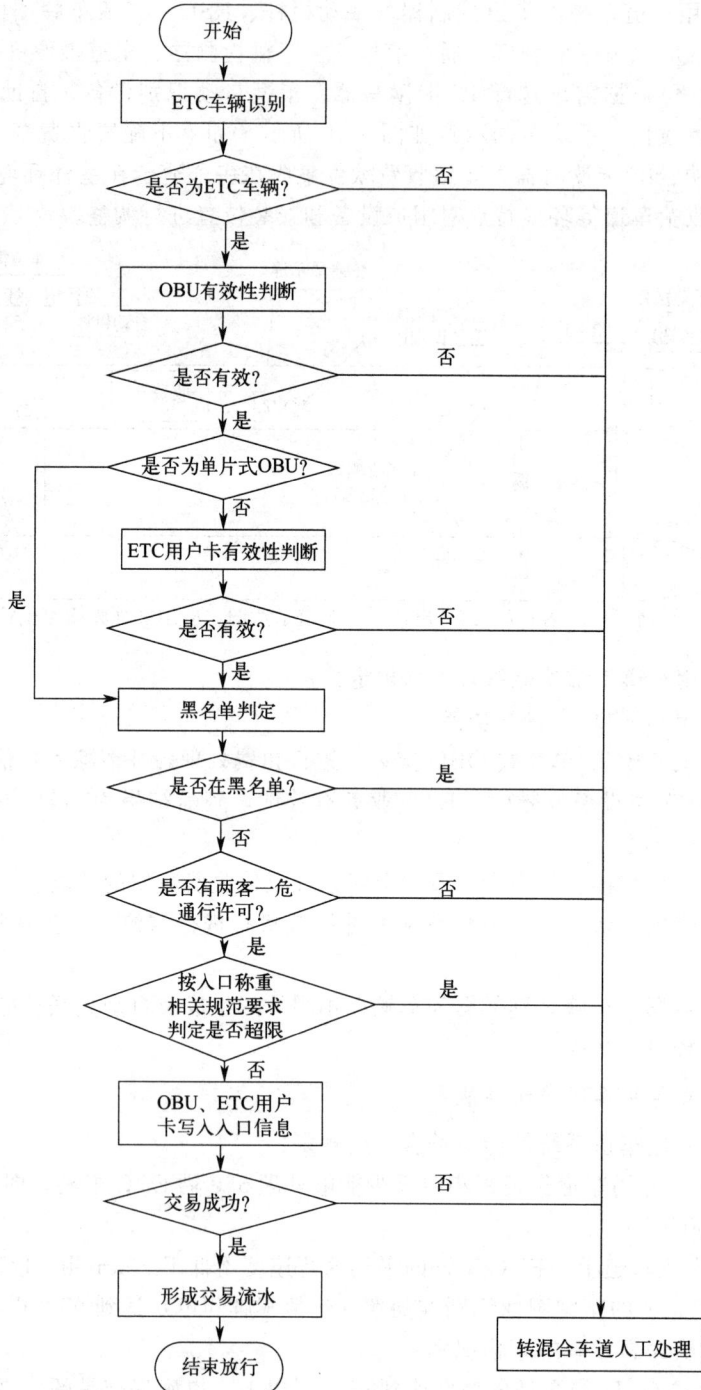

图 4-19　ETC 入口车道系统处理流程图

ETC 出口车道系统处理流程如图 4-20 所示。

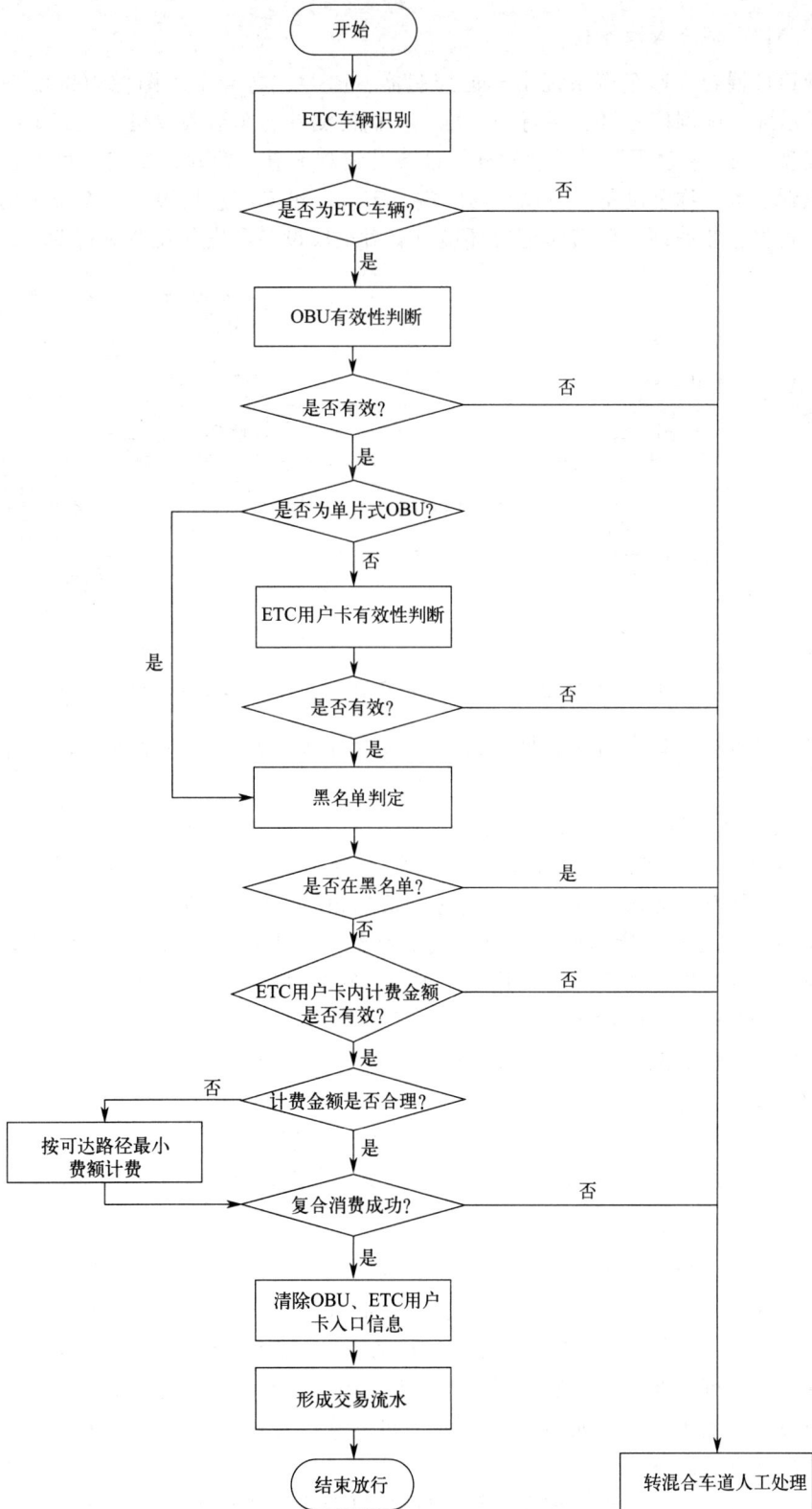

图 4-20　ETC 出口车道系统处理流程图

（二）ETC/MTC 混合车道

1. ETC/MTC 混合入口车道

ETC/MTC 混合入口车道系统由车道控制器、RSU、高清车牌图像识别设备、自动栏杆、信息显示屏、雨棚信号灯、通行信号灯、车辆检测器、车道摄像机、收费员终端（显示器、专用键盘）、IC 卡读写器、手动栏杆等设备设施及车道收费软件组成。可根据需求选配车型自动识别设备、称重设备、自助交易终端、雾灯、可变信息情报板，系统布局示意如图 4-21 所示。可根据收费站、收费车道等环境特点对组成设备和安装位置进行调整。

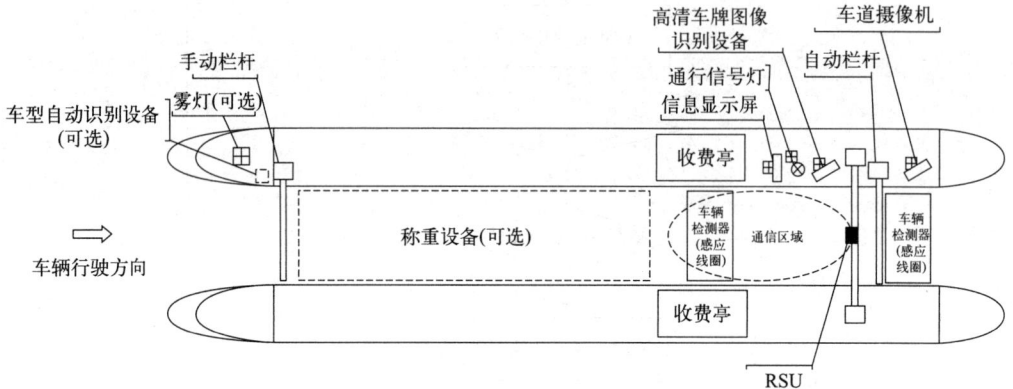

图 4-21　ETC/MTC 混合入口车道示意图（应用感应线圈车辆检测器）

ETC/MTC 混合入口车道在满足 ETC 入口专用车道系统功能的基础上，还需要具备以下功能：

① 具备对异常 ETC 车辆及 MTC 车辆发放 CPC 并放行的功能。

② 具备车牌自动识别、人工输入/校正车牌（含临时车牌）功能，将车型、车牌、车辆用户类型、入口信息等写入 CPC 内，并将过站信息和计费信息清除。

③ 具备对集装箱车、货车列车或半挂汽车列车、大件运输车辆、抢险救灾车辆等特殊车辆及预约车辆的判别、处理功能，并按业务要求发放 CPC 放行或拒入。

④ 具备 CPC 电量判定功能。

此外，ETC/MTC 混合入口车道还可以具备以下扩展功能：

① 具备车型自动识别功能。

② 具备对被拦截的 ETC 车辆提供应急自助处理的功能。

③ 配备自助发卡设备，实现自动发卡功能，并支持远程控制及特情处理功能。

2. ETC/MTC 混合出口车道

ETC/MTC 混合出口车道系统由车道控制器、RSU、高清车牌图像识别设备、自动栏杆、信息显示屏、雨棚信号灯、通行信号灯、车辆检测器、车道摄像机、收费员终端（显示器、专用键盘）、IC 卡读写器、票据打印机、移动支付受理终端、手动栏杆等设备设施及车道收费软件组成。可根据需求选配车型自动识别设备、称重设备、自助交易终端、雾灯、可变信息情报板，系统布局示意如图 4-22 所示。可根据收费站、收费车道等环境特点对组成设备和安装位置进行调整。

ETC/MTC 混合出口车道系统在满足 ETC 出口专用车道系统功能的基础上，还需要具备以下功能：

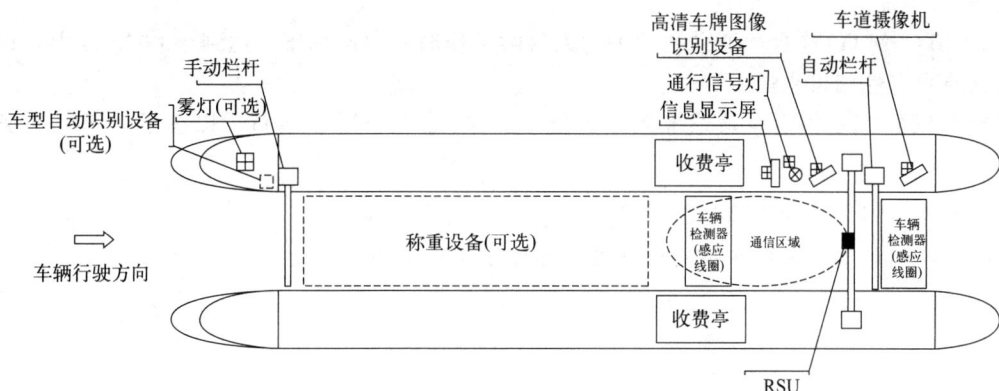

图 4-22　ETC/MTC 混合出口车道示意图（应用感应线圈车辆检测器）

① 支持对正常 CPC 车辆计算、收取通行费，并清除 CPC 内入口信息、过站信息、计费信息，完成 CPC 回收处理。

② 支持无 CPC、坏卡、低电卡、CPC 无入口信息、CPC 内计费信息不合规等特情处理功能。

③ 具备车牌自动识别、人工输入/校正车牌（含临时车牌）功能。

④ 具备对集装箱车、货车列车或半挂汽车列车、大件运输车辆、抢险救灾车辆等特殊车辆及预约车辆的判别、处理功能，并按业务要求收费。

⑤ 具备介质计费、在线计费和最小费额计费能力。

⑥ 支持 ETC 用户卡、现金、移动支付等支付方式。

⑦ 具备与移动终端（APP）进行数据交互，完成扣费交易的能力。

⑧ 具备移动支付冲正/撤销交易的能力。

此外，ETC/MTC 混合出口车道还可以具备以下扩展功能：

① 具备车型自动识别功能。

② 具备对被拦截的 ETC 车辆提供应急自助处理的功能。

③ 具备通过称重设备获取货车重量进行载重复核功能。

④ 配备自助收费设备，实现自助缴费功能，并支持远程控制及特情处理功能。

3. ETC/MTC 混合车道系统性能

ETC/MTC 混合车道系统性能应符合下列规定：

① ETC/MTC 混合入口车道保证每小时至少能够处理 300 辆 MTC 车辆，即通行能力需大于等于 300 辆/（车道·h）。

② ETC/MTC 混合出口车道保证每小时至少能够处理 120 辆 MTC 车辆，即通行能力需大于等于 120 辆/（车道·h）。

③ ETC/MTC 混合车道的车牌图像识别准确率（包括车牌颜色）达到 95% 以上，而捕获率达到 99% 以上，以确保高效率的车辆识别。

④ 对于出口自助缴费车道，车型自动检测识别准确率达到 99% 以上，车牌自动识别准确率达到 99% 以上。

⑤ 使用双片式车载单元（OBU）的交易成功率达到 98.0% 以上，以确保交易的可靠性。

⑥ 使用单片式车载单元（OBU）的交易成功率达到 99.9% 以上，以实现高效率的交易

处理。

⑦ ETC/MTC 混合车道系统的平均无故障工作时间（MTBF）达到 10000h 以上，以确保系统的稳定性和可靠性。

⑧ ETC/MTC 混合车道系统能够支持 7 天 24 小时不间断运行，以满足全天候服务的需求。

4.ETC/MTC 混合车道处理流程

ETC/MTC 混合入口车道系统处理流程如图 4-23 所示。

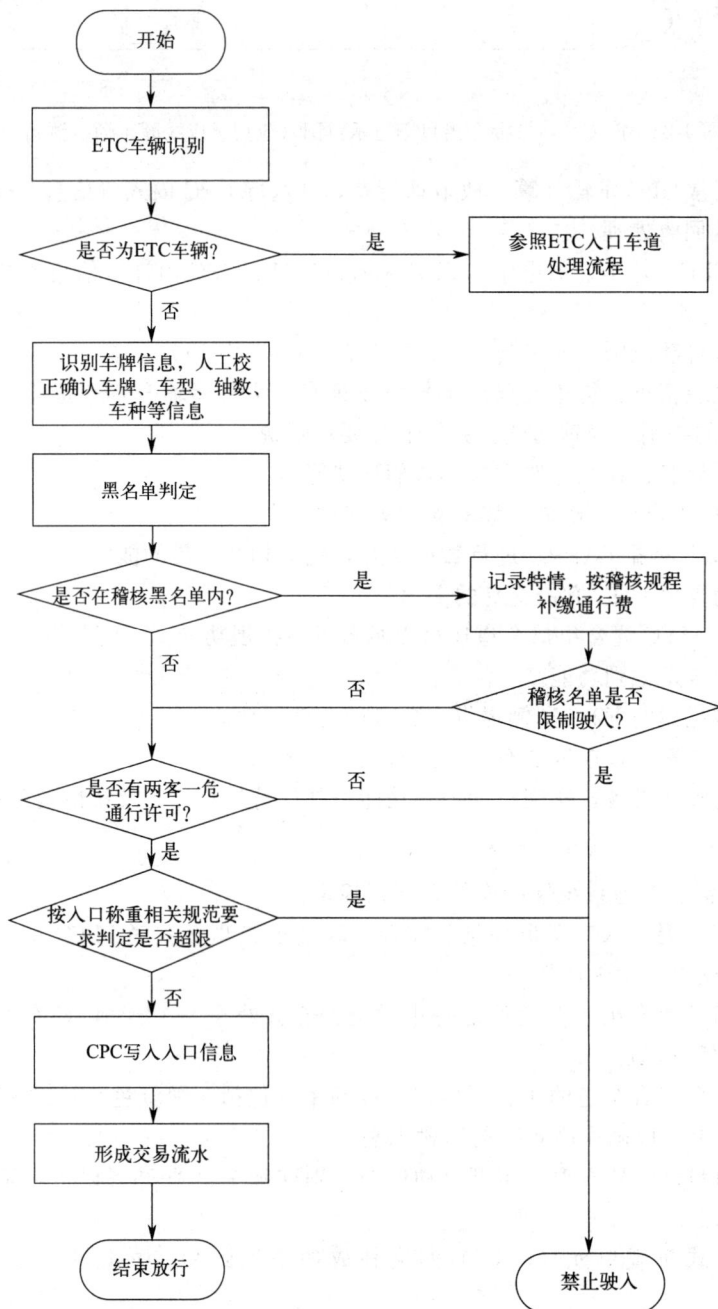

图 4-23　ETC/MTC 混合入口车道系统处理流程图

ETC/MTC 混合出口车道系统处理流程如图 4-24 所示。

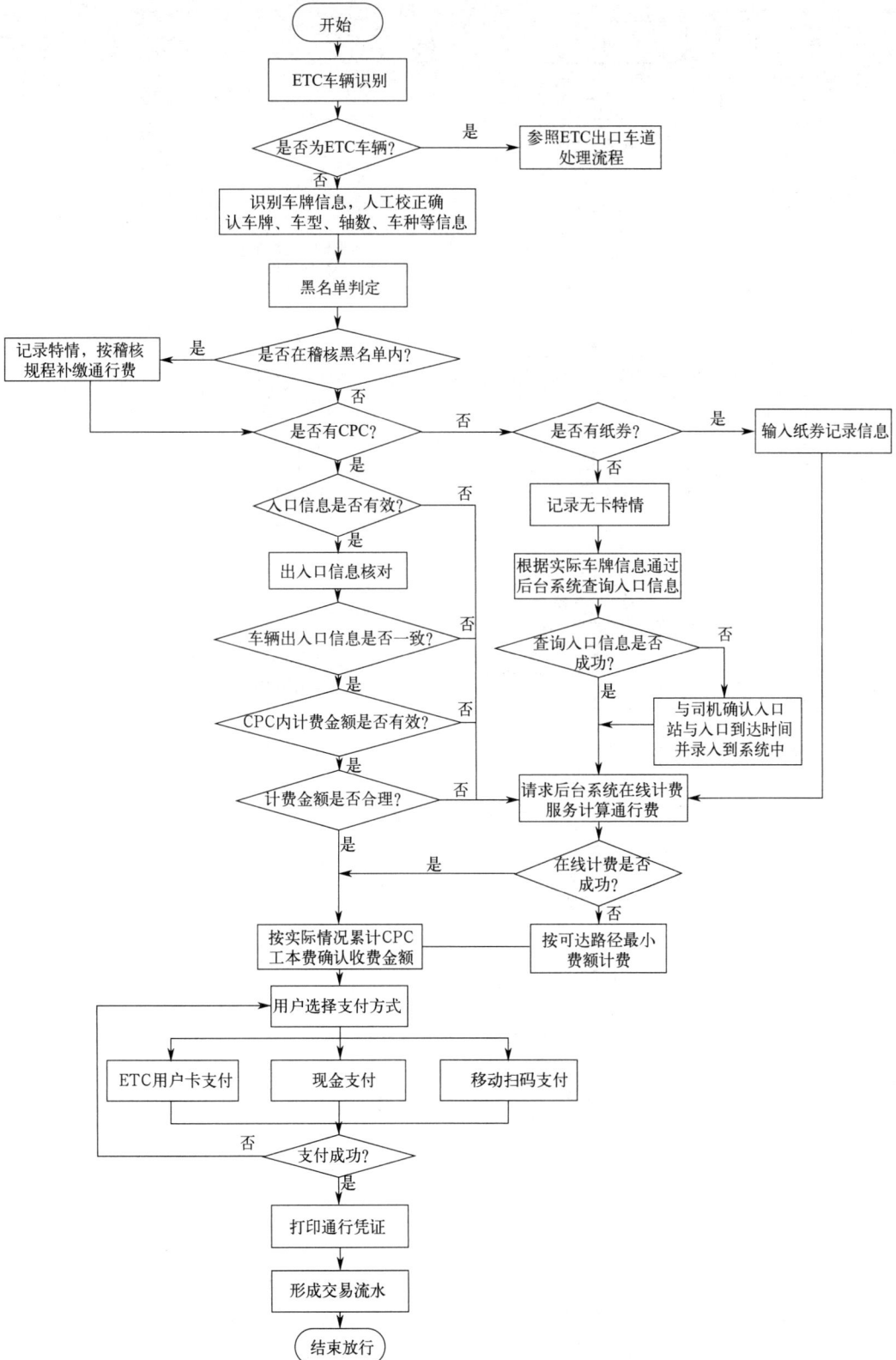

图 4-24 ETC/MTC 混合出口车道系统处理流程图

ETC/MTC 混合入口自助发卡车道系统处理流程如图 4-25 所示。

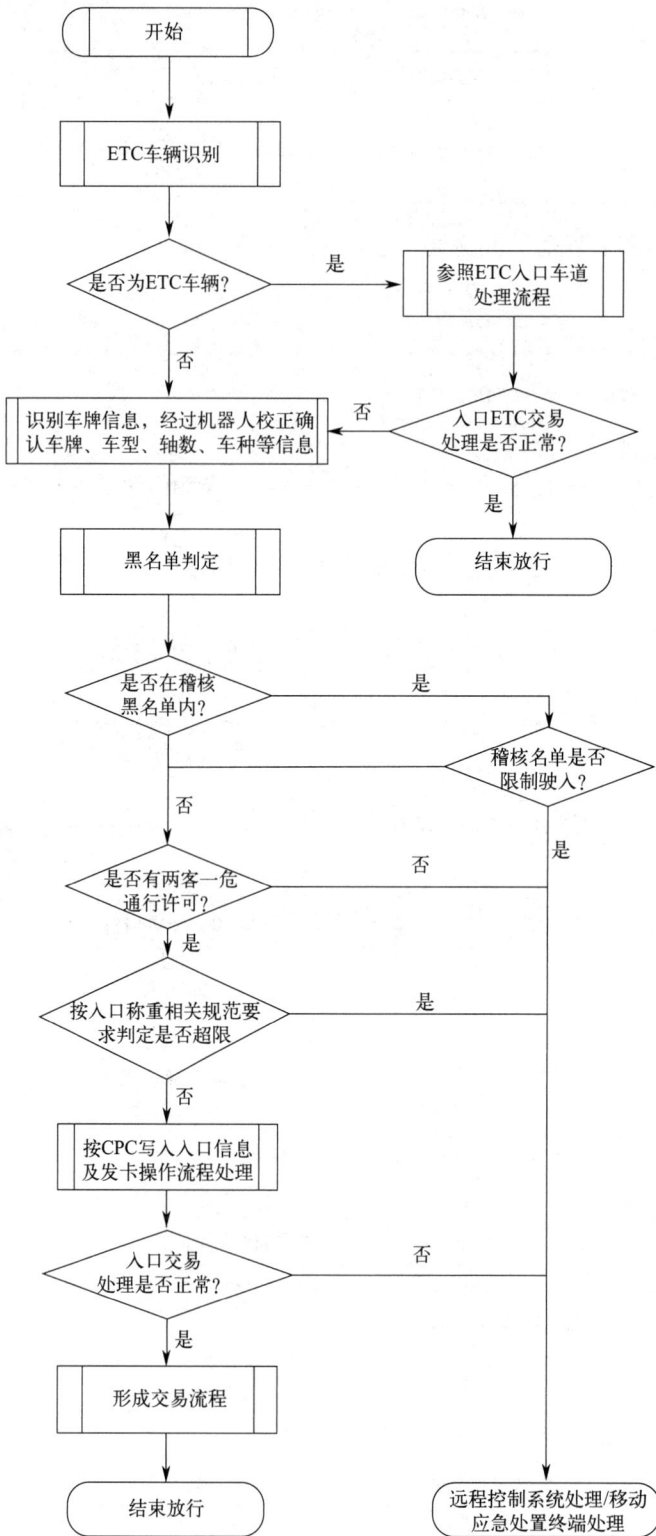

开始

ETC车辆识别

是否为ETC车辆？ —是→ 参照ETC入口车道处理流程

入口ETC交易处理是否正常？ —否→ 识别车牌信息，经过机器人校正确认车牌、车型、轴数、车种等信息

入口ETC交易处理是否正常？ —是→ 结束放行

（否）识别车牌信息，经过机器人校正确认车牌、车型、轴数、车种等信息

黑名单判定

是否在稽核黑名单内？ —是→ 稽核名单是否限制驶入？

稽核名单是否限制驶入？ —是→ 远程控制系统处理/移动应急处置终端处理

（否）是否有两客一危通行许可？ —否→

是否有两客一危通行许可？ —是→ 按入口称重相关规范要求判定是否超限

按入口称重相关规范要求判定是否超限 —是→

（否）按CPC写入入口信息及发卡操作流程处理

入口交易处理是否正常？ —否→

入口交易处理是否正常？ —是→ 形成交易流程

结束放行

图 4-25　ETC/MTC 混合入口自助发卡车道系统处理流程图

ETC/MTC 混合出口自助缴费车道系统处理流程如图 4-26 所示。

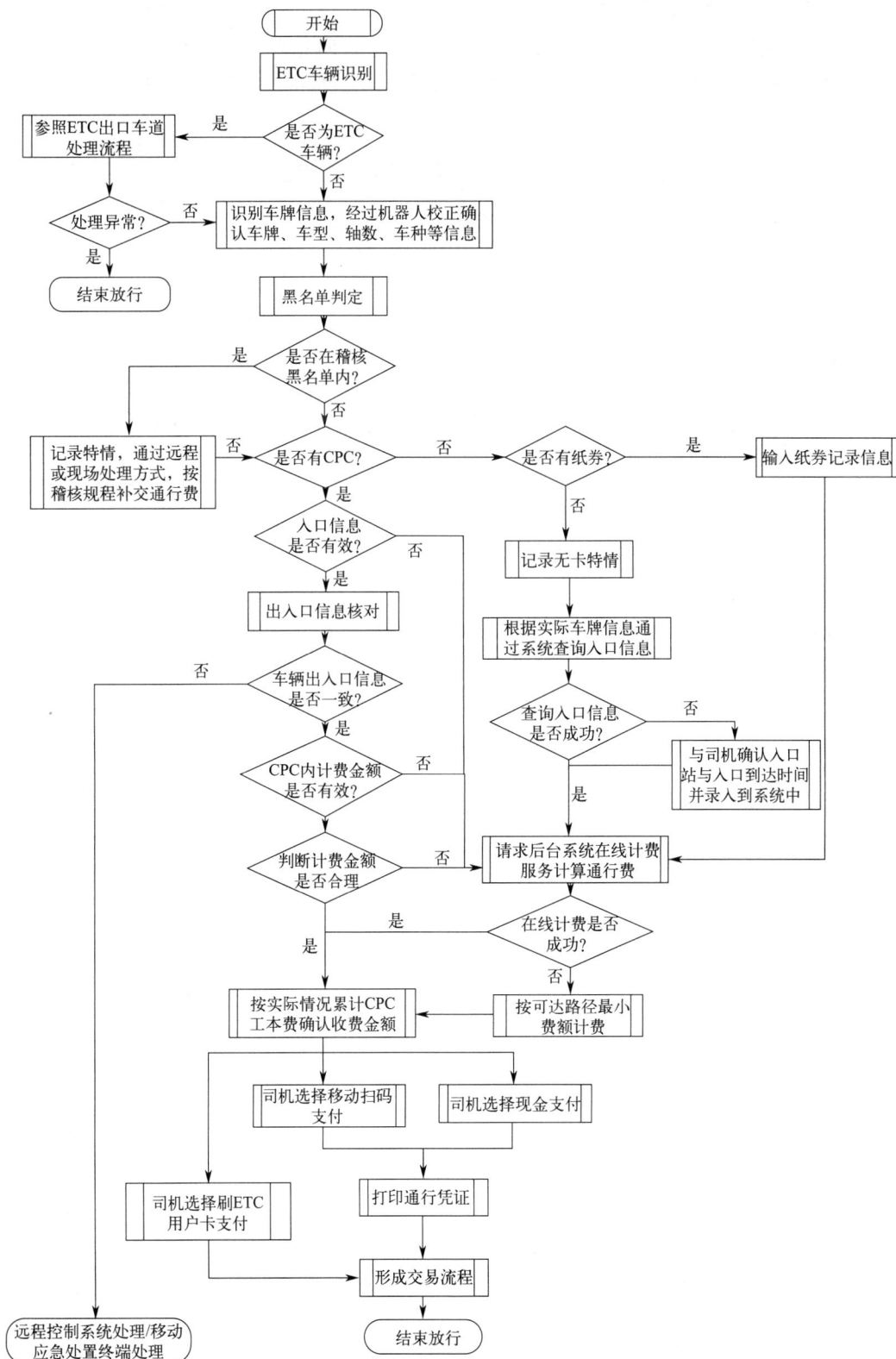

图 4-26　ETC/MTC 混合出口自助缴费车道系统处理流程图

四、联网收费系统组网要求

高速公路联网收费系统的网络规划、设计、实施，按照先进性与实用性、可靠性与安全性、经济性与可扩展性相结合的原则，建议采用开放式的网络体系结构，如图 4-27 所示。

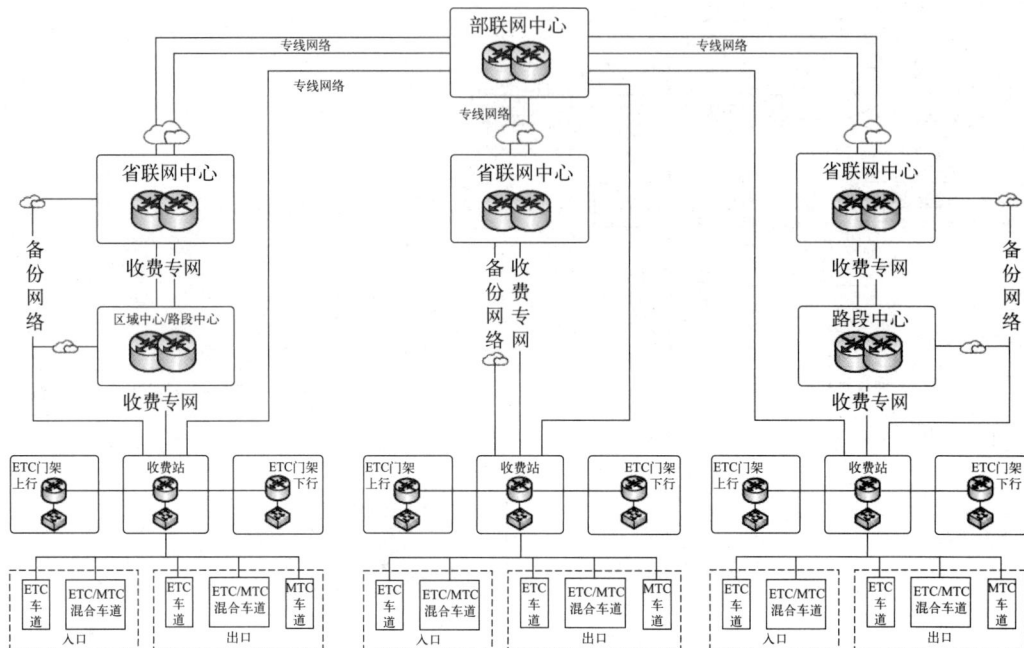

图 4-27　联网收费系统组网示意图

在设计时，联网收费系统组网应满足以下要求：

① 部联网中心系统到省联网中心系统建立主备通信链路，主用通信链路采用联网收费通信专网，备用通信链路可采用电信运营商专线网络。

② 部联网中心系统到 ETC 门架宜建立主备通信链路，主用通信链路宜采用联网收费通信专网，备用通信链路可采用电信运营商专线网络、移动通信虚拟专用网络。

③ 部级密钥服务中心系统到省级在线密钥管理系统建立主备通信链路，主用通信链路宜采用联网收费通信专网，备用通信链路可采用电信运营商专线网络、移动通信虚拟专用网络。

④ 省联网中心系统到区域中心/路段中心、收费站、ETC 门架建立主备通信链路，主用通信链路采用联网收费通信专网，备用通信链路可采用电信运营商专线网络、移动通信虚拟专用网络。

⑤ 省联网中心系统与 ETC 发行服务系统建立主备通信链路，主用通信链路宜采用联网收费通信专网，备用通信链路可采用电信运营商专线网络。

⑥ 联网收费系统以主用通信链路为主进行数据通信。当主用联网收费系统链路中断时，系统自动切换至备用通信链路，切换时间不超过 60s。当主用通信链路恢复后，系统宜自动切换为主用联网收费系统链路，当条件不具备时，可以人工方式切换为主用通信链路。

⑦ 网络带宽不低于所承载业务高峰所需带宽的 1.5 倍。

⑧ 联网收费系统网络采用 TCP/IP 网络协议，并支持 IPv6。

模块三　高速公路收费系统常见故障分析

一、车道控制器常见故障现象与分析

① 车道控制器无法开机：此故障通常由主机硬盘、板卡等硬件故障引起。需要检查硬盘连接是否正常，板卡是否损坏或需要重新插拔。

② 车道控制器指示灯不亮、无法开机：这种情况一般由供电线缆或电源模块异常造成。检查电源线是否连接正确，电源模块是否工作正常。

③ 车道控制器开机告警：此类告警通常由内存条松动或氧化等原因造成。建议检查内存条是否安装牢固，金手指是否有氧化现象，必要时进行清洁或更换内存条。

④ 车道控制器开机蓝屏：这种情况一般由软件或硬盘故障造成。需要检查软件是否有损坏或不兼容，硬盘是否有坏道或连接问题。

⑤ 车道控制器机箱温度过高：机箱温度过高通常由散热器异常造成。检查散热器是否工作正常，风扇是否转动，以及散热通道是否畅通。

⑥ 收费键盘按键没反应或反应延迟：这种情况一般由连接线松动或单键失灵造成。需要检查键盘与控制器的连接线是否牢固，键盘按键是否有损坏。

⑦ 收费键盘指示灯不亮、键盘无响应：这种故障一般由硬件故障或通信连接异常造成。检查键盘硬件是否有损坏，通信线路是否连接正常，以及控制器的端口是否工作正常。

⑧ 显示器显示有色差、闪屏现象：这类问题一般由电源线、VGA 连接线松动或硬件故障造成。需要检查显示器的电源线和 VGA 连接线是否牢固，以及显示器和显卡本身是否存在硬件损坏。

二、车牌自动识别设备常见故障现象与分析

① 无车牌识别数据或抓拍蓝屏：此故障通常由车牌识别功能部件的硬件故障或通信传输异常造成。需要检查车牌识别相机、控制板等硬件是否正常工作，以及通信线路是否连接正常。

② 识别不准确、不清晰：车牌识别不准确或图像不清晰可能由摄像机角度位置不合适或摄像机虚焦造成。调整摄像机的角度和位置，检查摄像机焦距是否需要调整，以确保车牌图像的清晰度。

③ 无法抓拍图像或车牌识别不在线：此类问题可能由供电异常造成。需要检查供电系统是否正常，包括电源线和电源模块，确保设备得到稳定的电源供应。

④ 夜间抓拍图像不清晰及抓拍成功率低：夜间抓拍图像质量差和抓拍成功率低通常由补光设备异常造成。需要检查补光灯是否工作正常，包括亮度和角度是否适合夜间拍摄条件。

三、通行卡读写器常见故障现象与分析

① 读写器指示灯不亮、无法读卡、PSAM 卡授权异常：这类问题主要由通行卡读写器硬件故障或电源故障造成。需要检查硬件部件是否损坏，以及电源供电是否稳定。

② 读卡错误或功能异常：一般由省、部级卡松脱造成。检查卡片是否正确安装和连接。

③ 读卡反应延时、不灵敏：一般由通信线缆连接松动、接触不良造成。需要检查通信

线路的连接情况，确保线路接触良好。

四、票据打印机常见故障现象与分析

① 票据不清晰：一般由打印机色带缺墨造成。需要更换打印机色带以保证票据打印清晰。

② 打印机指示灯正常但不出票：一般由通信与车道控制器连接线路异常造成。应检查通信线路是否连接正常。

③ 打印机卡纸、出票异响：一般由打印机内部长期堆积纸屑或内部机械故障造成。需要清理打印机内部，并检查机械部件是否需要维修或更换。

④ 打印机指示灯不亮、不工作：一般由供电线路异常或硬件故障造成。应检查供电线路和打印机硬件。

五、报警系统常见故障现象与分析

① 手动测试报警无响应：一般由报警分机、主机等硬件故障造成。需要检查报警系统硬件是否正常工作。

② 报警器持续报警：一般由报警分机不能复位造成。应检查报警分机的复位功能是否正常。

③ 报警断断续续：一般由线路接触不良造成。需要检查报警系统的线路连接，确保接触良好。

六、费额显示器常见故障现象与分析

① 显示屏花屏、有坏点、显示不全：一般由显示屏显示模块故障或排线故障造成。需要检查显示屏模块和排线。

② 显示屏黑屏、不显示：一般由供电线路异常或控制板卡故障造成。应检查供电线路和控制板卡。

③ 收费正常但费显不报价：一般由费显喇叭故障或语音控制板卡故障造成。需要检查喇叭和语音控制板卡。

七、地感线圈设备常见故障现象与分析

① 线圈不触发：一般由线缆破损、断裂等故障造成。需要检查线缆的完整性。

② 无环检信息：一般由对应车检模块的线路连接异常或线圈故障造成。应检查车检模块的线路连接和线圈状态。

③ 线圈触发延迟：一般由对应车检模块灵敏度设置参数问题造成。需要调整车检模块的灵敏度设置。

八、栏杆机常见故障现象与分析

① 栏杆臂起落时抖动严重：一般由栏杆臂连接轴松动或缓冲弹簧、缓冲垫故障造成。需要检查连接轴和缓冲装置。

② 栏杆臂起落不到位、工作时产生异响：一般由限位开关位置不当或限位开关故障造成。应调整限位开关位置或检查其功能。

③ 栏杆机无响应：一般由供电线路异常造成。需检查供电线路是否正常。

④ 栏杆机不起落但供电正常：一般由主控板异常或电动机故障造成。需检查主控板和电动机。

⑤ 栏杆臂起落时机箱抖动严重：一般由栏杆机底座固定螺栓松动造成。需检查并紧固底座固定螺栓。

⑥ 栏杆机过车无环检信息：一般由栏杆机车检模块故障或线圈故障造成。需检查车检模块和线圈。

九、 RSU 常见故障现象与分析

① 正常 ETC 车辆无法交易：一般由天线、控制器等硬件故障或 PSAM 卡问题造成。需检查硬件和 PSAM 卡状态。

② 车道邻道干扰：一般由天线安装角度或交易区域参数配置不当造成。需调整天线角度和配置参数。

③ 设备不在线：一般由供电线路或通信连接线异常造成。需检查供电和通信线路。

④ 天线读取车辆信息反应延时或读取错误：一般由天线功率参数配置问题或天线通信区域设置问题造成。需调整天线参数。

⑤ 天线授权异常：一般由 PSAM 卡状态异常或授权地址不正确造成。需检查 PSAM 卡和授权地址。

十、车道门架诱导屏常见故障现象与分析

① 显示屏花屏、有坏点、显示不全：一般由显示屏显示模块硬件故障或排线故障造成。需检查显示模块和排线。

② 显示屏黑屏、不显示：一般由供电线路异常或主板故障造成。需检查供电线路和主板。

③ 显示屏信息发送不成功：一般由控制板故障或通信链路故障造成。需检查控制板和通信链路。

④ 主机无法开机异常报警：一般由硬盘、内存条氧化等原因造成。需检查硬盘和内存条。

⑤ 主机温度过高，风扇异响：一般由散热风扇故障造成。需检查散热风扇。

十一、车道雾灯常见故障现象与分析

① 雾灯不亮或跳闸：一般由设备硬件故障或供电线路异常造成。需检查硬件和供电线路。

② 雾灯异常频闪：一般由连接线路松动、接触不良或电源模块欠压造成。需检查连接线路和电源模块。

十二、天棚信号灯常见故障现象与分析

① 信号灯不亮：一般由信号灯硬件故障或供电异常造成。需检查硬件和供电。

② 信号灯显示不完整、有坏点：一般由信号灯灯珠或显示模块故障造成。需检查灯珠和显示模块。

③ 信号灯不能切换上下班状态：一般由连接线路、继电器故障或通信传输异常造成。需检查连接线路、继电器和通信。

④ 信号灯异常频闪：一般由继电器或电源输出异常造成。需检查继电器和电源输出。

十三、收费服务器常见故障现象与分析

① 服务器无法正常启动。可能是服务器主机、内存、硬盘等硬件故障。需要检查服务器的硬件组件，包括主板、内存条、硬盘等，以确定故障部件并进行更换或修复。

② 服务器运行中突然死机，数据传输出现问题，或者服务器心跳检测异常。需要检查服务器上运行的服务和应用程序，确定是否有软件冲突或服务崩溃，可能需要重启服务或更新软件。

③ 服务器频繁或意外地自动重启。可能是供电异常或电源模块输出欠压。需检查服务器的电源供应和电源模块，确保供电稳定，无欠压现象。

④ 服务器不在线，无法通过网络访问，远程连接失败。一般由通信传输异常造成。需检查服务器的网络连接，包括网线、交换机、路由器等，以及服务器的网络配置。

⑤ 服务器温度过高，导致性能下降或自动进入保护状态（假死）。可能为散热风扇散热故障。需检查服务器的散热系统，包括风扇是否正常工作，散热片是否堵塞或损坏，以及通风通道是否畅通。

项目实施

请综合本项目所学专业知识，根据教学项目给定的跨省高速公路具体情况和收费系统要求，查找网络资料，分组完成相应高速公路收费系统集成方案，包括收费站布局、车道配置以及车道交易流程图。提交所完成方案的 PPT，开展课堂分享交流。

项目总结

本项目主要是学习高速公路收费系统相关基础知识和系统集成技能，需要了解和掌握的重点主要包括：

① 收费公路是指符合公路法和收费公路管理条例的规定，经批准依法收取车辆通行费的公路，包括桥梁和隧道。

② 收费公路发展实行用路者付费原则，通过收取车辆通行费方式筹集养护、管理资金，回收建设投资成本。

③ 收费公路上的车辆通行费车型划分为客车、货车和专项作业车三个系列。

④ 公路收费制式分为开放式、封闭式、混合式三种类型。开放式收费制式主要适用于独立收费的桥梁、隧道和不封闭（含有多处平交路口）的收费公路。封闭式收费制式适用于里程较长（约 40km 以上）、含有多个互通立交入出口、车辆行驶里程差距较大，且主线和匝道交通量较大的收费公路。混合式收费制式适用于互通立交间距较大或主线和互通立交交通量不大的收费公路。

⑤ 高速公路联网收费系统由部、省两级系统组成。部级系统包括部联网中心系统、部级密钥服务中心系统。省级系统包括省联网中心系统、省级在线密钥管理系统、区域中心/路段中心系统（可选）、收费站系统、ETC 门架系统、收费车道系统、绿色通道现场检测系统、ETC 发行服务系统等。

⑥ 收费站系统由站级传输系统、收费管理系统、MTC 通行介质管理系统、收费车道管理系统、站级运行监测系统、特情管理系统、交接班管理系统、统计分析系统等组成。

⑦ ETC 门架系统由 5.8G 天线采集系统，高清车牌识别系统，ETC 门架控制、传输系统，供电及通信系统，防雷接地系统等子系统构成，其关键设备主要包括门架服务器、车道控制器、RSU、高清监控摄像机、车牌图像识别设备、网络安全设备、补光灯、供电设备、车辆检测器等。

⑧ ETC 门架设置在交通流发生变化的路段区间，如入/出口匝道、互通立交前，以适应交通流的变化并进行相应的收费管理。

⑨ ETC 入口专用车道系统由车道控制器、RSU、高清车牌图像识别设备、自动栏杆、信息显示屏、雨棚信号灯、通行信号灯、车辆检测器、车道摄像机、手动栏杆等设备设施及车道收费软件组成。可根据需求选配 IC 卡读写器、车型自动识别设备、自助应急处置装置、雾灯、可变信息情报板。

⑩ ETC 出口专用车道系统由车道控制器、手动栏杆、RSU、高清车牌图像识别设备、自动栏杆、信息显示屏、雨棚信号灯、通行信号灯、车辆检测器、车道摄像机等设备设施及车道收费软件组成。

⑪ ETC/MTC 混合入口车道系统由车道控制器、RSU、高清车牌图像识别设备、自动栏杆、信息显示屏、雨棚信号灯、通行信号灯、车辆检测器、车道摄像机、收费员终端（显示器、专用键盘）、IC 卡读写器、手动栏杆等设备设施及车道收费软件组成。

⑫ ETC/MTC 混合出口车道系统由车道控制器、RSU、高清车牌图像识别设备、自动栏杆、信息显示屏、雨棚信号灯、通行信号灯、车辆检测器、车道摄像机、收费员终端（显示器、专用键盘）、IC 卡读写器、票据打印机、移动支付受理终端、手动栏杆等设备设施及车道收费软件组成。

自测练习

在线测试

一、填空题

1. 收费公路是指符合公路法和收费公路管理条例的规定，经批准依法收取车辆通行费的公路，包括_____和_____。

2. 收费公路上的车辆通行费车型划分为_____、_____和_____三个系列。

3. 公路收费制式分为_____、_____、_____三种类型。

4. 高速公路的收费方式可分为_____、_____、_____等方式。

5. 电子不停车收费的英文缩写是_____。

二、选择题

1. 全部由（ ）或源自社会组织、个人捐赠资金建设的公路，不得收取车辆通行费。

A. 政府投资 B. 社会集资 C. 企业融资 D. 个人

2. 收费公路的（ ），经依法批准有权向通行收费公路的车辆收取车辆通行费。

A. 投资者 B. 经营管理者 C. 管理者 D. 受益人

3. 政府收费公路的偿债期限，遵循"以收费偿还债务"的基本原则予以确定。其中，高速公路由省级人民政府按照统借统还核定，其他收费公路的偿债期限最长不得超过（ ）年，但国家确定的中西部省、自治区、直辖市可延长至 20 年。

A. 5 年 B. 10 年 C. 15 年 D. 20 年

4. ETC 门架系统不能对哪种通行介质或设备完成计费记录（ ）。

A. OBU B. ETC 卡 C. CPC 卡 D. 纸券

5. ETC 车辆（ ）条件下不能正常通过 ETC 专用车道。

A. 有入口信息

B. OBU 未拆卸

C. ETC 卡未正常插入 OBU

D. 卡签与车牌一致

6. ETC 系统是指（　　）。

A. 不停车系统

B. 电子不停车收费系统

C. 车辆电子标签扫描系统

D. 客车快速通过系统

7. ETC/MTC 混合车道指全时混合车道，MTC 和 ETC 车辆（　　）。

A. 均可在车道有序交替通行

B. 不可在车道通行

C. 分时段在车道通行

D. 均可不停车通行

三、判断题

1. 收费公路的收费期限届满，必须终止收费。 （　　）

2. 公路收费车型分类的原则是简单合理性和简单明确性。 （　　）

3. 高速公路联网收费系统由部、省两级系统组成。 （　　）

4. 通过非专用车道入口、未刷卡而领取通行卡的 ETC 车辆，不得通过专用车道出口。

（　　）

四、简答题

1. 请描述 ETC 入口专用车道由哪些设备组成。

2. 请描述 ETC/MTC 混合出口专用车道由哪些设备组成。

项目五

高速公路隧道机电
系统集成与维护

📖 项目描述

随着高速公路网络的扩展，隧道作为连接不同区域的重要通道，其安全运营和高效管理显得尤为重要。假设在 A、B 两地间的某段高速公路上有一个隧道，该隧道全长 5 公里，是连接 A、B 两地的重要节点，也是该段高速公路的重要组成部分。隧道的设计需满足双向六车道的交通流量，同时确保在各种情况下的行车安全和舒适。请设计规划该隧道内的通风、照明、交通控制和火灾报警子系统。

📚 学习目标

（1）知识目标
➤ 了解高速公路隧道机电系统的基本构成和功能。
➤ 掌握隧道通风子系统的工作原理和设计要求。
➤ 了解高速公路隧道照明子系统的设计原则和计算方法。
➤ 掌握高速公路交通控制子系统的组成和工作机制。
➤ 了解高速公路火灾报警子系统的构成和报警流程。
➤ 初步掌握高速公路隧道机电系统维护的基本方法和注意事项。

（2）技能目标
➤ 能够根据隧道的具体条件，设计合理的通风子系统方案。
➤ 能够进行隧道照明子系统的布局设计和亮度计算。
➤ 能够根据交通流量和道路条件，优化交通控制方案。
➤ 能够配置和调试火灾报警子系统，确保系统正常运行。
➤ 能够对高速公路隧道机电系统进行日常维护和故障排除。

（3）素养目标
➤ 培养对高速公路隧道机电系统工程的理解和兴趣。
➤ 提高对交通安全和公共设施维护的认识和责任感。
➤ 加强团队合作能力，学会在多专业协作中发挥作用。
➤ 树立终身学习的观念，不断提升专业技能和知识水平。

隧道是高速公路的重要组成部分，高速公路隧道机电系统是保障隧道内交通安全、高效运行的基础。高速公路隧道机电系统主要由供配电、通风、照明、监控、通信、交通控制等几大部分组成。在本章中，主要将通风、照明、交通控制和火灾报警子系统介绍如下。

模块一 认识公路隧道通风子系统

一、公路隧道通风系统概述

（一）公路隧道通风系统的作用

高速公路隧道空间封闭性强，仅通过进出口实现自然通风。特别是长隧道或特长隧道虽然有竖井能够通风，但是隧道内车流量过大，其产生的尾气不能很快地扩散，而随着时间的增加，CO浓度逐渐积累，空气中混杂的颗粒增多，使得通过隧道中毒的概率骤然增加。另外空气中混杂的烟雾灰尘增多也使得隧道内能见度大大降低，严重妨碍行车安全。所以在隧道营运期间，为了有效地排放隧道内的有害气体及烟尘，保证驾乘人员及隧道内工作人员的身体健康，提高行车的安全性和舒适性，通常需要按一定的方式不断地向隧道内送入新鲜空气，即隧道通风。通风系统的设计和运行对于保障隧道内的空气质量和行车安全至关重要。

（二）公路隧道通风系统工作原理与过程

通风系统的工作基于空气流动的基本原理，通过风机产生的压力差，推动空气在隧道内形成定向流动。具体工作过程如下：

吸气阶段：风机启动，从隧道入口或特定吸气口吸入新鲜空气，通过风道输送至隧道内部。

循环阶段：新鲜空气在隧道内循环，与隧道内的空气混合，稀释并带走污染物，如CO、NO_x等。

排气阶段：经过循环的空气通过隧道出口或特定排气口排出，同时带走热量和污染物，保持隧道内空气质量。

自动调节：控制系统根据传感器反馈的数据，自动调节风机的运行速度和风量，以适应不同交通状况和环境变化。

（三）公路隧道通风的目的及要求

1. 隧道通风的目的

通风的首要目标是确保隧道内的空气质量，以保障驾驶员、乘客和隧道工作人员的安全。通风系统必须有效地排除有害气体、烟雾等，以应对紧急情况（如火灾）和日常运营中的空气质量问题。具体作用包括：

① 为在隧道内工作的人员和过往隧道的驾乘人员提供足够的氧气。

② 把隧道内有害气体和烟尘稀释到安全浓度以下，并排出隧道。

③ 保证隧道内有适宜的温度、湿度和风速，营造舒适的行车环境。

④ 当隧道内发生火灾时，限制火灾蔓延，并为灭火工作创造条件。

⑤ 提供良好的能见度：隧道内必须确保足够的能见度，以降低交通事故的风险。适当的通风可以消除雾气和空气中的颗粒物，从而扩大驾驶员的视野。

2. 隧道通风的要求

根据我国交通运输部颁布实施的《公路隧道通风设计细则》(JTG/T D70/2-02—2014)等相关文件的规定,高速公路隧道的通风设计应满足如下要求:

① 单向交通的隧道设计风速不宜大于 10m/s,特殊情况可取 12m/s;双向交通的隧道设计风速不应大于 8m/s;人车混合通行的隧道设计风速不应大于 7m/s。

② 风机产生的噪声及隧道中废气的集中排放均应符合环保的有关规定。

③ 确定的通风方式在交通条件等发生变化时,应具有较高的稳定性,并便于防灾时的气流组织。

④ 隧道内营运通风的主流方向不应频繁变化。

⑤ 通风系统必须适应不同的交通量、气象条件和紧急情况,以确保在各种情况下都能够正常运行。

⑥ 隧道通风系统需要定期维护和监测,以确保其稳定性和可靠性,并在必要时进行修复或升级。

(四) 公路隧道常见的通风形式

高速公路隧道通风方式有多种,选择时主要考虑的是隧道长度和交通条件,同时还要考虑气象、环境、地形及地质等条件。按通风动力来源不同,公路隧道通风可分为:自然通风和机械通风。

1. 自然通风

自然通风是指不用风机设备,完全靠汽车通风的活塞作用及其剩余能量与自然风的共同作用,把有害气体和烟尘从隧道内排出洞外。这种通风方式的特点是:当隧道内的自然风向与汽车行驶方向相同时,自然风有助力作用,排出有害气体的速度较快;当自然风向与汽车行驶方向相反时,自然风有阻力作用,排出有害气体的速度则慢。但是,自然风压力的不稳定性、方向变化性、隧道车流量变化性等因素,导致了隧道自然通风的复杂性。

自然通风的优点在于:可利用隧道内外的温差或风压差进行通风,无需机械设备,成本较低。

自然通风的缺点是:通风效果不稳定,易受洞外气候条件影响,难以控制。

根据以上自然通风的优缺点,自然通风的使用场景一般仅限于短直隧道,或在气候条件适宜、通风需求不高的隧道中使用。

2. 机械通风

当自然通风不能满足隧道内通风排烟的要求时,要使用风机予以排除,称为机械通风,也称人工通风。对于较短的公路隧道可以不采用机械通风的方式,自然通风就能够有效地降低隧道污染物浓度。除此以外,公路隧道一般都需要通过机械通风降低隧道污染物的浓度,这些机械通风的方式包括:纵向通风、半横向通风、全横向通风等。具体分类如表 5-1 所示。

表 5-1 机械通风方式的分类

纵向通风方式	半横向通风方式	全横向通风方式	组合通风方式
①全射流 ②集中送入式 ③通风井送排式 ④通风井排出式 ⑤吸尘式	①送风式 ②排风式 ③平导压入式	①顶送顶排式 ②底送顶排式 ③顶送底排式 ④侧送侧排式	①纵向组合式 ②纵向＋半横向组合式 ③纵向＋集中排烟组合式

（1）纵向通风方式

是指从一侧洞口直接向车道内送入新鲜空气，从另一侧洞口抽出隧道内的污染空气的方法，如图 5-1 所示。

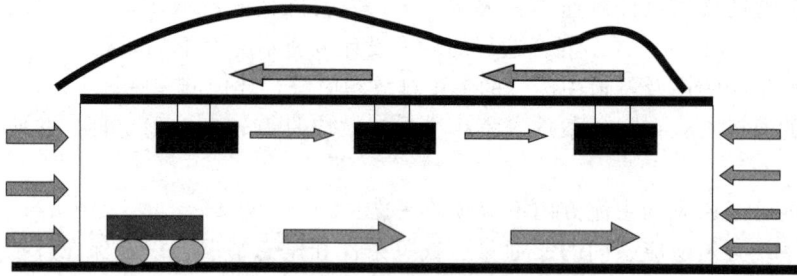

图 5-1　纵向通风方式

纵向通风方式与自然通风原理一样，对于低风速，空气也可看作是不可压缩流体，所以，在这种情况下，隧道内纵向流动的空气的风速从入口到出口是一样的。

纵向通风方式的优点包括：

① 节省费用：纵向通风方式一般通过在隧道适当位置安装风机，靠风机产生的通风压力迫使隧道内空气沿隧道轴线流动，达到通风的目的。这种方式节省土建费用、风机投资及运营费。

② 可以充分利用自然风和活塞风的作用，提高通风效率。

纵向通风方式的缺点主要在于：

① 通风效果不稳定：当隧道内自然风较大且流向不稳定时，纵向通风方式的效果会受到影响，因此一般不宜在这种情况下采用。

② 火灾时营救困难：如果发生火灾，火势会沿纵向延伸，导致营救人员难以进入隧道内进行救援。

纵向通风方式的使用场景是：单向行驶且自然风较稳定的隧道。例如，一些单向的长隧道，可以充分利用纵向通风的优势，实现有效的通风换气。例如：位于挪威西部地区、长达 24.51km 的洛达尔隧道，是当今世界最长的公路隧道，就采用了纵向通风方式。而我国在 2007 年建成通车的包头－茂名高速公路终南山隧道，长达 18.02km，其通风方式采用了竖井分段式纵向通风，如图 5-2 所示。

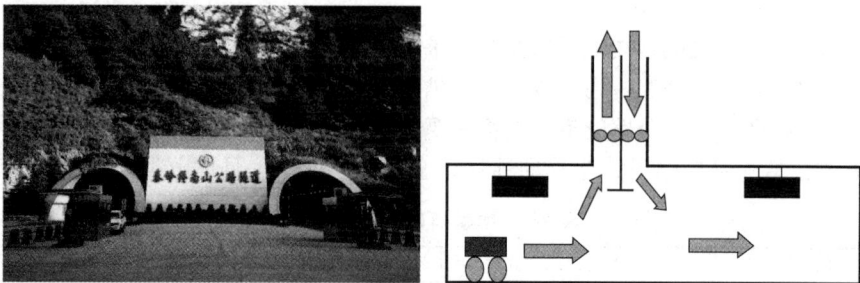

图 5-2　我国终南山高速公路隧道及其竖井分段式纵向通风示意图

（2）半横向通风方式

是沿车道设置独立的通风风道，使车道风速发生变化，隧道内各处的污染物浓度基本接近一定值，该方式的标准方法称为送风风道方式，采用送风风道，沿车道空间连续吹出新鲜空气。

半横向通风方式的优点主要包括：

① 节能：半横向通风系统通过合理的气流组织，可以在满足通风需求的同时降低能耗。

② 降噪：由于半横向通风系统通常设置在隧道顶部或侧壁，可以有效减少风机运行产生的噪声对隧道内环境的影响。

③ 排烟效果好：在地铁隧道等应用中，半横向通风方式能保证绝大部分乘客不被烟气淹没，是一种较为理想的排烟方式。

半横向通风方式的缺点主要在于：

① 效果有限：在高交通流量和恶劣气候条件下，半横向通风系统的通风效果可能受到限制，无法满足隧道内的全部通风需求。

② 防止火灾事故扩大能力较弱：与全横向通风相比，半横向通风在防止火灾事故扩大方面的能力相对较弱。

半横向通风方式一般适用于长度为1～5km的中型隧道，但具体适用性还需根据隧道的地质条件、交通流量、气候条件以及隧道内空气质量控制要求等因素进行综合评估。例如，在铁路隧道、公路隧道以及地下铁道等场景中，都可以考虑采用半横向通风系统来改善隧道内的空气质量。

（3）全横向通风方式

全横向通风方式的送风道和排风道各自设在车道下面和天花板上面，由送风机送出新鲜空气，沿着隧道方向在送风道内流动，并设置等间距的送风支管，各自等量吹向风道，新鲜空气在车道内与污染空气相混合，由天花板上等间距设置的排风支管排风，各自等量吸出的污染空气在排风道内沿隧道方向流动，由排风道排至大气中。如图5-3所示。

全横向通风方式的优点主要包括：

① 通风效果好：全横向通风技术通过隧道两

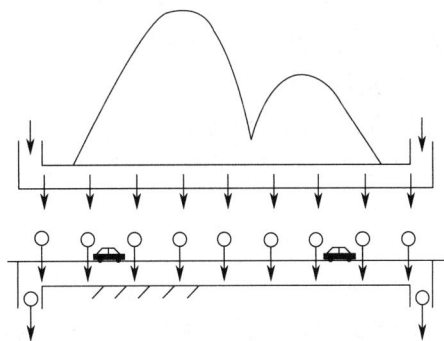

图5-3 全横向通风方式

侧的通风口和内部通风设备，使得空气可以在隧道内形成自然气流循环系统，有效排出烟雾等污染物，保持隧道内空气新鲜。

② 有益于消除火灾：全横向通风设计使得气流向下活动，有助于在火灾发生时迅速排除烟气，降低火灾对隧道内人员和车辆的影响。

③ 便于营救人员进入：由于全横向通风系统有助于保持隧道内空气流通，因此在紧急情况下，营救人员可以更容易地进入隧道进行救援。

④ 不易积累有害气体：全横向通风能够持续将新鲜空气引入隧道，并将污浊空气排出，从而避免有害气体的积累。

全横向通风方式的缺点主要在于：

① 造价高：全横向通风系统需要设置送风管道和排风管道，以及相应的通风设备，因此其造价相对较高。

② 运营费用高：由于全横向通风系统需要持续运行以保持隧道内空气流通，因此其运营费用也相对较高。

全横向通风方式使用场景主要是：较长的隧道，尤其是长度在5km以上的超长公路隧道。这类隧道由于深度大、交通流量大，对通风系统的要求也更高。全横向通风系统能够有效满足这类隧道的通风需求，保证隧道内空气质量和车辆行驶安全。

3. 组合通风方式

组合通风方式既可以将自然通风和机械通风相组合，也可以将机械通风过程中的纵向通风和横向通风相组合，以便综合发挥不同通风方式的作用，达成更为理想的通风效果。

（1）自然通风和机械通风组合式通风

该通风方式将自然通风和机械通风组合使用，以便发挥纵向通风和横向通风各自的优势，达到更好的实际通风效果。组合通风方式特别适用于那些长度较长、自然通风条件不佳，同时又对空气质量有较高要求的隧道。

（2）纵向通风与横向通风混合式通风

这是一种结合了纵向通风和横向通风优点的通风方式。

① 主要特点。

灵活性高：混合式通风可以根据隧道的具体情况和需求，灵活调整纵向和横向通风的比例和参数，以达到最佳的通风效果。

通风效果好：通过结合两种通风方式的优点，混合式通风可以在保证隧道内空气流通的同时，有效排除有害气体等污染物，提高隧道内的空气质量。

经济性好：与单一的纵向或横向通风相比，混合式通风可以在保证通风效果的同时，降低通风系统的投资和运营成本。

② 适用场景。

混合式通风主要适用于长大隧道，特别是那些需要高效通风但又受到地形、气候等条件限制的隧道。通过结合纵向和横向通风，可以在保证通风效果的同时，降低通风系统的投资和运营成本。

③ 实现方式。

混合式通风可以通过在隧道内设置送风管道和排风管道，并结合风机等设备来实现。具体实现方式可能包括在隧道的不同区段采用不同的通风方式，如入口段采用纵向通风，中间段采用横向通风等。

需要注意的是：混合式通风的设计和实施需要充分考虑隧道的实际情况和需求，以确保通风效果和经济性的最佳平衡。在实际应用中，还需要结合隧道的长度、断面大小、施工方法、设备条件以及气候条件等因素进行综合考虑。

二、隧道通风系统的主要组成设备及其选型

（一）公路隧道通风系统的主要组成

公路隧道通风系统的组成设备如图 5-4 所示，相关设备的相应功能如下。

① 车辆检测器：检测隧道内的车流量和车速。

② CO 检测器：测定隧道内的 CO 浓度。

③ 烟雾浓度传感器：测定隧道内的烟雾透过率。

④ 风速、风向传感器：测定风向、风速以及风机运行情况。

⑤ 区域控制器：采集数据，监控系统，控制风机

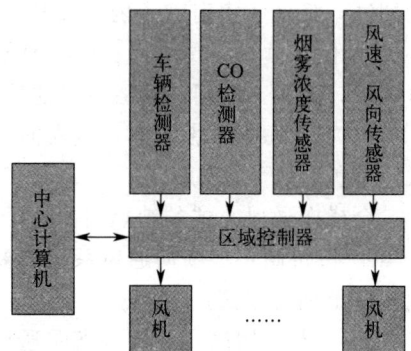

图 5-4　高速公路隧道通风系统组成

启/停。

⑥ 风机：射流风机、轴流风机。

⑦ 中心计算机：作为数据处理和监控的核心，负责收集、分析来自各种传感器的数据，并控制风机等设备的运行。

（二）公路隧道通风系统的主要设备

高速公路隧道通风子系统各主要设备分别介绍如下。

1. 射流风机

射流风机是一种特殊设计的轴流风机，如图 5-5 所示。射流风机出口的气流平均速度在30m/s 左右。由于其具有较大的出口动量，因此被广泛应用于各种中短距离的隧道通风，以降低隧道内废气浓度，提高能见度，维护人员的健康和车辆通行安全。在突发性事故中，用来紧急排出一氧化碳和其它有毒气体。由于射流风机主要用于沿隧道纵向的气体输送，因此在结构上采用轴流形式。

射流风机通过高速叶轮加速吸入局部空气，形成定向气流推动隧道内空气纵向流动。这部分带有较高动能的高速气流将能量传送给隧道内的其它气体，从而推动隧道内的空气顺风机喷射气流方向流动。当流动速度衰减到一定程度时，下一组风机继续工作。这样，就实现了从隧道的一端吸入新鲜空气，从另一端排出污浊空气的目的。

图 5-5　射流风机

2. CO 检测器

CO 检测器（图 5-6）即电化学一氧化碳气体传感器，采用密闭结构设计，其结构是由电极、过滤器、透气膜、电解液、电极引线（引脚）、壳体等部分组成。一氧化碳气体传感器与报警器配套使用，是报警器中的核心检测元件，它是以定电位电解为基本原理。当一氧化碳扩散到气体传感器时，其输出端产生电流输出，提供给报警器中的采样电路，起着将化学能转化为电能的作用。当气体浓度发生变化时，气体传感器的输出电流也随之成正比变化，经报警器的中间电路转换放大输出，以驱动不同的执行装置，完成声、光、电等检测与报警功能，与相应的控制装置一同构成了环境检测或监测报警系统。

3. 风速传感器

现在市面上常见的风速传感器是风杯式风速传感器（图 5-7），最早由英国鲁宾孙发明。感应部分是由三个或四个圆锥形或半球形的空杯组成。空杯固定在互成 120° 的三叉星形支架上或互成 90° 的十字形支架上，杯的凹面顺着一个方向排列，整个横臂架则固定在一根垂直的旋转轴上。风速传感器在公路隧道通风系统中的作用是实时监测隧道内的风速，帮助管理人员及时发现通风不良的情况，进而采取相应的措施，如启动通风系统、调整风机转速等，以改善隧道内的空气质量。

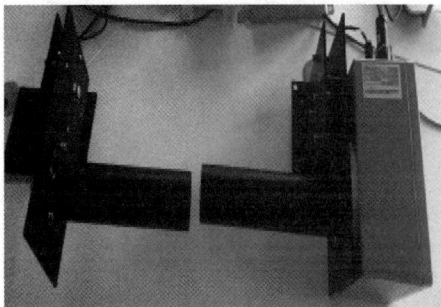

图 5-6　CO检测器

图 5-7　风速传感器

4. 风向传感器

通常风向传感器（图 5-8）主体都采用风向标的机械结构，当风吹向风向标尾部的尾翼的时候，风向标的箭头就会指向风吹过来的方向。为了保持对于方向的敏感性，还采用不同的内部机构来帮助风速传感器辨别方向。风向传感器用于测定风向、风速以及风机运行情况，为隧道通风控制系统提供风向数据，确保通风系统能够根据风向变化有效排出污染气体，维持隧道内空气流通。

图 5-8　风向传感器

三、公路隧道通风系统的规划与设计

（一）公路隧道通风系统的总体要求

首先，通风系统通过引入新鲜空气和排出废气来实现空气流通。这通常通过在隧道的入口和出口设置通风口来实现，其中一些用于引入新鲜空气，而另一些用于排放废气。通风口的位置和数量通常根据隧道的长度、形状和使用情况来确定。为了确保空气流动的方向和速度，通风口通常具有风机或风扇。其次，通风系统依赖一系列传感器来监测隧道内的环境参数。这些传感器包括测量温度、湿度、烟雾、气流速度和气压等的设备。传感器的数据反馈到中央控制系统，使操作员能够实时了解隧道内的环境状况。接下来，控制系统根据传感器数据和预设的阈值来调整通风设备。这包括调整通风口和风扇的开启程度，以确保新鲜空气得以引入，废气得以排出。当烟雾或有害气体浓度超过安全水平时，控制系统还可以启动排烟设备，将烟雾排出隧道，保障人员安全。

按照《公路隧道通风设计细则》（JTG/T D70/2-02—2014）相关规定，公路隧道通风系统工作的总体要求主要包括：

① 确保空气质量与安全：通风系统必须确保隧道内空气质量符合安全标准，防止有害气体积聚，保障人员安全。

② 技术经济合理性：通风设计应综合考虑技术可行性和经济成本，选择最合理的通风方案，以实现成本效益最大化。

③ 适应不同等级公路需求：通风系统设计应适应不同等级公路的隧道，满足高速公路及一至四级公路隧道的通风需求。

④ 环境参数监测与自动化控制：利用传感器监测隧道内环境参数，并采用自动化控制

系统（如 PLC）实时调整通风设备，以保持隧道内环境的稳定性和安全性。

⑤ 应急响应能力：通风系统应具备在紧急情况下快速响应的能力，能够有效排出烟雾和有害气体，为防灾救援和运营管理提供支持。

为了实现这些复杂的控制功能并提高系统的自动化水平，PLC（可编程控制器）被广泛应用于隧道通风系统的控制中。

（二）基于 PLC 的隧道通风控制系统

基于 PLC 的隧道通风控制系统的组成包括：传感器模块、PLC 控制器、执行器、通信模块、人机界面（HMI）、电源管理系统、紧急疏散系统和数据存储和日志系统等。它在通风系统中发挥着重要的控制作用。具体包括：

（1）风扇启停控制

PLC 可以控制通风系统中的风扇启停。当需要通风时，PLC 会发送信号启动风扇；当不需要通风时，PLC 会发送信号停止风扇。

（2）风扇调速控制

在一些情况下，通风系统需要根据需求调整风扇的转速。PLC 可以控制风扇的调速功能，根据传感器的反馈信息或者预设的条件，调整风扇的转速。

（3）温度和湿度控制

PLC 可以接收温度和湿度传感器的数据，并根据这些数据来控制通风系统。当温度或湿度达到设定的阈值时，PLC 可以启动或停止风扇，以维持环境条件在合适的范围内。

（4）故障检测和报警

PLC 可以监测通风系统的运行状态。如果风扇出现故障或者系统出现其他问题，PLC 可以发出警报，或者采取预设的安全措施，比如切断电源。

（5）定时控制

通风系统可能需要在特定的时间段内运行，比如在工作时间内保持通风系统运行。PLC 可以根据预设的时间表来控制通风系统的启停。

（6）远程监控

PLC 可以与上位机或者远程服务器连接，实现对通风系统的远程监控。这样，操作人员可以远程监控通风系统的状态。

公路隧道通风系统控制电路图如图 5-9 所示。

（三）公路隧道通风系统设计和控制的相关参数计算

1. 通风计算基本假定

对隧道内的气体进行以下假定：

① 假设气体具有不可压缩性，当改变气体所受的压力大小时，其体积和密度的改变不至于波及模型的计算，并且整个气流速度不随位置而改变。

② 假设气体为连续性介质，即气体符合流体力学连续性定律。

③ 假设气体的流动满足三大守恒定律，即质量守恒定律、能量守恒定律和动量守恒定律，气体的流动可用伯努利方程进行表示。

④ 假设在隧道同一截面上各处污染物浓度一致，并且污染物浓度沿着隧道一维分布。

2. 通风计算数学模型

（1）隧道自然通风力 ΔP_m 的计算

自然通风力表达式如下所示，当自然通风力被视为通风阻力时，式子取"＋"；当自然

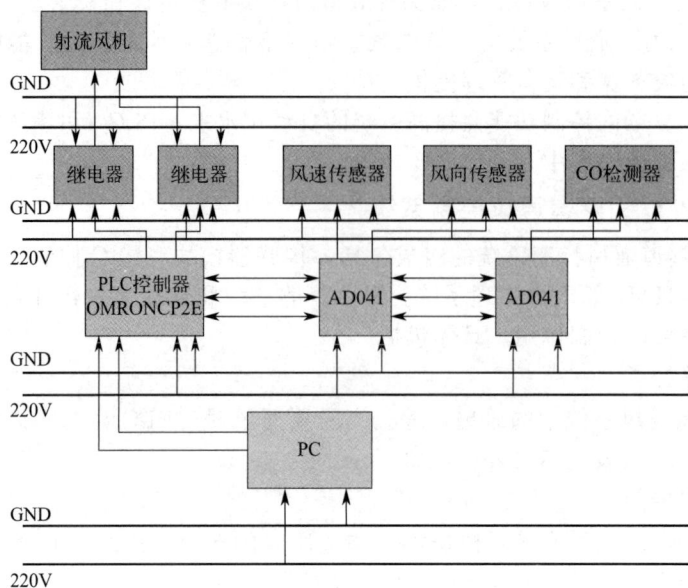

图 5-9　公路隧道通风系统控制电路图

通风力被视为通风动力时，式子取"—"。

$$\Delta P_m = \pm \left(1 + \xi_e + \lambda_r \cdot \frac{L}{D_r}\right) \cdot \frac{\rho}{2} \cdot v_n^2 \tag{5-1}$$

式中　ΔP_m——自然通风力，N/m^2；

v_n——隧道内自然风引起的风速，m/s；

ξ_e——隧道入口局部阻力系数；

λ_r——沿程阻力系数；

D_r——断面当量直径，m；

ρ——空气的密度，kg/m^3；

L——隧道的长度，m。

（2）隧道交通通风力 ΔP_t 的计算

当隧道内为单向车道交通时，交通通风力作为动力；只有当车速低于隧道设计风速时，将交通通风力作为阻力。交通通风力表达式如下：

$$\Delta P_t = \pm \frac{A_m}{A_r} \cdot \frac{\rho}{2} \cdot n_c \cdot (v_t - v_r)^2 \tag{5-2}$$

式中　ΔP_t——隧道内交通通风力，N/m^2；

A_m——汽车等效阻抗面积；

n_c——隧道内车辆数；

v_t——各工况车速，m/s；

v_r——隧道内的设计风速，m/s；

A_r——隧道的横截面积，m^2。

（3）隧道通风阻力 ΔP_r 的计算

隧道通风阻力表达式如下：

$$\Delta P_r = \Delta P_\lambda + \sum \Delta P_{\xi_i}$$

$$\sum \Delta P_{\xi_i} = \xi_i \cdot \frac{\rho}{2} \cdot v_r^2$$

$$\Delta P_\lambda = \left(\lambda_r \cdot \frac{L}{D_r}\right) \cdot \frac{\rho}{2} \cdot v_r^2 \qquad (5\text{-}3)$$

式中　ΔP_r——隧道内的通风阻力，N/m^2；

　　　ΔP_λ——沿程阻力，N/m^2；

　　　ΔP_{ξ_i}——隧道内局部阻力，N/m^2；

　　　ξ_i——隧道局部阻力系数。

四、公路隧道通风系统的设备调试

公路隧道通风系统的调试主要包括以下几个方面。

1. 系统检查

① 确保所有设备和组件已经正确安装。

② 检查电气连接，确保电缆和线束连接正确。

2. 电气系统调试

验证电气控制面板的连接。

检查所有电气元件（开关、传感器、电机等）是否正确连接并正常工作。

检查电气系统的电压和电流是否在正常范围内。

校准和测试所有仪表，确保它们显示准确。

检查传感器的准确性，特别是温度、湿度和风速传感器。

系统启动：

① 逐步启动通风系统，确保每个设备都能按照正确的顺序启动。

② 监控系统启动过程中的任何异常声音或振动。

3. 风道检查

① 检查风道的安装，确保没有任何阻碍风流的障碍物。

② 检查风道连接点，确保密封性和连接牢固。

4. 风速、风向和风量调试

① 使用适当的仪器测量风速、风向和风量。

② 调整风机的转速以确保达到设计的风量要求。

5. 气体浓度调试

① 使用 CO/VI 监测器监测系统内外的气体浓度。

② 调整射流风机的风速风向，确保系统能够维持设计条件。

6. 自动控制系统测试

检查自动控制系统的设置和参数。

进行手动和自动模式下的测试，确保系统对各种工况都能正确响应。

安全系统测试：验证安全系统，确保在紧急情况下系统能够安全停机或切换到备用模式。

系统验收：进行系统验收测试，确保通风系统符合设计规范和性能要求。

模块二　认识公路隧道照明子系统

一、公路隧道照明系统概述

（一）公路隧道配套建设照明系统的目的

高速公路隧道长而狭窄的管状结构，使得隧道内部自然光照情况严重不足，并和隧道外开阔区域的自然光照情况存在显著差异，从而给隧道内的行车安全带来了一系列问题，主要包括：

1. 存在"黑洞"和黑框效应

在白天，驾驶员进入隧道时会遇到如下视觉问题：刚进入隧道时，由于白天隧道外的亮度相对于隧道内的高很多，如果隧道足够长，驾驶员看到的是黑乎乎的一个洞，这就是"黑洞"现象（图 5-10）；如果隧道很短的话，在驾驶员面前就会出现一个黑框。

图 5-10　隧道入口视觉"黑洞"现象示意图

2. 司乘人员存在视觉适应滞后现象

由明亮的外部进入一个较暗的隧道，视觉会有一定的适应时间，然后才能看清隧道内部的情况，这种现象称为适应的滞后现象。

3. 影响障碍物的能见度

在隧道中间段，由于汽车排出的废气集聚，形成烟雾，汽车前照灯的光会被这些烟雾吸收和散射，形成光幕并降低前方障碍物与其背景（路面、墙面）之间的亮度对比度，影响障碍物的能见度，给视觉带来不利影响。

4. 存在"白洞"效应

隧道出口处会出现一个很亮的出口，对驾驶员会产生强烈的眩光，从而使驾驶员看不清路况，容易发生车祸，这种现象称为隧道出口的"白洞"效应（图 5-11）。

为了克服上述公路隧道存在的视觉问题，确保驾驶者在隧道内能够安全通行，我国公路隧道相关标准文件明确规定，公路隧道必须配套规划建设照明设施及相应的照明控制系统。

（二）公路隧道照明系统配置要求

1. 总体要求

隧道照明可以改善隧道内路面的可视性，减轻驾驶员疲劳，有利于提高隧道通行能力，

图 5-11　隧道出口的视觉"白洞"现象

保证交通安全。根据国家相关部门颁布的《公路隧道照明设计细则》(JTG/T D70/2-01—2014) 等高速公路隧道照明系统建设规范，隧道照明系统的主要要求包括：

① 隧道照明一般情况下宜选择效率高、透雾性能好的光源。

② 短隧道、柴油车较少的城镇附近隧道、应急停车带、人行横通道、车行横通道可选用显色指数较高的光源。

③ 隧道照明光源的使用寿命应不小于 10000h。

④ 隧道灯的防护等级应不低于 IP65。

⑤ 隧道灯应具有适合公路隧道特点的防眩装置。

⑥ 隧道照明采用的电线，均应使用防潮绝缘导线，并按规定的高度用瓷瓶悬挂牢固。不得将电线挂在铁钉和其他铁件上或捆扎在一起。开关外应加木箱盖，采用封闭式保险盒，如使用电缆亦应牢固地悬挂在高处，不得放在地上。

⑦ 隧道灯零部件应具有良好的防腐性能。

⑧ 隧道灯配件安装应易于操作，并能调整安装角度。

⑨ 隧道内各段照明要根据季节、天气、时间、车流量等实际情况不断调整变化，动态地实现对隧道内各段照明的自动控制。

⑩ 中间段的隧道灯布置应满足低于 2.5Hz 或高于 15Hz 的闪烁频率。

2. 分段照明要求

如图 5-12 所示，将单向交通隧道在行车方向上分为 5 个区段：隧道入口外部的接近段，隧道入口内部的入口段、过渡段、不受洞外亮度影响的中间段和隧道出口段。其中后四个区段是隧道照明区，需要安装照明设施。隧道内部路段的分段以及所需照明亮度的曲线如图 5-12 所示。

隧道入口段、过渡段、出口段照明应由基本照明和加强照明组成。基本照明应与中间段照明一致。基本照明是为保障行车安全沿隧道全长提供基本亮度的措施。加强照明是解决驾驶员白天驶入、驶出隧道时适应洞内外亮度反差的措施。

公路隧道中不同分段的照明要求分别如下：

(1) 接近段照明要求

接近段是隧道入口外一个停车视距长度段。这段道路是驾驶人视觉调节的阶段，也决定了隧道入口段的照明亮度要求。白天靠设置遮光棚、遮阳棚等减光措施，以降低隧道内外的

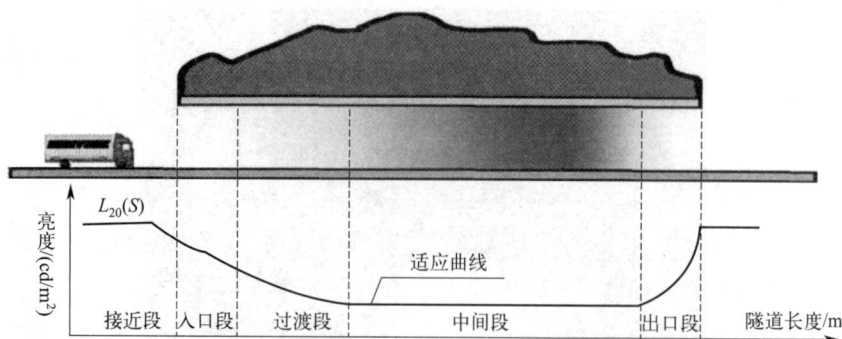

图 5-12　单向交通隧道照明分段示意图

亮度差。夜间在隧道入口接近段可设置引导路灯以提前使驾驶员了解并适应隧道洞口条件。

（2）入口段照明要求

入口段是进入隧道的第一照明段，是使驾驶员视觉适应由洞外高亮度环境向洞内低亮度环境过渡设置的照明。白天车辆驶入隧道时，驾驶员需适应洞口内外亮度差，入口段需通过加强照明缓解视觉滞后现象。夜间驾驶员在入口段是一个"暗明"适应，需适当降低隧道入口段亮度，从而保证驾驶员的安全舒适性和照明经济性。

（3）过渡段照明要求

过渡段是隧道入口段与中间段之间的照明段，是使驾驶员视觉适应由隧道入口段的高亮度向洞内低亮度过渡设置的照明段。白天，驾驶员从入口段驶入中间段时，为了降低驾驶员的视觉差异，需要设置照明过渡段，从而满足驾驶员视觉认知的安全舒适性和照明经济性要求。夜间，入口段与中间段之间的亮度差异不大时，只需将过渡段亮度与入口段夜间亮度保持在一个水平上。

（4）中间段照明要求

中间段是沿行车方向连接入口段或过渡段的照明段，是为驾驶员行车提供最低亮度要求设置的照明段。设置适当的电光照明系统，可以满足驾驶人的视觉功能和心理需求，保证行车安全。为满足驾驶员驾驶的安全舒适性，需将隧道内亮度保持在一个合理而均匀不变的水平。

（5）出口段照明要求

出口段是隧道内靠近隧道行车出口的照明段，是使驾驶员视觉适应由洞内低亮度向洞外高亮度过渡设置的照明段。白天，需要注重不同时段的"暗明"适应。夜间，需要注重"明暗"适应。

二、隧道照明系统的主要组成设备及其选型

（一）公路隧道照明系统的主要组成

隧道照明系统主要由光照传感器、LED 调光控制器、可调 LED 灯、照明灯四部分组成。其中照明灯负责日常照明，不管白天黑夜都是处于常亮状态；光照传感器用来检测隧道内的照明情况；LED 调光控制器负责控制可调 LED 灯的亮度。在白天阳光充足的情况下，光照传感器检测到的亮度值会高一些，主控系统就会以现有亮度为参考值发送指令，通过LED 调光控制器来调整可调 LED 灯的亮度；同理，夜晚的时候，由于没有阳光的照射，主控系统会加大可调 LED 灯的照明输出，以满足隧道内的可见性要求。

（二）洞内与洞外光照传感器

光照传感器（图 5-13）采用热电效应原理，这种传感器主要使用了对弱光性有较高反应的探测部件，这些感应元件其实就像相机的感光矩阵一样，内部有绕线电镀式多接点热电堆，其表面涂有高吸收率的黑色涂层，热接点在感应面上，而冷接点则位于机体内，冷热接点产生温差热电势。在线性范围内，输出信号与太阳辐照度成正比。透过滤光片的可见光照射到光敏二极管，光敏二极管根据可见光照度大小转换成电信号，然后电信号会进入传感器的处理器系统，从而输出需要得到的二进制信号。

图 5-13　洞内光照传感器和洞外光照传感器

（三）常用公路隧道照明灯具

1. LED 灯及配套调光器

LED 灯具有寿命长、节能环保等诸多优点，是现在公路隧道照明系统中应用日益广泛的一种照明灯具，并通常配套相应的 LED 调光控制器（图 5-14）。LED 调光控制器通过改变 LED 电流的大小或调整 PWM（脉冲宽度调制）信号的占空比来实现调光。这些控制器通常配备了旋钮、开关、遥控器或智能手机应用程序等用户界面，以方便用户进行亮度调节。可调 LED 灯通过与调光控制器或调光电路连接，实现亮度的调节。用户可以使用适当的控制器或设备来控制 LED 灯的亮度。

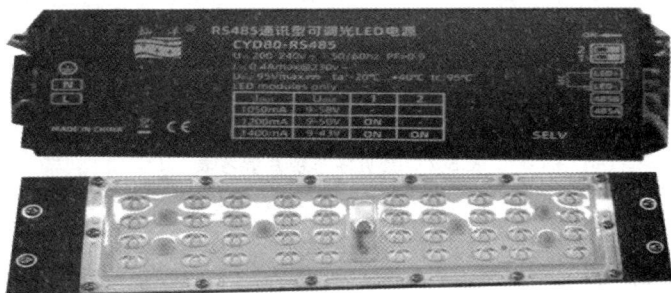

图 5-14　LED 调光控制器

当隧道内发生火灾时，产生的大量烟雾将笼罩在隧道顶部，并且随着气流方向向前推进。大量烟雾将会使隧道内亮度急剧下降，对人员、车辆的疏散极为不利，可能使疏散的人员及车辆发生二次灾害。基于上述原因，隧道内应设置疏散及诱导照明。一般采用 LED 光源，间距一般为 10m，其中每 40m 设一盏疏散指示灯，以便在火灾状态下指示人员安全快速地离开现场。疏散灯为长明灯，不受控制；诱导灯正常情况下常亮，当发生事故时，通过隧道监控中心下发指令，将诱导灯调为闪烁状态以提醒司机谨慎驾驶。

2. 其他形式照明灯具

除了可调 LED 灯外，隧道内还有无极灯隧道灯、钠灯隧道灯等其他照明灯具。无极灯，也称无电极灯、感应灯，是一种没有电极和灯丝的照明设备，它通过灯管外的磁环产生电磁波激发灯管内的物质工作。例如低压气体无极灯内充填的是汞蒸气和稀有气体的混合气体，汞原子被电离、激发后释放出紫外线照射到灯管壁的荧光物质上，荧光物质发出可见光。其工作频率通常达到数百万赫兹，远高于普通的白炽灯和节能灯。钠灯隧道灯，包括钠灯、低压钠灯以及高压钠灯。

三、规划与设计公路隧道照明系统

（一）公路隧道照明系统规划设计的主要考虑因素

（1）照明均匀性

主要是确保路面照明均匀，避免眩光和暗区。

（2）能效比

主要是选择高能效的光源和灯具，以减少能源消耗。

（3）维护方便性

主要是设计易于维护和更换的照明设施。

（4）环境影响

主要是考虑照明对周围环境和生物的影响，如减少光污染。

（二）公路隧道照明计算

1. 入口段长度的计算

对近十年来建设的公路隧道的广泛调研表明，入口段后半段亮度偏高，所以入口段采用了分段设置的方法，分为 TH_1、TH_2 两个照明段。照明停车视距可通过查表 5-2 得出。

$$D_{th1} = D_{th2} = \frac{1}{2}\left(1.154D_S - \frac{h-1.5}{\tan 10°}\right) \tag{5-4}$$

式中　D_{th1}——入口段 TH_1 长度，m；

　　　D_{th2}——入口段 TH_2 长度，m；

　　　D_S——照明停车视距，m；

　　　h——隧道内净空高，m。

表 5-2　照明停车视距参考表

设计速度 /(km/h)	纵坡/%								
	−4	−3	−2	−1	0	1	2	3	4
120	260	245	232	221	210	202	193	186	179
100	179	173	168	163	158	154	149	145	142
80	112	110	106	103	100	98	95	93	90
60	62	60	58	57	56	55	54	53	52
40	29	28	27	27	26	26	25	25	25
20~30	20	20	20	20	20	20	20	20	20

2. 入口段亮度的计算

依据入口段可分为 TH_1、TH_2 两个照明段，各段对应的亮度按照公式计算。入口段亮度折减系数、洞外亮度取值可通过查表 5-3、表 5-4 得出。

$$L_{th1} = k \times L_{20}(S) \quad (5\text{-}5)$$
$$L_{th2} = 0.5 \times k \times L_{20}(S)$$

式中 L_{th1}——入口段 TH_1 亮度，cd/m^2；

$\quad\quad L_{th2}$——入口段 TH_2 亮度，cd/m^2；

$\quad\quad k$——入口段亮度折减系数；

$\quad L_{20}(S)$——洞外亮度，cd/m^2。

表 5-3 入口段亮度折减系数表

设计小时交通量 $N/[veh/(h \cdot ln)]$		设计速度 $v_t/(km/h)$				
单向交通	双向交通	120	100	80	60	20~40
≥1200	≥650	0.070	0.045	0.035	0.022	0.012
≤350	≤180	0.050	0.035	0.025	0.015	0.010

表 5-4 洞外亮度取值按 L_{20} (S)（单位：cd/m^2）

天空面积百分比	洞口朝向或洞外环境	设计速度 $v_t/(km/h)$				
		20~40	60	80	100	120
35%~50%	南洞口			4000	4500	5000
	北洞口			5500	6000	65000
25%	南洞口	3000	3500	4000	4500	5000
	北洞口	3500	4000	5000	5500	6000
10%	暗环境	2000	2500	3000	3500	4000
	亮环境	3000	3500	4000	4500	5000
0%	暗环境	1500	2000	2500	3000	3500
	亮环境	2000	2500	3000	3500	4000

3. 过渡段亮度的计算

过渡段可划分为 tr_1 照明段、tr_2 照明段、tr_3 照明段。各照明段亮度计算公式如下：

$$L_{tr1} = 0.15 \times L_{th1}$$
$$L_{tr2} = 0.05 \times L_{th1} \quad (5\text{-}6)$$
$$L_{tr3} = 0.02 \times L_{th1}$$

式中 L_{tr1}、L_{tr2}、L_{tr3}——各段的亮度，cd/m^2。

4. 中间段亮度的计算

对于特殊路段，一般情况下中间段亮度参考如下：

① 行人与车辆混合通行的隧道，中间段亮度不应小于 $2.0cd/m^2$。

② 单向交通且以设计速度通过隧道的行车时间超过 135s 时，隧道中间段宜分为两个照明段，与之对应的长度及亮度不应低于表 5-5 的规定。

表 5-5 中间段亮度表 L_{in}（单位：cd/m^2）

设计速度 $v_t/(km/h)$	L_{in}		
	单向交通		
	$N \geq 1200veh/(h \cdot ln)$	$350veh/(h \cdot ln) < N < 1200veh/(h \cdot ln)$	$N \leq 350veh/(h \cdot ln)$
	双向交通		
	$N \geq 650veh/(h \cdot ln)$	$180veh/(h \cdot ln) < N < 650veh/(h \cdot ln)$	$N \leq 180veh/(h \cdot ln)$
120	10.0	6.0	4.5
100	6.5	4.5	3.0
80	3.5	2.5	1.5

设计速度 v_t/(km/h)	L_{in}		
	单向交通		
	$N \geqslant 1200\text{veh}/(\text{h} \cdot \text{ln})$	$350\text{veh}/(\text{h} \cdot \text{ln}) < N < 1200\text{veh}/(\text{h} \cdot \text{ln})$	$N \leqslant 350\text{veh}/(\text{h} \cdot \text{ln})$
	双向交通		
	$N \geqslant 650\text{veh}/(\text{h} \cdot \text{ln})$	$180\text{veh}/(\text{h} \cdot \text{ln}) < N < 650\text{veh}/(\text{h} \cdot \text{ln})$	$N \leqslant 180\text{veh}/(\text{h} \cdot \text{ln})$
60	2.0	1.5	1.0
20~40	1.0	1.0	1.0

注：1. 当设计速度为 100km/h 时，中间段亮度可按 80km/h 对应亮度取值。

2. 当设计速度为 120km/h 时，中间段亮度可按 100km/h 对应亮度取值。

5. 出口段亮度的计算

对隧道出口段宜划分为 ex_1、ex_2 两个照明段，每段长度宜取 30m，与之对应的亮度按下式取得。长度 $L \leqslant 300\text{m}$ 的直线隧道可不设置出口段加强照明。长度 $300\text{m} < L \leqslant 500\text{m}$ 的直线隧道可只设置 ex_2 出口段加强照明。

$$L_{ex1} = 3 \times L_{in}$$
$$L_{ex2} = 5 \times L_{in} \tag{5-7}$$

四、公路隧道照明系统的控制

(一) 公路隧道照明系统的控制策略

照明控制技术是隧道照明控制系统的关键组成部分，其控制精度、运行稳定性会影响整个系统的稳定性。公路隧道照明系统通常采用以下控制策略：

(1) 定时控制

根据预设的时间表自动开关照明。

(2) 光感应控制

利用光感应器根据环境光线自动调节照明强度。

(3) 远程监控

通过远程监控系统实时监控照明状态，进行故障诊断和维护。

由于实际运营中，交通情况存在随机性、突发性，因此照明控制系统设计应充分考虑各类情况，通常将控制策略分三部分设计：正常工作控制模块、暂时交通流量大控制模块和突发应急控制模块。

对于正常工作状态依照常规模式进行控制。应急突发情况下可能存在漏检、故障等情况，该状态下应进行补充设计，增加一套自检系统，根据隧道长度和车辆速度计算通过时间，若该时间内车辆仍未驶出则对计数进行清零，保证照明的节能控制，若检测出故障状态则发出警报并进入时序控制状态直到警报解除。对于暂时交通大流量情况，若按常规状态控制，则灯具不断重复开关，影响灯具寿命，对此可计算车辆间隔时间，根据开关灯间隔平均时间做出判断，一旦确定为交通大流量情况则进入持续开灯状态。

(二) 常用公路隧道照明控制系统的分类

公路隧道照明控制系统主要可以分为以下两类。

1. 计算机集散控制系统

集中管理，分散控制。这种控制系统是最常见的一种控制方式，由中央计算机管理整个系统，作为系统的集中处理单元。各照明控制室由 PLC 控制，PLC 根据采集到的洞外亮度值，可以自动控制隧道入口段、过渡段、中间段、出口段的亮度，也可以将采集的洞外亮度值传送到中心计算机，由中心计算机来决策隧道各段的亮度值。

2. 分布式计算机控制系统

这种控制系统以某种现场总线为核心，实现无中心控制。

（三）基于 PLC 的隧道照明控制系统

PLC 作为可编程、可通信、可远程控制的综合性设备，用于改造隧道照明系统，可以提升隧道照明的智能化水平。在隧道照明系统中，PLC 作为主控系统的核心，负责接收光照传感器的数据，根据隧道内外的亮度变化，智能调节 LED 调光控制器，以控制可调 LED 灯的亮度。在白天，PLC 会降低 LED 灯亮度以节约能源；夜晚则增加亮度，确保隧道内有足够的照明。此外，PLC 还具备故障检测、能耗监测和远程控制功能，保障系统稳定运行并优化能源使用。

1. PLC 控制系统的架构

在 PLC 控制架构的设计过程中，首先，需要建立主控制层，该层负责隧道照明主控制系统的程序设计，并对各个功能、子程序设计控制入口，使其能够控制对应项目的启动与关闭，作为系统发挥功能的重点。在设计的过程中，主控制层应当作为第一层控制的核心，完成远程上位控制模式与本地控制模式的协调、管理任务。其次，需要让 PLC 完成一般任务，在没有其他优先指令的情况下，PLC 需要对隧道照明系统进行一般控制，该控制层需要作为第二层执行具体的控制任务，执行如灯具的启动、与上位机的数据通信等任务，使其发挥 PLC 的控制效果。最后，为了应对特殊情况的功能需求，还需要设定特殊模式层，并作为控制系统的第三层，为系统提供可扩展的容量接口，以保障在 PLC 运行维护过程中能够进行功能的进一步扩展。

2. PLC 控制系统的实施流程

（1）控制参数采集

控制参数采集是保障 PLC 智能控制的重要基础，首先，需要检查环境的亮度，使用 2 台光照传感器对洞内和洞外的光照强度进行检查，根据检测的实际需求，设定每 5～20min 检测 1 次洞内外的光照亮度，并根据二者之间的比值，控制隧道照明系统的亮度，确保洞内亮度与外部保持一致，从而避免车辆行驶出隧道时驾驶员出现眩光情况。其次，需要在洞口使用车辆检测器获取车辆的运行速度及车辆信息，并根据计算结果调整隧道内的光照亮度，确保车辆经过隧道时拥有足够的光照亮度。最后，需要使用视频监控系统检测交通量，并通过远程控制中心下达光照控制指令。

（2）主程序循环

在 PLC 展开控制的过程中，需要检测灯具的状态，并进行初始化，使灯具可以进入调光控制过程。PLC 需要定时测试、收集传感器信息，并对特殊事件、特殊情况进行有效检测，在收到控制命令的情况下，第 2 层程序开始执行控制命令，确保控制命令得以执行。

（3）调光控制

根据上位机的指令或者 PLC 采集的传感器信息，将其与预设的数值进行比较后，选择相应的控制命令。在执行控制命令时，根据实际的控制程序对现场所需的亮度进行有效的调整。例如，在比较洞内、洞外的亮度后，调整洞外洞内的亮度，保持亮度一致。

（4）传感器信息采集

保存传感器反馈的各项信息，并传输给上位机，使其能够调用控制命令，确保控制执行。

（5）定时测试

PLC需要向上位机发出测试命令，并传输现场采集的信息，确保PLC与远程控制中心连通。在通信不佳的情况下，需要及时启动PLC本地控制模式，并尝试与上位机恢复通信连接。上位机需要不定时向PLC发送数据采集命令，以确保及时发现并处理通信障碍。

PLC的隧道照明控制流程见图5-15，隧道照明系统连线见图5-16。

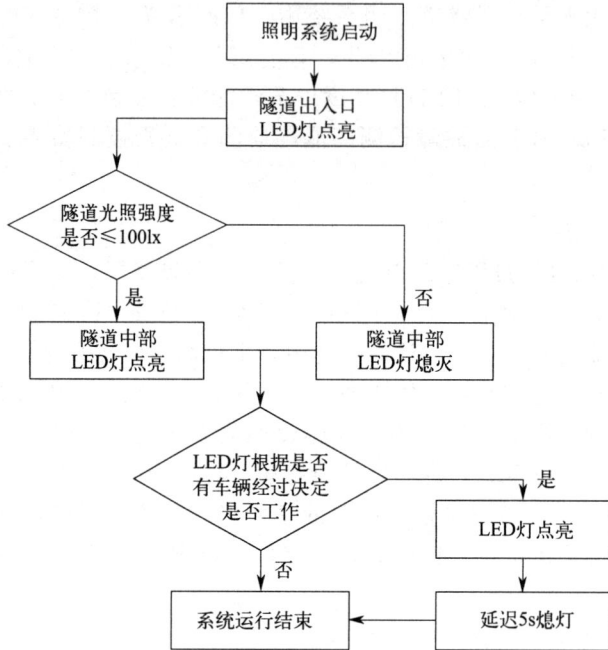

图 5-15　PLC 的隧道照明控制流程图

五、公路隧道照明系统的设备调试

公路隧道照明系统调试的主要内容包括：

（1）灯具安装和电气连接检查

① 确保所有灯具已经正确安装，并检查它们的物理连接。

② 检查电缆和线束的电气连接，确保它们与电气系统正确连接。

（2）灯具电源测试

① 逐一测试每个灯具的电源，确保它们能够正常开启和关闭。

② 检查电源电压和电流，确保在正常范围内。

（3）灯具亮度调试

① 调试每个灯具的亮度，确保它们能够提供预期的照明水平。

② 检查调光系统（如果有）的工作情况，确保能够调整灯具的亮度。

（4）颜色温度调试

① 如果照明系统涉及可调色温灯具，调试颜色温度以确保满足设计要求。

② 检查颜色温度调光系统的准确性。

（5）光分布和均匀性测试

① 测试光照在照明区域内的分布和均匀性。

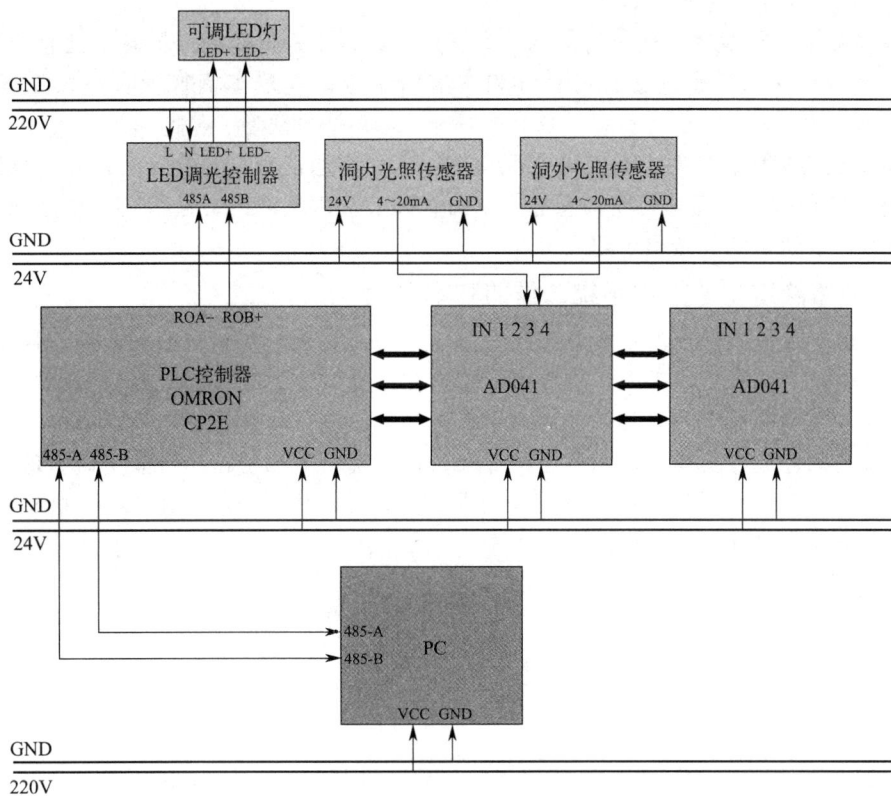

图 5-16 隧道照明系统连线图

② 调整灯具的方向和位置，以确保整个区域都能够得到充分的照明。

（6）紧急照明系统测试

① 如果系统包括紧急照明，测试其在电源故障时的运行情况。

② 确保紧急照明在紧急情况下能够提供足够的光照。

（7）自动照明控制系统测试

① 如果有自动照明控制系统（如光感应、运动传感器等），进行测试以确保其正常工作。

② 调整控制系统的设置和参数，确保它们满足设计需求。

（8）能效测试

测试系统的能效，确保照明系统在提供足够照明的同时最大程度地减少能耗。

（9）系统验收

进行系统验收测试，确保照明系统符合设计规范和性能要求。

模块三　认识公路隧道交通控制子系统

一、公路隧道交通控制系统概述

（一）公路隧道交通控制系统的作用

公路隧道交通控制系统通过实时监控和智能调节交通流量，确保隧道内的交通顺畅和行车安全。它的作用主要体现在以下几个方面：

① 提高隧道通行效率：通过智能调节交通信号，减少等待时间，提高车辆通行速度。

② 保障行车安全：通过交通信号灯和车道指示灯，规范车辆行驶状态，降低事故发生率。

③ 减少交通拥堵：实时监控交通状况，动态调整交通信号，有效分散车流，避免拥堵。

④ 提供信息指引：通过可变信息标志，向驾驶员提供实时的交通状况、道路施工信息、天气状况等，帮助驾驶员做出合理决策。

（二）公路隧道交通控制系统工作的基本原理

公路隧道交通控制系统的基本原理是通过交通信号控制、车辆检测和监控、智能交通管理以及紧急响应等关键技术手段，实现对隧道内交通流的有效管理。交通信号控制采用定时和定序原则，通过交通信号灯的颜色变化引导车辆的停车、行驶和变道，以协调通行。车辆检测传感器和监控摄像头实时监测车流情况和事件，提供数据支持。智能交通管理基于计算机系统和算法，自动调整信号灯时序，以优化车辆通行，减少拥堵。紧急响应机制则确保在事故或紧急情况下迅速采取措施，保障安全。

二、隧道交通控制系统的主要组成设备及其选型

（一）公路隧道交通控制系统的主要组成

1. 四色交通信号灯

交通灯一般有两种。给机动车看的叫机动车灯（图 5-17），通常指由红、黄、绿（绿为蓝绿）三种颜色灯组成，用来指挥交通通行的信号灯。绿灯亮时，准许车辆通行；黄灯闪烁时，已越过停止线的车辆可以继续通行，没有越过的应该减速慢行到停车线前停止并等待；红灯亮时，禁止车辆通行。给行人看的叫人行横道灯，通常指由红、绿（绿为蓝绿）两种颜色灯组成，用来指挥交通通行的信号灯，红灯停，绿灯行。四色交通信号灯在红、绿、黄的基础上加了一个箭头指示灯，用来指示左右转弯，故而叫作四色交通信号灯，如图 5-18所示。

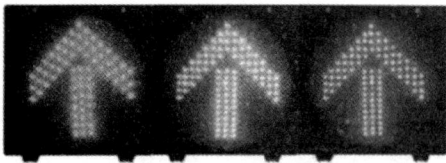

图 5-17　机动车灯

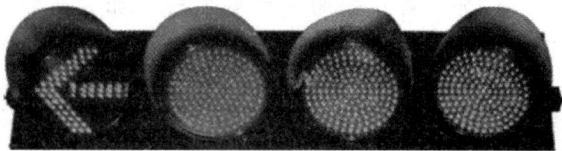

图 5-18　四色交通信号灯

2. 车道指示交通灯

车道指示交通灯由一个红色交叉图案单元和一个绿色向下箭头图案单元组成，如图 5-19所示。红色交叉表示本车道不准车辆通行；绿色向下箭头表示本车道准许车辆通行。

3. 可变信息标志

公路上的行车环境由于天气（如雾、雪、暴雨等）、自然灾害（如地震、洪水、台风、塌方）、交通事故等影响，可能发生变化。可变信息标志能将行车环境的变化及时告知驾驶人员。可变信息标志上储存多种信息，控制人员可根据公路上发生的情况，通过遥控装置手

动或自动显示其中的某种信息，如图 5-20 所示。

图 5-19 车道指示交通灯

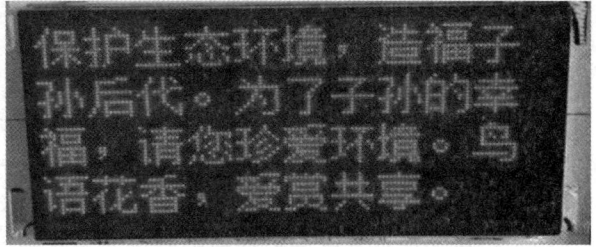

图 5-20 可变信息标志

4. 串口服务器

串口服务器（图 5-21）提供串口转网络功能，能够将 RS-232/485/422 串口转换成 TCP/IP 协议网络接口，实现 RS-232/485/422 串口与 TCP/IP 协议网络接口的数据双向透明传输，或者支持 MODBUS 协议双向传输。使得串口设备能够立即具备 TCP/IP 协议网络接口功能，连接网络进行数据通信，扩展串口设备的通信距离。

（二）公路隧道交通控制系统的工作原理

交通控制系统主要由四色交通信号灯、车道指示交通灯、可变信息标志、串口服务器四大模块组成。四色交通信号灯上有红、绿、黄以及箭头四种交通信号灯，将其电源线分别连接到对应的继电器上，主控系统就可以控制四色交通信号灯的状态；车道指示交通灯则只有箭头和叉两种模式，箭头表示通行，叉表示停止，同样将电源线连接到对应的继电器上由主控系统控制状态；可变信息标志是一个 LED 点阵屏，主控系统以无线的方式传输数据到串口服务器，串口服务器再由串口发送数据到可变信息标志上，以显示主控系统下发的字幕。

公路隧道交通控制系统构成见图 5-22。

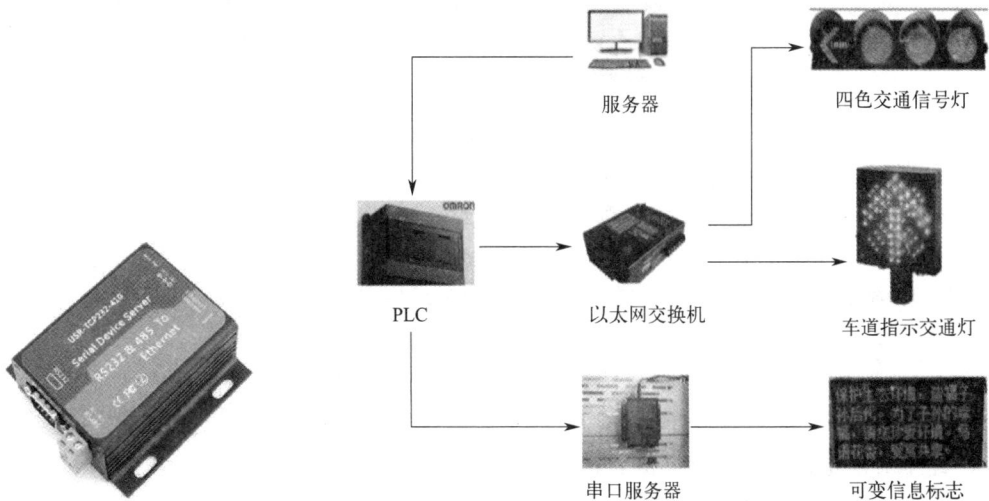

图 5-21 串口服务器

图 5-22 公路隧道交通控制系统构成

三、规划与设计公路隧道交通控制系统

(一) 公路隧道交通控制系统的总体要求

在进行公路隧道交通控制系统的规划设计时，需要考虑隧道的交通流量、安全要求、环境条件以及未来的可扩展性。总体设计应包括以下几个关键方面：

① 交通流量分析：评估隧道日均车流量和高峰时段的车流量，确定交通负荷。
② 安全性能评估：确保系统设计满足安全标准，包括紧急情况下的疏散和救援。
③ 环境适应性：考虑隧道内的环境因素，如湿度、温度和灰尘，选择合适的设备。
④ 可扩展性：设计时应预留接口和空间，以便未来增加新的功能或设备。

(二) 基于 PLC 的隧道交通控制系统

1. PLC 控制系统的架构

由 PLC 编写的交通控制程序负责读取车辆检测器、车道指示标志、情报板的状态及信息，并将数据传递给上位机。根据上位机设定的交通模式，控制车道指示标志和交通信号灯的状态。在发生通信故障时，产生报警信号。定时给车辆检测器校时，以保证车辆检测器时间的一致性。

车道指示标志和交通信号灯的状态控制方式有以下三级：

① 监控分中心：自动控制（上位机）、人工远程控制（上位机、触摸屏）。
② 隧道监控室：人工控制（触摸屏）。
③ 现场设备：人工手动控制。

正常情况下，车道指示标志和交通信号灯的状态由监控分中心的上位机控制，在上位机出现故障时，可通过监控分中心的触摸屏进行控制。若监控分中心至隧道监控室的通信出现故障，则改由隧道监控室的触摸屏进行控制。

2. 基于 PLC 的隧道交通控制系统的构成

基于 PLC 的隧道交通控制系统包含多个子系统，每个子系统通过 PLC 进行集成和控制，以实现整体的智能交通控制。以下是基于 PLC 的隧道交通控制系统的主要子系统及其构成。

(1) 传感器子系统
① 车流量传感器：用于监测隧道内车辆的数量和密度。
② 车速检测器：用于测量车辆在隧道内的速度。
③ 车辆检测器：用于检测车辆的存在和位置。
④ 环境传感器：监测隧道内的温度、湿度等环境参数。

(2) PLC 控制子系统
① PLC 主控制器：负责集成传感器数据、执行控制逻辑，并输出控制信号。
② PLC 程序：包括车流量控制逻辑、信号灯控制算法等。根据传感器数据和系统状态，PLC 程序决定是否调整执行器的状态。

(3) 执行器子系统
① 交通信号灯：控制隧道入口和出口的信号灯状态，以引导车辆通行。
② 车道指示器：标识特定车道的状态，如指示是否可以变道。
③ 可变速限制标志：通过调整限速标志来控制车辆速度。

（4）通信子系统

通信模块：与中央控制中心、远程监控系统等进行通信，以实现系统的集成和远程监控。

（5）人机界面子系统（HMI）

① HMI 屏幕：提供给运维人员的可视化界面，显示实时的交通流信息、系统状态和报警信息。

② 操作面板：用于手动操作，如调整信号灯状态、设置特殊交通模式等。

（6）电源管理子系统

电源控制模块：控制系统的电源供应，确保系统在正常和紧急情况下都能稳定运行。

（7）紧急疏散子系统

紧急疏散控制器：根据紧急情况触发相应的紧急措施，如打开应急车道、更改信号灯状态等。

（8）数据存储和日志子系统

数据存储模块：记录系统运行数据、传感器数据、报警信息等，以便进行事后分析和故障排除。

3. PLC 在隧道交通控制系统中的控制作用

（1）信号灯控制

PLC 可以控制隧道内的交通信号灯，包括绿灯、红灯和黄灯。PLC 可以根据交通流量、时间表和传感器数据来调整信号灯的状态。

（2）交通流量监测

PLC 可以与交通传感器集成，以监测隧道内的交通流量。基于这些数据，PLC 可以调整信号灯、限速标志和其他控制设备，以优化交通流畅度。

（3）车道控制

隧道可能包含多条车道，PLC 可以协调车道的开放和关闭，以适应交通流量。例如，在高峰时段，可以打开更多车道以增加容量。

（4）限速控制

PLC 可以控制限速标志，根据实际交通情况来调整最大允许车速。在紧急情况下，PLC 还可以实施紧急限速。

（5）火警和事故响应

如果隧道内发生火警或交通事故，PLC 可以采取紧急措施，如降低速度限制、关闭车道、引导交通等，以确保安全和疏导交通。

（6）通风和 CO 监测

隧道内空气质量的监测和通风是至关重要的。PLC 可以监测 CO（一氧化碳）水平，并控制通风系统以改善空气质量。

（7）排风和烟雾管理

在火警情况下，PLC 可以控制排烟风机和排烟门，以排除烟雾，确保逃生通道畅通无阻。

（8）紧急通信系统

PLC 可以与紧急通信系统集成，包括紧急电话、广播系统和电子信息牌，以便提供紧急信息和指导。

（9）能耗监测和节能措施

PLC可以监测照明、交通信号灯和其他设备的能耗，以实施能耗节约措施，如降低照明强度。

（10）远程监控

PLC可以与上位机或远程监控系统连接，以允许运营人员实时监控隧道交通情况，进行远程控制和远程故障排除。

PLC隧道交通管理系统见图5-23。

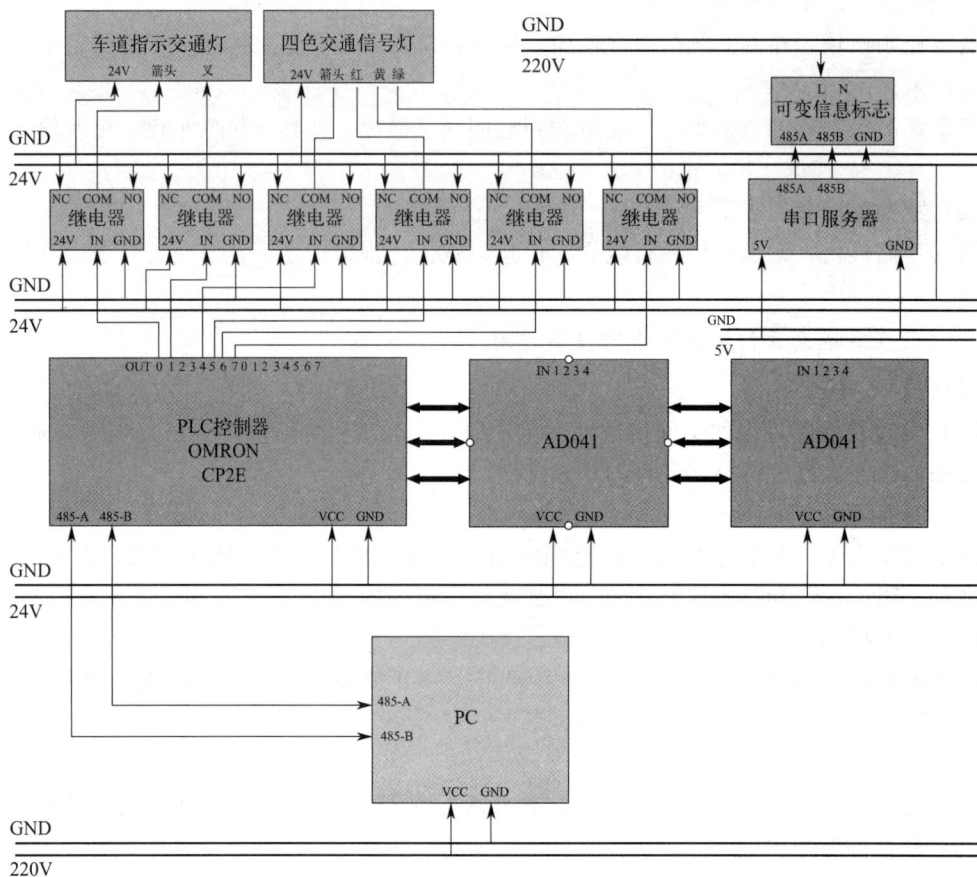

图 5-23　PLC隧道交通管理系统

四、交通控制系统的设备调试

1. 信号灯和交通控制器检查

① 确保交通信号灯和交通控制器已正确安装。

② 检查电气连接，确保交通控制系统的电源和通信连接正确。

2. 电气系统调试

① 验证电气系统的连接和设置。

② 检查所有电气元件（开关、传感器、电机等）是否正确连接并正常工作。

③ 检查电气系统的电压和电流是否在正常范围内。

3. 信号灯和相位调试

① 调试信号灯的运行和相位序列，确保它们按照设计工作。

② 确保相位切换和定时调整符合交通流要求。

4. 交通控制器程序验证

① 检查交通控制器的程序，确保它们满足设计要求。

② 进行手动和自动模式下的测试，确保控制器能够正确响应各种情况。

5. 监控摄像头和传感器调试

① 调试监控摄像头和传感器，确保它们能够准确地检测和监视交通流。

② 检查传感器的灵敏度和准确性。

6. 通信系统测试

① 测试交通控制设备之间的通信系统，确保它们能够有效地交换信息。

② 检查远程监控系统的功能。

7. 灯光和反光标志检查

① 检查道路标志的反光性能，确保它们在夜间和恶劣天气条件下可见。

② 调试路灯系统，确保它们提供足够的照明。

8. 交通流仿真测试

① 使用仿真工具测试交通流模型，以评估交通控制系统的性能。

② 通过模拟各种交通情况，确保系统能够有效应对。

9. 系统验收

进行系统验收测试，确保交通控制系统符合设计规范和性能要求。

模块四 认识公路隧道火灾报警子系统

一、公路隧道火灾报警系统概述

(一) 公路隧道火灾报警系统的作用及工作原理

隧道是公路、铁路、城市地铁等交通工程项目建设的关键部分，在隧道中进行实时、准确的火情监测对保障公共财产安全和人身安全有着十分重要的意义。火灾报警系统能及时发现隧道内的异常状态，快速组织救援，最大限度地减少损失。

针对高速公路隧道的特点，常采用光纤光栅自动探测系统和红外火焰报警系统相结合的方式，检测隧道内的火险情况，并通过计算机系统或区域控制器根据检测到的火灾情况控制隧道风机、照明系统等，实时监测，实现报警联动，按照控制预案组织现场援救，以满足隧道火情监测要求。

(二) 公路隧道火灾报警系统组成

公路隧道火灾报警系统通常包括以下主要部分。

1. 火灾探测器

火灾探测器是火灾探测系统的核心组件，用于检测火源、烟雾、热量、火焰或其他火灾迹象。不同类型的探测器可以用于不同场合，如感烟探测器、感温探测器、光电探测器、红外线探测器等。

2. 火灾报警控制器

火灾报警控制器是系统的中枢，负责监控探测器的状态和接收其信号。它通常具有用户界面，用于配置系统参数、管理探测器和执行火警响应操作。

3. 报警设备

报警设备用于在探测到火情或其他紧急情况时发出警报信号，以提醒人们采取行动。常见的报警设备包括声光报警器、火警警铃、语音报警系统等。

二、公路隧道火灾报警系统主要设备的确定

（一）常用火灾探测器及其选择

1. 感烟式火灾探测器

感烟式火灾探测器（smoker detector）是利用一个小型烟雾传感器响应悬浮在其周围附近大气中由燃烧和（或）热解产生的烟雾气溶胶（固态或液态颗粒）的一种火灾探测器。一般情况下制成点型结构，主要有离子式和光电式两种类型。图5-24为常见的感烟式火灾探测器。

2. 离子感烟探测器

利用放射性同位素释放的高能量 α 射线将局部空间的空气电离产生正、负离子，当火灾产生的烟雾气溶胶等进入电离室时，表面积较大的烟雾粒子将吸附其中的带电离子，产生离子电流变化，经电子线路加以检测，从而获得与烟雾进入量成正

图 5-24　常见的感烟式火灾探测器

比的电信号，作为可靠的火灾早期报警信号输出。感烟电离室通过放射性元素电离空气，检测烟雾导致的离子电流变化。离子感烟探测器对于火灾初期和阴燃阶段的烟雾气溶胶检测非常灵敏，可测烟雾粒径范围为 $0.03\sim10\mu m$。

3. 光电感烟探测器

利用烟雾颗粒改变光路的特性监测燃烧产物，该探测器可响应红外光谱、可见光谱和紫外光谱范围内的辐射。遮光型和散光型探测器根据光束阻断位置不同进行区分。探测器优点包括不误报、灵敏度高、稳定性好，但早期火灾探测能力有限，受环境因素影响需定期清洁和维护。

4. 感温式火灾探测器

当火灾发生的场所经常存在大量粉尘、油雾、水蒸气时，无法使用感烟式火灾探测器，这时用感温式火灾探测器比较合适。感温式火灾探测器是响应异常温度、温升速率和温差等参数的探测器。从结构上可分为电子式和机械式两种。按其工作原理可分为定温式火灾探测器、差温式火灾探测器和差定温式火灾探测器。图5-25为常见的感温式火灾探测器。

5. 感光式火灾探测器

感光式火灾探测器主要是指火焰光探测器，目前广泛使用紫外线型和红外线型两种类型。图5-26为常见的感光式火灾探测器。

图 5-25 常见的感温式火灾探测器

图 5-26 常见的感光式火灾探测器

6. 紫外线型感光火灾探测器

利用火焰产生的强烈紫外光来探测火灾。这种探测器特别适用于火灾初期不产生烟雾的场所（如生产和存储酒精、石油等的场所），也适用于需要对电力装置进行火灾监控和探测快速蔓延火焰及易爆的场所。

7. 红外线型感光火灾探测器

利用红外光敏元件的光电导或光伏效应来敏感地探测低温产生的红外辐射。利用红外辐射探测火灾时，一般要考虑物质燃烧时火焰的间歇性闪烁现象，以区别于背景红外辐射，适用于森林火灾的预防。双波长火焰探测法的基本原理类似于光谱分析仪，由设置于隧道内的感光探测器和控制室的处理器构成测量单元。当隧道内发生火灾时，探测器通过传输到感光口的光线，捕捉火焰特有的燃烧变化频率（1~15Hz）和特有的光谱分布特性，并通过对不同波长各具灵敏度的检测元件进行火灾判断。

8. 可燃气体火灾探测器

可燃气体火灾探测器是用于检测空气中可燃气体浓度的设备，可响应单一或多种可燃气体。它由传感器、信号处理电路和报警装置组成，有两种常见的工作原理：催化燃烧型利用铂丝加热后的电阻变化来测定可燃气体浓度；红外光学型则利用红外传感器，依据红外线光源的吸收原理来检测现场环境中的烷烃类可燃气体。图 5-27 为常见的可燃气体火灾探测器。

9. 复合式火灾探测器

复合式火灾探测器是一种结合了多种探测原理的火灾探测器，它将不同类型的火灾探测器组合在一起，同时或按优先级顺序工作，从而提高火灾探测的准确性和可靠性。不同类型探测器（例如感烟和感温）组合工作，可响应烟雾和温度变化，全面检测不同类型火灾。图 5-28 为感烟感温复合式火灾探测器。

图 5-27 常见的可燃气体火灾探测器

图 5-28 感烟感温复合式火灾探测器

不同类型的火灾探测器工作原理不同，适用于不同的火灾探测场合，成本和价格也相差较大，应深入分析高速公路火灾产生的具体情况，根据实际情况选择合适的火灾探测器。

（二）火灾探测器的部署

1. 火灾探测器安装高度的确定

火灾探测器的安装高度 H_0 是指探测器安装位置（点）距该保护域（隧道）地面的高度。火灾探测器的安装高度还与火灾探测器的类别有一定的关系。在隧道中，安装面（隧道顶面）不是水平的（即为曲面顶），则安装高度 H_0 取中值计算，如：

$$H_0 = \frac{H+h}{2} \tag{5-8}$$

式中　H——安装面最高部位高度，m；

　　　h——安装面最低部位高度，m。

对于可燃气体探测器，其安装高度应根据可燃气体的密度而定。对于相对密度小于 1 的气体，如甲烷等，其泄漏后上升，可燃气体探测器应安装在环境上部或易积聚上升气体的地方；对于相对密度大于 1 的气体，其泄漏后积聚在地面附近，可燃气体探测器应安装在地面 300mm 以下的地方。图 5-29 为安装高度示意图。

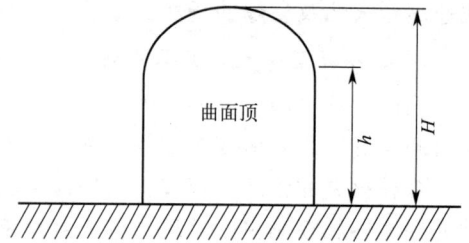

图 5-29　火灾探测器安装高度示意图

2. 火灾探测器设置数量的确定

一个探测区域内应设置的探测器数量 N 可由下式计算决定：

$$N \geqslant \frac{S}{KA} \tag{5-9}$$

式中　N——应设置的探测器数量，取整数；

　　　S——该探测区域面积，m^2；

　　　A——探测器的保护面积，m^2；

　　　K——安全修正系数，一般 K 的取值范围为 0.7～1.0。

安全修正系数 K 依据隧道等级选定：建议重点保护公路隧道（如高等级特长隧道）K 可取 0.7～0.9，非重点保护公路隧道（一般二级以下的短公路隧道）K 可取 1.0。

（三）常用报警设备及其选择

火灾探测系统中的报警设备是用于在检测到火情或其他紧急情况时发出警报信号，以通知人员采取行动的重要组件。这些报警设备具有不同类型和功能，具体包括以下常见的报警设备。

1. 声光报警器

声光报警器是常见的报警设备之一。它们会同时发出声音和闪光灯，以提醒人员火警发生。声音通常是高声的警报声，而闪光灯通常用于吸引注意力，特别是在嘈杂的环境中。图 5-30 为声光报警器。

2. 火警警铃

是一种声音报警设备，通常发出响亮的铃声或钟声。它们可以用于室内和室外的火警报警。图 5-31 为火警警铃。

3. 语音报警系统

语音报警系统具备播放预录音或实时语音警报的能力。它们可以提供详细的火警信息，指导人员采取适当的行动。

4. 手持式警报器

这些设备通常由巡逻或安全人员携带，用于发出紧急警报。它们可以是便携式对讲机或警报按钮等。图 5-32 为手持式警报器。

图 5-30　声光报警器　　　　图 5-31　火警警铃　　　　图 5-32　手持式警报器

三、隧道火灾报警系统集成方案设计

（一）总体方案设计

1. 了解常见火灾报警实现方案

（1）空气管感温火灾报警系统

空气管感温火灾报警系统的探测器以空气管为敏感元件，由空气管和膜盒以及电路部分组成。空气管由细铜管或不锈钢管制成，并与膜盒连接构成气室。火灾时环境温度发生剧烈变化，使探测器内气室的空气压力迅速产生变化，并将压力变化转化成电信号，发出报警信号。

（2）感温电缆火灾报警系统

感温电缆火灾报警系统由感温电缆探测器和测温主机组成，感温电缆的电气特性会随温度改变，测温主机中的电气装置检测到这种变化，通过判决程序判断并产生火灾报警信号。

（3）火焰探测自动报警系统

火焰探测自动报警系统以点型感光元件为火灾探测器，是一种响应火灾发出的红外光、可见光和紫外光的火灾探测器。因为电磁辐射的传播速度极快，所以这种探测器对快速发生的火灾尤其是可燃溶液等液体火灾或爆炸能够及时响应，是对这类火灾快速产生火警的理想探测器。图 5-33 为感光式火灾探测器。

（4）无线报警系统

一般的火灾自动报警系统是用金属线缆来实现通信与控制的。无线系统以无线电波为信号传输媒体，光纤系统以光缆为信号传输媒体，载波系统以现有电力线为信号传输媒体，它们都显示出各自的优越性。

图 5-33　感光式
火灾探测器

无线报警系统由传感器、发射机、中继器及控制中心组成。探测传感部分与发射机合成一体，由高能电池供电，发射距离一般在 50m 以内。每个中继器只接收自己组内的传感发射机信号。当中继器接收到组内某传感器的故障或火灾信号时，马上保持其接收状态，进行地址对照，当地址码一致时，便判读接收数据，然后由中继器将信息转发给控制中心，在显

示屏上进行故障、火警以及部位号显示。无线报警系统的优点是节省安装布线费用，安装方便，容易开通。

（5）分布式光纤温度探测报警系统

分布式光纤温度传感器是以高分辨率光时域反射仪（OTDR）、感温光纤以及数字信号处理技术为基础的。如图 5-34 所示，OTDR 系统激光器在高频调制下发出光脉冲信号，并经光分路器耦合进入感温光纤之中，在光波通过光纤传播过程中，频率为 V_0 的入射光子和纤芯中频率为 V 的声子会发生非弹性碰撞，形成拉曼散射。在散射光中存在着两种与入射光频率不同的谱线：一种频率为 $V_S = V_0 - V$，称为斯托克斯线；另一种频率为 $V_A = V_0 + V$，称为反斯托克斯线。这两种散射过程均与温度有关，两种谱线强度之比只与温度有关。两种谱线强度之比 $R（T）$ 为：

$$R(T) = k(-hV/KT) \tag{5-10}$$

式中　h——普朗克常数；

　　　　k——玻尔兹曼常数；

　　　　T——热力学温度；

　　　　K——只与谱线频率有关的比例系数。

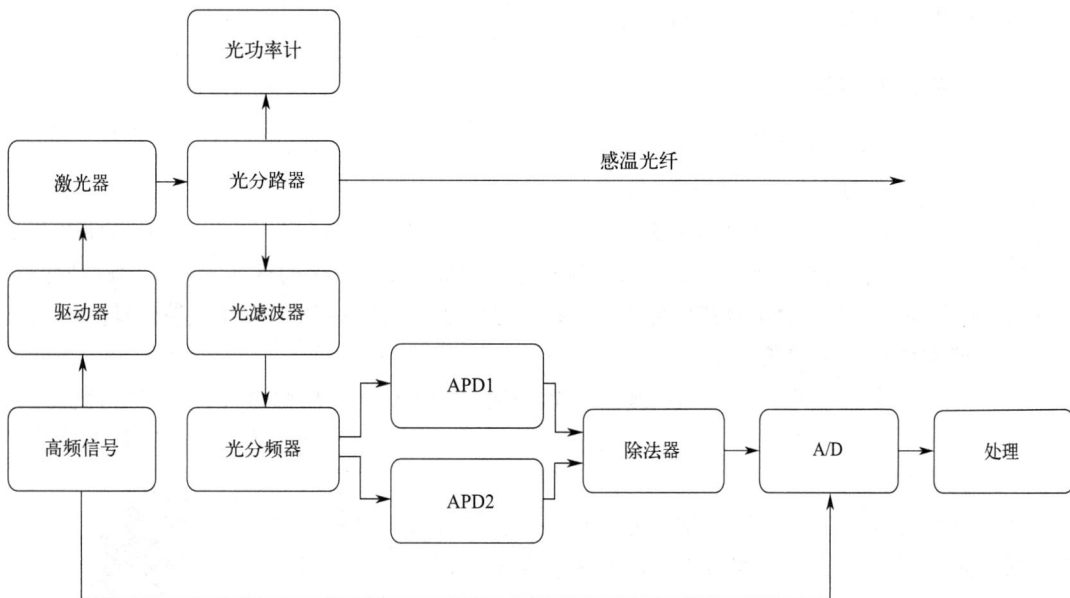

图 5-34　分布式光纤温度传感器工作原理图

因此，如果确定声子频率 V，上述强度比值 $R（T）$ 就只与温度有关。由光纤发射回来的拉曼散射光经由光分路器、光滤波器和光分频器分成频率为 V_S 和 V_A 的两束光，然后由两只雪崩光电二极管（APD）分别接收，将光信号转变为电信号并经除法器处理之后送入计算机进行数据分析。这样，通过测量拉曼散射光斯托克斯线与反斯托克斯线强度比值可确定温度值。温度沿光纤的分布则可以通过计算光脉冲在光纤中的传输来确定。

（6）光纤光栅火灾自动报警系统

光纤布拉格光栅传感器是新一代传感器，以准分子紫外激光在光纤纤芯中写入具有特定中心波长的光纤布拉格光栅，是无源器件，其反射光波长随外界参数变化而移动。通过解调装置监测波长移动，即可知道温度等参数的变化情况。与传统机电传感器相比，具有防爆、抗干扰、抗辐射、抗腐蚀、耐高温、体积小、重量轻、灵活方便等优势，适用于易燃易爆和电磁干扰等恶劣环境。其采用波长调制方法，信号可远传，且系统稳定，已在实际应用中多次成功报警。图 5-35 为光纤光栅线型感温火灾探测器。

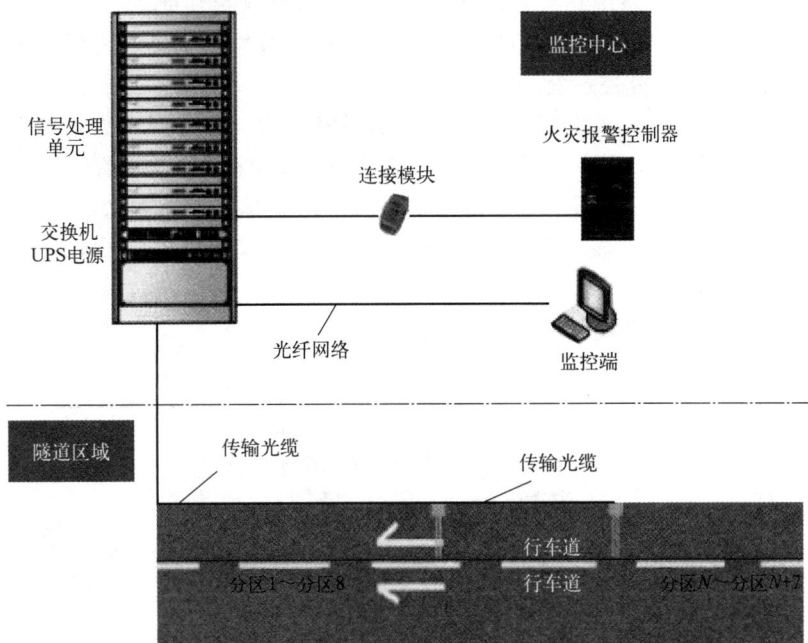

图 5-35　光纤光栅线型感温火灾探测器

2. 隧道火灾报警系统集成方案举例

某隧道火灾报警系统在隧道分别设置光纤光栅火灾报警系统及红外火焰探测器火灾报警系统，用以监测隧道内的火险情况，火灾报警系统能及时、准确地反馈出隧道内火灾发生的地点并发出报警信号。经传输线路将报警信号传送至火灾报警上位机系统，并通过上位机系统提醒值班人员注意，以便及时采取相应的措施。

（1）设计范围

光纤光栅火灾报警系统由火灾报警控制器、信号处理器、光纤光栅感温光缆、传输光缆及必要的附件构成。

光纤光栅感温光缆连接到信号处理器，再由处理器连接到火灾报警控制器上。该子系统为独立子系统，采用专线方式。该子系统可进行设备自检，并将自检后的信息上传至火灾报警上位机，包括设备工作状态和故障信息。光纤光栅火灾报警系统采用光纤光栅作为探测单元，能够实现实时显示系统检测到的最高温度、火灾报警、故障报警，并输出标准信号和节点信号，建立声光报警系统，为业主提供一套安全可靠的自动火灾报警系统。

红外火焰探测器火灾报警系统由红外火焰探测器、综合盘（含手动报警按钮、输入输出模块、声光警报器、信号灯、开关电源等）、火灾报警控制器以及连接线缆组成。在变电所设备间配置火灾报警控制器，用以检测隧道内的火险情况，系统采用总线制，红外火焰探测器和手动报警按钮的报警信号通过总线接入到火灾报警控制器，实施本地报警与联动。

整套系统采用手动和自动相结合的方式实施隧道火灾的监控与报警，隧道变电所和管理中心如果距离远，可采用光纤传输。

（2）功能要求

① 光纤光栅火灾报警系统与红外火焰探测器火灾报警系统均通过电磁兼容、结构、绝缘、环境类测试。

② 光纤光栅火灾报警系统具有定温报警、温差报警和预警功能。

③ 火灾报警系统可集中管理隧道内布设的所有火灾报警控制器、光纤光栅火灾报警系统和红外火焰探测器火灾报警系统。

④ 在火灾事故发生时，火灾探测器具有自动报警功能。另外发现火情的人员亦可通过均布于隧道中的报警按钮实现手动报警，报警信号均上传至火灾报警控制器。

⑤ 系统具有高可靠性、安全性，且操作方便，反应迅速，使用寿命长。

⑥ 当检测到火灾时，系统能产生声光报警，并准确显示报警发生区段。

（3）典型工程配置

① 光纤光栅火灾报警系统，如图 5-36 所示。

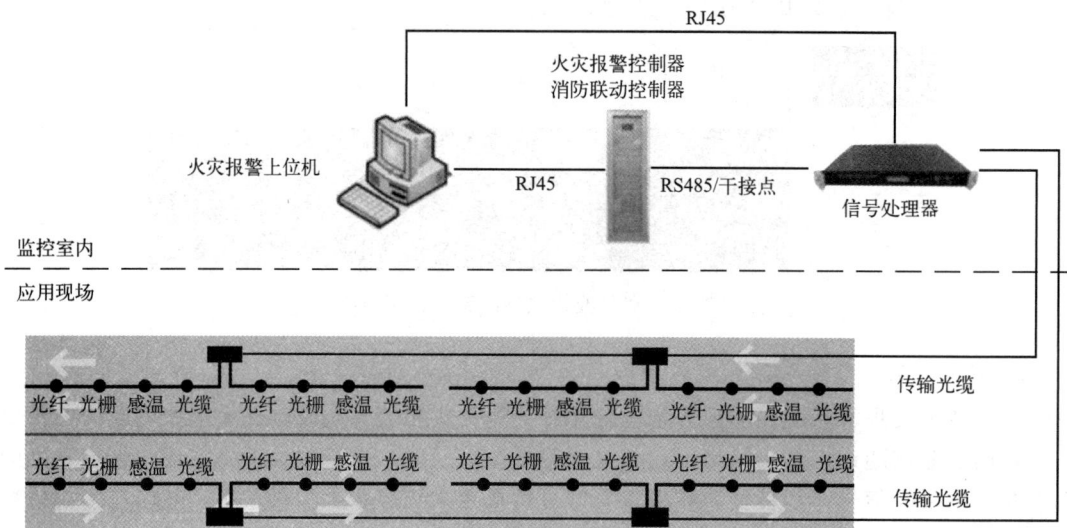

图 5-36　光纤光栅火灾报警系统示意图

② 红外火焰探测器火灾报警系统，如图 5-37 所示。

信号处理器通过传输光缆连接至监控现场，通过光缆接头盒将感温光缆接入不同通道。每条感温光缆划分为多个报警分区。TGW-380D-02 采用光纤布拉格光栅（FBG）技术，单通道可承载 60 个感温元件，感温元件间距 3～10m。信号处理器置于监控中心控制室，与交换机、UPS电源等安装于标准机柜中。信号处理器通过连接模块接入火灾报警控制器，也可以通过交换机接入监控计算机。火焰探测器、综合盘（含手动报警按钮、输入输出模块、声光警报器、信号灯等）通过总线接入到火灾报警控制器，实施本地报警与联动。

（二）案例方案设备选型

1. 光纤光栅信号处理器

光纤光栅信号处理器（图 5-38）的主要作用为：

① 给现场检测光栅提供光源；

② 对检测光栅返回的光信号进行调制解调；

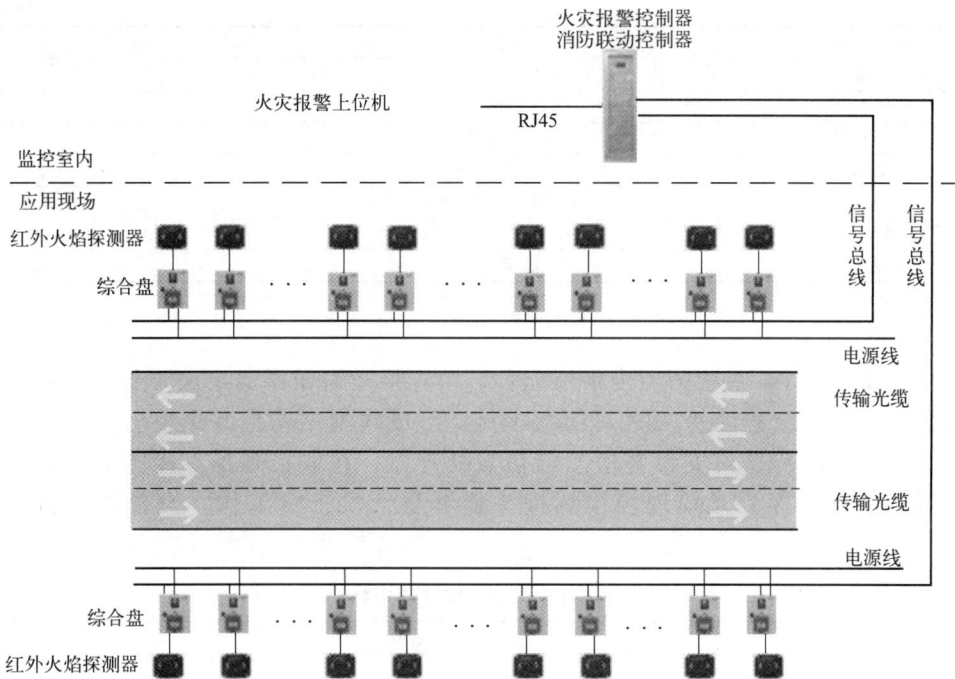

图 5-37　红外火焰探测器火灾报警系统示意图

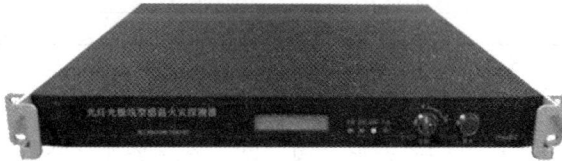

图 5-38　光纤光栅信号处理器

③ 输出报警信号；

④ 进行声光报警；

⑤ 每台处理器连接 8 路光纤光栅探测器，每个通道可分为多个报警分区（具体报警分区按照项目要求进行划分），其编码与监控场所的位置坐标相对应。

设备性能指标如表 5-6。

表 5-6　所选光纤光栅信号处理器性能参数一览表

技术参数	数值	备注
产品类型	差定温、可恢复式	
通道数	8	
单通道最大感温元件数量	60	
显示分辨率	0.1℃	
检测周期	0.5s	
光纤接口	8 个 FC/APC	
输出	2 个 RJ45	UDP/TCP-IP
	2 个 RS485	Modbus 协议
	10 组干接点	8 组常开火警干接点,1 组常开预警干接点,1 组常闭故障干接点

续表

技术参数	数值	备注
工作温度	−10~50℃	
存储温度	−40~70℃	
工作相对湿度	≤95%,无凝结	
电源	DC 24V±3.6V	
功率	10W 典型,15W 最大	
尺寸(宽×高×深)	432mm×45mm×427mm	标准 19"1U
安装方式	机架式	

2. 探测光缆

探测光缆是 TGW 系统的温度敏感元件,由连接光缆和探头组成,探头采用光纤光栅为测量单元,多个检测探头之间相互串接,形成线型结构。其主要作用为:检测现场环境温度,实时传递火灾报警信息给信号处理器。在监控现场,探测光缆悬吊敷设于监控场所顶部。探测光缆现场检测探头能够全天候正常工作。设备性能指标如表 5-7。

表 5-7 探测光缆性能指标

技术参数	数值	备注
感温元件间距	3~10m	
最小弯曲半径	300mm	
感温元件外形尺寸	$\phi 7.6mm×100mm$	
防护等级	IP68	
适用温度范围	−40~120℃	

3. 双波长红外火焰探测器

GHT-1050 型双波长红外火焰探测器(图 5-39)透过视窗接收火焰光谱信息,配合火焰识别智能算法,能在复杂的背景环境中判断有无火焰存在,可精确识别和快速响应。同时其对日光、人工光源、热辐射、电磁干扰、机械振动有较强的抗干扰能力。设备性能指标如表 5-8。

图 5-39 双波长红外火焰探测器

表 5-8 双波长红外火焰探测器设备性能指标

光谱范围	4~6μm 红外探测器
探测距离	70m
响应时间	<20s
可视角度	180°
工作温度	−40~70℃
环境湿度	≤95%,非凝结
工作电压	DC 24V±4.8V
信号输出	RS485,干接点,4~20mA,CAN
防护等级	IP66
执行标准	GB 15631—2008

4. 火灾报警控制器

火灾报警控制器接收来自光纤光栅信号处理器和该监控段的手动报警按钮、双波长红外火焰探测器的信号,通过通信口将信号传送到火灾报警上位机,上位机可显示可视化报警界面,经人工确认后,输出报警和其它控制信号。

5. 综合盘

综合盘作为隧道火灾报警系统的前端基本探测单元而设置在隧道侧壁。综合盘内含手动报警按钮、输入输出模块、声光警报器等，并作为火焰探测器的通信中继连接至火灾报警控制器。综合盘间隔一般为40～50m，安装高度为距行车道地面高度1.3～1.5m。火灾报警综合盘的技术指标如表5-9。

表5-9　综合盘设备性能指标

参数项	指标值
连接线缆	S＋、S－信号线，电源线，接地线
工作温度	−40～75℃
相对湿度	≤95％（无凝露）
设置间隔	40～50m
外形尺寸	500mm×400mm×120mm
防护等级	IP65
安装方式	墙面安装或暗装

（三）方案实施

案例方案同时采用光纤光栅线型感温火灾探测器和点型红外火焰探测器。分析可知：当火灾发生时，会产生大量可见烟雾，同时伴有大量热量产生。在火灾起始阶段，只是温度异常升高而尚未产生明火时，光纤光栅线型感温火灾探测器先触发警报；当随着火灾的发展而产生明火时，火焰探测器会发出警报。

1. 光纤光栅火灾报警系统

采用单路铺设50m感温光缆，感温光缆探头间距为5m，占用1个光通道，共需1台TGW-380D-02光纤光栅信号处理器。以面向隧道为参考方向，左边光缆从前到后为1～16分区，右边光缆从后到前为17～32分区。

2. 红外火焰探测器火灾报警系统

手动报警按钮、输入输出模块、声光警报器集中装置于火灾报警综合盘内，本项目侧壁安装有1套双波长红外火焰探测器、1套综合盘，另设置12套独立的手动报警按钮。当以上隧道的某个分区内任意一个监测点附近发生火灾时，光纤光栅线型感温火灾探测器和对应的红外火焰探测器就会获得该分区的位置，并发出报警信号。火灾报警控制器、光纤光栅信号处理器放置于隧道进口和出口变电站内，火灾报警信息及温度信息上传至监控中心统一管理；火焰探测等火灾报警信号则通过信号总线直接上传到监控室的火灾报警主机。

3. 火灾报警系统的安装

（1）探测光缆部分

探测光缆通常安装在监控现场顶部，探测光缆应距天花板120mm，以保证光缆周围良好的空气流动。先用固定支架将钢索固定，支架采用膨胀螺栓固定在现场中间顶部，其纵向间距20～40m，再将探测器线缆用线夹固定在钢索上，感温光缆安装完毕后，将感温光缆尾纤沿侧壁放下来，接入信号处理器。

（2）光纤光栅信号处理器部分

光纤光栅信号处理器采用DC 24V供电，输出信号为RS485信号。光纤光栅信号处理器的 8 个光通道接口分别接光纤光栅感温光缆。

（3）火灾报警控制器部分

火灾报警控制器选用柜式，直接选择合适位置放置。

（4）火焰探测器部分

选择恰当的安装高度，避免因障碍物引起的探测盲区。火焰探测器通过安装支架固定在侧壁上，安装高度 2.5～3.7m。考虑到被保护区域的空间结构不同，红外火焰探测器的监视范围通常为锥形，其轴线方向探测距离最长，应使红外火焰探测器有效监视范围覆盖危险的区域，避免探测盲区。

（5）综合盘部分

火焰探测器的垂直正下方安装综合盘。综合盘安装在隧道侧壁。综合盘机箱面板上设置有手动报警按钮，综合盘安装时应保证手动报警按钮在 1.3～1.5m 高度位置。

📋 项目总结

① 了解高速公路隧道机电系统主要由供配电、通风、照明、监控、通信、交通控制等几大部分组成，各部分在保障隧道内交通安全、高效运行中发挥着重要作用。

② 掌握公路隧道通风系统的作用、工作原理与过程、目的及要求，熟悉自然通风和机械通风（纵向通风、半横向通风、全横向通风）的特点、适用场景及优缺点，了解通风系统的主要组成设备及其选型依据。

③ 理解高速公路隧道照明系统配置要求、分段照明要求，熟悉不同分段的照明亮度计算方法，掌握照明系统的主要组成设备及其选型原则。

④ 了解公路隧道交通控制系统的作用、工作原理，熟悉其主要组成设备及其选型，掌握基于 PLC 的隧道交通控制系统的架构和构成。

⑤ 掌握公路隧道火灾报警系统的作用、组成、主要设备的确定及部署，了解不同火灾探测器的工作原理、适用场合及选择依据，熟悉火灾报警系统的集成方案设计。

⑥ 掌握高速公路隧道机电系统维护的基本方法和注意事项，包括对通风、照明、交通控制和火灾报警子系统的日常维护和故障排除。

📝 自测练习

在线测试

一、单项选择题

1. 隧道通风系统中，自然通风的缺点是（　　）。

A. 成本较高　　　　B. 通风效果不稳定　C. 需要机械设备　　D. 适用于长隧道

2. 隧道通风系统中，射流风机主要用于（　　）。

A. 降低隧道内废气浓度　　　　　　B. 提高隧道内的温度

C. 增加隧道内的湿度　　　　　　　D. 监测隧道内的空气质量

3. 隧道通风系统中，通风阻力的计算包括（　　）。

A. 沿程阻力系数　　　　　　　　　B. 局部阻力系数

C. 隧道断面当量直径　　　　　　　D. 以上都是

4. 隧道通风系统中，纵向通风方式适用于（　　）。

A. 双向行驶的短隧道　　　　　　　B. 交通流量大的长隧道

C. 单向行驶且自然风较稳定的隧道　D. 以上都不是

5. 隧道照明系统中，入口段照明的目的是（   ）。

A. 使驾驶员视觉适应由洞外高亮度环境向洞内低亮度环境过渡

B. 为驾驶员提供足够的亮度以辨认隧道内的障碍物

C. 降低隧道内的眩光效应   D. 增强隧道内的装饰效果

6. 隧道照明系统中，中间段照明的要求是（   ）。

A. 提供最高的亮度   B. 保持一个合理而均匀不变的水平

C. 与入口段相同的亮度   D. 与洞外亮度一致

7. 隧道照明系统中，照明均匀性的要求是为了（   ）。

A. 减少能源消耗   B. 延长灯具寿命

C. 确保路面照明均匀，避免眩光和暗区 D. 降低建设成本

8. 隧道照明系统中，出口段照明的目的是（   ）。

A. 使驾驶员视觉适应洞内低亮度向洞外高亮度过渡

B. 为驾驶员提供足够的亮度以辨认隧道内的障碍物

C. 降低隧道内的眩光效应   D. 增强隧道内的装饰效果

9. 隧道照明系统中，照明灯具的防护等级应不低于（   ）。

A. IP54   B. IP66   C. IP65   D. IP44

10. 高速公路隧道交通控制系统中，四色交通信号灯的作用是（   ）。

A. 指示车辆加速通过   B. 指示车辆停车或通行

C. 提供隧道内的环境信息   D. 指示车辆减速通过

11. 高速公路隧道交通控制系统中，用于检测隧道内的车流量和车速的设备是（   ）。

A. 车辆检测器   B. 车道指示器   C. 可变信息标志   D. 串口服务器

12. 高速公路隧道交通控制系统中，基于 PLC 的隧道交通控制系统的构成不包括
（   ）。

A. 传感器子系统   B. PLC 控制子系统 C. 执行器子系统   D. 照明子系统

13. 高速公路隧道交通控制系统中，交通信号灯的相位调试是为了（   ）。

A. 增加信号灯的亮度   B. 改变信号灯的颜色

C. 确保相位切换和定时调整符合交通流要求

D. 调整信号灯的安装位置

14. 当火灾发生的场所经常存在大量粉尘、油雾、水蒸气时，适合使用（   ）。

A. 感烟式火灾探测器   B. 感温式火灾探测器

C. 光电感烟探测器   D. 感光式火灾探测器

15. 高速公路隧道火灾报警系统中，复合式火灾探测器的优点是（   ）。

A. 成本低   B. 灵敏度高

C. 适用于所有场所   D. 集多种探测功能于一体

16. 高速公路隧道火灾报警系统中，感光式火灾探测器主要用于探测（   ）。

A. 烟雾   B. 温度变化   C. 火焰   D. 可燃气体

17. 高速公路隧道火灾报警系统中，火灾报警控制器的作用是（   ）。

A. 监测火灾探测器的状态   B. 接收火灾探测器的信号

C. 发出报警信号   D. 以上都是

18. 在高速公路隧道中，声光报警器的作用是（   ）。

A. 提供照明   B. 发出声音和闪光提醒人员火警发生

C. 监测隧道内的温度　　　　　　　　　　D. 监测隧道内的异常车况

19. 高速公路隧道火灾报警系统中，安装高度的确定需要考虑的因素是（　　　）。

A. 探测器类型　　　B. 隧道结构　　　C. 环境条件　　　D. 以上都是

二、多项选择题

1. 隧道通风系统的主要设备包括（　　　）。

A. 车辆检测器　　B. CO浓度传感器　C. 烟雾浓度传感器　D. 风速风向检测器

2. 隧道通风系统的规划与设计需要考虑的因素有（　　　）。

A. 隧道长度　　　　B. 交通条件　　　　C. 环境要求　　　D. 经济成本

3. 隧道通风系统中，机械通风方式的适用场景包括（　　　）。

A. 较短的公路隧道　　　　　　　　　B. 自然通风不能满足要求的隧道

C. 长途隧道　　　　　　　　　　　　D. 特长隧道

4. 隧道照明系统的主要组成设备有（　　　）。

A. 光照传感器　　B. LED调光控制器　C. 可调LED灯　　D. 声光报警设备

5. 隧道照明系统的控制策略包括（　　　）。

A. 定时控制　　　　B. 光感应控制　　　C. 远程监控　　　D. 温度控制

6. 隧道照明系统中，不同分段的照明要求包括（　　　）。

A. 入口段需要加强照明　　　　　　　B. 过渡段需要逐渐降低亮度

C. 中间段保持均匀亮度　　　　　　　D. 出口段需要适应洞外亮度

7. 隧道照明系统中，影响照明设计的主要因素有（　　　）。

A. 隧道长度　　　　B. 交通流量　　　　C. 环境条件　　　D. 设计速度

8. 公路隧道交通控制系统的主要组成设备包括（　　　）。

A. 四色交通信号灯　B. 车道指示交通灯　C. 可变信息标志　D. 串口服务器

9. 公路隧道火灾报警系统的组成包括（　　　）。

A. 火灾探测器　　　B. 火灾报警控制器　C. 报警设备　　　D. 消防水泵

10. 公路隧道火灾报警系统中，常用的火灾报警器有（　　　）。

A. 感烟式火灾探测器　　　　　　　　B. 感温式火灾探测器

C. 感光式火灾探测器　　　　　　　　D. 可燃气体火灾探测器

11. 公路隧道火灾报警系统中，火灾探测器的部署需要考虑的因素有（　　　）。

A. 安装高度　　　　B. 设置数量　　　　C. 隧道结构　　　D. 环境条件

12. 公路隧道火灾报警系统中，报警设备的类型包括（　　　）。

A. 声光报警器　　　B. 火警警铃　　　　C. 语音报警系统　D. 手持式警报器

三、简答题

1. 简述隧道通风系统的作用及工作原理。

2. 简述隧道通风系统的主要组成设备及其功能。

3. 简述隧道照明系统中，不同分段的照明要求。

4. 简述隧道照明系统的主要组成设备及其功能。

5. 简述光纤光栅火灾报警系统的原理及组成。

6. 简述双波长火焰探测器的工作原理及特点。

项目六

高速公路隧道机电控制系统开发训练

项目描述

港珠澳大桥海底隧道是一项世界级的超级工程，其全长 6.7 公里，是目前世界上最长的公路沉管隧道，也是唯一的深埋沉管隧道，同时还是中国第一条外海沉管隧道。海底部分约 5664m，由 33 个巨型沉管和一个合龙段最终接头组成。每节沉管长 180m、宽 37.95m、高 11.4m、重约 7.4 万吨，最大排水量达 8 万吨。

假设你是该隧道机电控制系统的一名规划设计者，请完成该项目通风系统、照明系统、交通信号控制系统、隧道环境监控系统等的控制设计。

学习目标

(1) 知识目标
➤了解高速公路隧道机电控制系统的组成。
➤掌握高速公路隧道机电控制组态软件应用。
➤熟悉高速公路隧道机电控制系统梯形图程序设计。
➤熟悉高速公路隧道机电通风系统控制原理。
➤掌握高速公路隧道机电交通信号控制原理。
➤了解高速公路隧道机电照明、监控等系统工作原理。

(2) 技能目标
➤能够正确描述高速公路隧道机电控制系统的目的。
➤能够正确描述高速公路隧道机电控制系统的主要设备。
➤能够根据隧道机电控制系统功能需求进行方案设计。
➤能够根据系统需求选用合适的高速公路隧道机电控制设备。
➤能够正确表述隧道机电控制系统常见故障及维护方法。
➤能够根据需求做出隧道机电控制系统的概预算。

(3) 素养目标
➤具备较强的创新精神和科技报国的志向。
➤具备较高的责任感和使命感。

> ➤具有追求卓越、精益求精的专业素养。
> ➤具有较强的安全意识和严谨的工作作风。
> ➤具有良好的职业品格和行为习惯。
> ➤具有一丝不苟、追求卓越的大国工匠精神。

拓展阅读

　　港珠澳大桥海底隧道的壮丽建成,不仅是中国工程技术领域的璀璨明珠,更是中华民族自强不息、勇于创新的生动写照。这一超级工程的诞生,不仅彰显了我国在基础设施建设方面的雄厚实力和卓越能力,更为全球桥梁建设领域树立了新的典范,引领着世界桥梁技术的创新与发展。港珠澳大桥海底隧道不仅是三地交通互连互通的物理通道,更是经济交流、文化融合与区域合作的情感纽带。它的成功建成,极大地缩短了港珠澳三地之间的通行时间,为三地人民提供了更加便捷、高效的交通方式,有力推动了区域经济的繁荣发展。更重要的是,隧道的建成在心理与情感上拉近了三地人民的距离,增强了彼此之间的认同感和归属感。它如同一座无形的桥梁,连接着三地人民的心,促进了文化交流与融合,为构建更加和谐、包容的区域社会奠定了坚实基础。

知识储备

模块一　了解高速公路隧道机电控制系统

　　高速公路隧道的安全稳定运行,有赖于隧道中布置的通风、照明、消防、监控、交通控制、应急广播等机电子系统,上述各机电子系统分别由一系列机电设备组成,系统中不同机电设备之间的协同工作,需要构建各子系统对应的机电控制系统。

一、高速公路隧道机电控制系统及其作用

(一)隧道机电控制系统的概念定义

　　隧道机电控制系统是隧道工程中至关重要的组成部分,是指通过集成通风、照明、监控、消防、通信及供配电等多个子系统的机电设备,借助先进的控制技术,以实现对隧道内环境条件的实时监测与调节、交通流有效诱导与安全监控的控制系统。

(二)隧道机电控制系统的功能作用

　　高速公路隧道机电控制系统作为隧道机电系统的中枢神经系统,其正常运行是保障隧道内安全行车的重要手段,可以提高隧道机电系统的综合管控和风险管控能力,保障人们的出行安全,提升隧道的服务水平。具体作用包括:

　　(1)环境监测与调节

　　通过传感器实时监测隧道内的空气质量参数(如CO浓度、能见度、温度、湿度等),并根据监测结果自动调节通风机的运行参数(如转速、风量等),以实现节能和高效的通风效果。

　　(2)设备管理

　　包括设备配置、状态监测、维护保养和报废处理。通过实时或定期监测设备的运行状

态，记录设备的详细信息，制定维护计划，提醒或自动执行维护任务，以延长设备的使用寿命。

（3）故障管理

通过传感器和监控设备实时监测设备的运行状态，利用智能算法和专家系统快速定位故障位置和原因，制定故障处理方案，并协调维修人员进行现场维修或远程指导维修。

（4）交通流诱导与安全监控

监控交通状态，及时发现并应对火灾等紧急事件，确保通信畅通无阻。

二、高速公路隧道机电控制系统主要控制方式

高速公路隧道机电控制系统的控制方式（图 6-1）主要分为远程自动控制、远程手动控制和现场手动控制三种。这三种控制方式各有优点，实际常常互补使用，共同确保隧道的安全、高效运行。

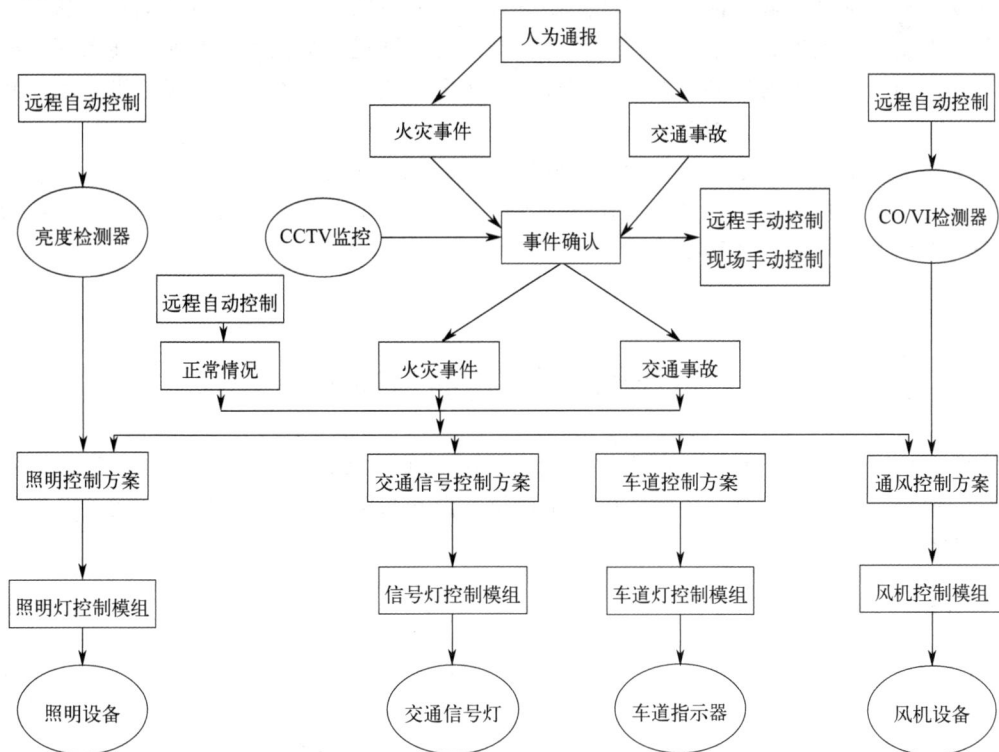

图 6-1　高速公路隧道机电控制系统的控制方式

（一）远程自动控制

远程自动控制是高速公路隧道机电控制系统的主要控制方式。在正常通车情况下，系统会根据交通流的情况、亮度监测值、CO/VI 检测值以及其他相关环境参数，对隧道的交通、照明、通风等设备进行自动调节和控制。主要控制思路是：

（1）交通控制实现

系统通过调整信号灯、车道指示标志等交通控制设备，优化交通流量，减少拥堵，确保车辆安全、有序地通过隧道。

（2）照明控制实现

系统根据隧道内外的亮度差异和车辆行驶需求，自动调节照明设备的亮度和色温，为驾驶员提供舒适的视觉环境。

（3）通风控制

系统根据隧道内的一氧化碳浓度、能见度等环境参数，智能调节通风设备的运行，保持隧道内空气的新鲜和流通。

（二）远程手动控制

远程手动控制是远程自动控制的一种补充方式。当远程自动控制方式无法满足实际需求或出现故障时，工作人员可以通过远程手动控制对隧道内的设备进行调节和控制。

远程手动控制方式具有灵活性高、操作简便等优点，能够在紧急情况下迅速响应并处理相关问题。

（三）现场手动控制

现场手动控制是在隧道内部进行的控制方式。当隧道内发生交通事故、火灾等紧急情况时，工作人员可以迅速到达现场，通过手动控制设备对隧道内的交通、照明、通风等系统进行调节和控制。现场手动控制方式具有直接、快速等优点，能够在紧急情况下迅速响应并处理相关问题，确保隧道内的安全。

在正常通车情况下，系统根据交通流的情况、亮度监测值和 CO/VI 检测值等数据，分别对隧道的交通、照明和通风进行远程自动控制。当出现交通事故或火灾时，根据实际情况可以进行现场手动控制或远程手动控制。

模块二　了解常用工业控制组态软件

在隧道机电控制系统的构建过程中，常会使用工业控制组态软件和 PLC 相配合，实现对各种隧道机电设备的控制。隧道机电控制系统的设计和维护人员，必须对常用工业控制组态软件的使用有所了解。

一、了解 WinCC 组态软件

WinCC 软件，即 Windows Control Center（视窗控制中心），是西门子公司开发的一款基于 Windows 平台人机界面（HMI）的组态软件，作为工业自动化和过程控制领域的杰出代表，WinCC 以其卓越的性能、丰富的功能和高度集成的特点，赢得了全球工业用户的广泛认可。

随着组态软件的不断发展与控制系统要求的不断升级，组态软件为自动化控制的发展提供了越来越大的作用。特别是工业网络的快速发展，大大简化了不同厂家之间的设备互联，降低了软件开发成本。它提供了适用于工业的图形显示、消息管理、数据归档以及报表生成等功能模板及数据库应用模块，高性能的过程耦合、快速的画面更新，以及可靠的数据，使其具有高度的实用性。

（一）WinCC 软件的功能

WinCC 是一套完备的组态开发软件，集成了多种先进功能，以满足现代工业对实时数据监控、数据采集处理、异常报警管理、系统报表生成、趋势分析功能的需求，同时还具备 OPC 通信以及 WEB 服务器功能。以广泛使用的 WinCC 7.5 版本为例，主要功能如下。

（1）数据采集

WinCC 支持多种通信协议，能够与各种 PLC（可编程控制器）和其他自动化设备进行通信，实现数据的实时交换。用户可以通过软件与各种工业设备进行通信，实时采集生产数据，确保数据的准确性和及时性。

（2）过程监控

WinCC 提供了丰富的图形化工具，如动态流程图、趋势曲线和操作面板，使得操作人员可以直观地了解过程状态，并进行相应的操作。用户可以通过软件设置各种监控参数和报警条件，一旦生产过程中出现异常情况，系统会立即发出报警，提醒操作人员进行处理，提高了生产的安全性和可靠性。

（3）报警管理

WinCC 的报警管理系统能够记录和分析生产过程中出现的各种报警信息，包括报警时间、报警类型、报警级别等。这些信息可以存储在数据库中，供后续分析和处理。通过报警管理，用户可以及时发现和解决生产过程中的问题，避免生产事故的发生。

（4）报表生成

WinCC 提供了强大的报表生成功能，用户可以根据实际需求定义各种报表模板，自动生成生产报表。这些报表可以包括生产数据、报警信息、设备状态等，为生产管理提供了重要的数据支持。WinCC 的趋势分析功能可以帮助用户了解生产过程中的数据变化趋势，包括实时趋势和历史趋势。用户可以通过设置不同的时间范围和采样间隔，来观察数据的变化情况。通过趋势分析，用户可以更好地了解生产过程的稳定性和优化方向。

（二）WinCC 组态软件的安装

首先从西门子官方网站下载 WinCC 软件的安装包，找到下载好的镜像安装包文件后以管理员权限运行 setup.exe，选择安装语言和数据包安装类型，安装到指定的安装目录文件夹下，然后按提示完成安装即可（图 6-2）。

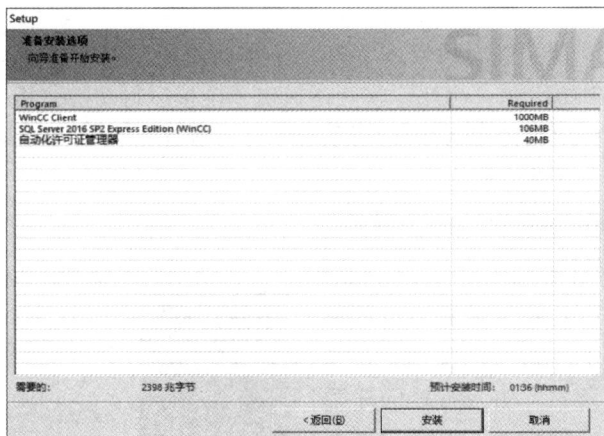

图 6-2　确认安装

二、了解 CX-Programmer 组态软件

CX-One 是欧姆龙公司开发的一个集成软件包，包含多个子工具，其中 CX-Programmer 是欧姆龙公司推出的一款功能强大的 PLC（可编程控制器）编程软件，它广泛应用于各种工业控制领域。该软件支持多种 Omron PLC 系列，如 NX1P、CS1、C 系列等，包括传统

机型 CPM、CQM1H、C200H 等。

CX-Programmer 提供了丰富的编程工具和功能，使得 PLC 编程变得更加高效和直观。它具备 Windows 风格的界面，支持菜单、工具栏和键盘快捷键操作，同时可以使用鼠标的拖放功能，方便用户进行程序的编写、编辑和调试。

（一）CX-Programmer 软件的功能

1. 项目管理与编辑功能

CX-Programmer 支持项目的创建、编辑、保存和加载，用户可以在软件中轻松管理自己的 PLC 项目。软件提供了丰富的编程工具，如逻辑编辑器、符号表、变量编辑器等，方便用户进行代码的编写和编辑。此外，CX-Programmer 还支持多种编程语言，包括梯形图（ladder diagram，LD）、功能块图（function block diagram，FBD）、顺序功能图（sequential function chart，SFC）、结构化文本（structured text，ST）等，用户可根据项目需求选择合适的编程语言。

2. I/O 表与 PLC 设置功能

CX-Programmer 允许用户建立和检索 I/O 表，这是 PLC 编程中不可或缺的一部分。通过 I/O 表，用户可以清晰地看到 PLC 的输入输出端口及其对应的地址和状态。CX-Programmer 还支持 PLC 系统设定的生成和传送，用户可以在软件中配置 PLC 的型号、I/O 模块、通信设置等参数，确保 PLC 能够正常工作。

3. 程序传送与监视功能

CX-Programmer 支持在个人计算机和 PLC 之间传送程序、内存数据、I/O 表、PLC 设置值和 I/O 注释。用户可以在计算机上编写和调试程序，然后将程序下载到 PLC 中执行。同时，CX-Programmer 还提供了在线监视功能，用户可以在软件中实时查看 PLC 的 I/O 状态和当前值，以及变量的变化，这对于调试和优化程序至关重要。

4. 调试与模拟功能

CX-Programmer 内置了强大的调试工具，如断点设置、单步执行、变量监视等，帮助用户定位和解决程序中的问题。此外，软件还提供了模拟运行功能，用户可以在不连接实际 PLC 的情况下，在软件中模拟 PLC 的运行状态，进行程序的测试和验证。这大大减少了现场调试所需的时间，提高了开发效率。

（二）CX-Programmer 软件的安装

从欧姆龙官方网站下载 CX-Programmer 的安装包，使用解压工具完成对安装包的解压，用管理员身份打开 setup. exe 文件，选择接受许可证协议中的条款。输入有效的序列号，并安装到指定的文件夹下。点击"下一步"继续安装，直到软件安装完成即可。如图 6-3 所示。

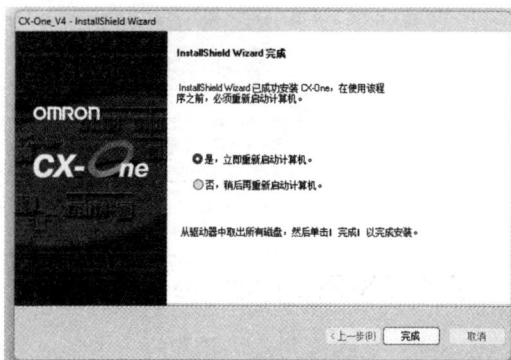

图 6-3　安装过程

三、了解 KEPServerEX 6 组态软件

KEPServerEX 6 是一款基于 Windows 平台的工业自动化组态软件，它提供了各种

数据连接、转换、处理和发布功能，帮助企业快速构建现代化的工业自动化系统，被广泛应用于各个领域，特别是智能交通、智能制造、物联网等场景。

（一）KEPServerEX 6 组态软件的功能

1. 数据连接与互操作性

KEPServerEX 6 支持多种协议和接口，如 OPC UA、Modbus、BACnet 等，它能够轻松地将不同类型的设备和系统连接在一起，实现数据互通和转换。无论是场景内的自动化设备，还是外部的软件应用程序，KEPServerEX 6 都能提供一个统一的平台，使它们能够无缝地进行数据交换。

2. 可扩展性与灵活性

KEPServerEX 6 具有极高的可扩展性，通过插件和 API，用户可以灵活地扩展其功能。随着工业自动化需求的不断变化，KEPServerEX 6 能够持续适应并满足新的需求。此外，它还支持在不同的操作系统上运行，包括 Windows 的各种版本，这为用户提供了更多的选择和灵活性。

3. 配置与管理的便捷性

KEPServerEX 6 提供了友好的图形界面和向导式配置，使得配置和管理变得相对简单。用户可以通过直观的界面轻松设置数据源、配置协议和接口，以及定义数据发布规则。这种便捷性不仅降低了操作难度，还提高了工作效率。

4. 数据处理与发布

KEPServerEX 6 具备强大的数据处理能力，能够对收集到的数据进行逻辑运算、数字运算等处理，并将结果返回给控制系统。同时，它还能将处理后的数据发布到各种客户端应用程序，如 MES、SCADA 等，以及 IoT 和大数据分析软件中。数据处理和发布能力使得KEPServerEX 6 成为工业自动化系统中的关键一环。

（二）KEPServerEX 6 组态软件的安装

首先，以管理员身份运行已下载的 KEPServerEX 6 安装包。在安装向导中，仔细阅读并接受用户许可协议。接着，选择合适的安装路径，确保有足够的磁盘空间。随后，耐心等待安装程序完成所有必要的文件复制和配置。整个过程无需进行复杂设置，只需按照提示逐步操作即可。如图 6-4 所示。

图 6-4　安装完成

模块三 掌握 PLC 梯形图程序编制

一、新建 PLC 开发项目

使用 CX-Programmer 组态软件进行 PLC 控制程序的开发，首先需要创建 PLC 开发项目和程序，具体过程如下。

① 双击打开 CX-Programmer 软件，在菜单栏中点击新建，然后选择网络类型（图 6-5）。

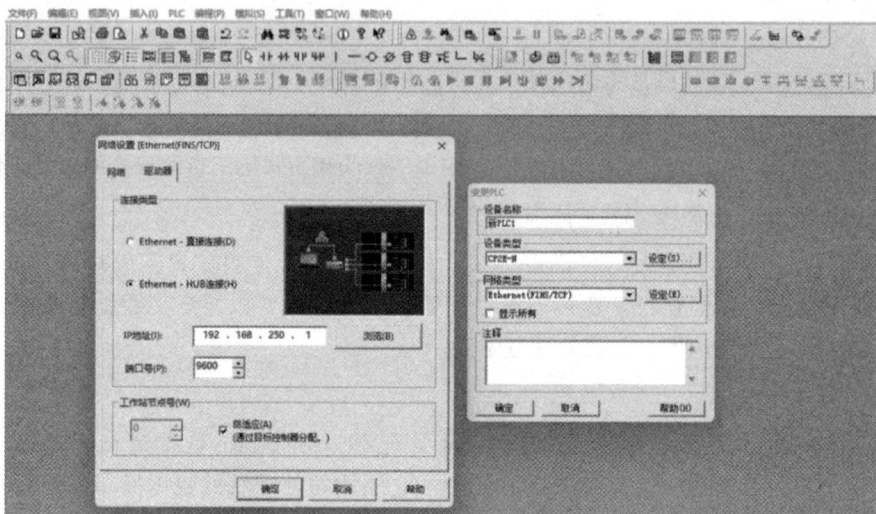

图 6-5 选择网络类型

② 完成工程新建，如图 6-6。

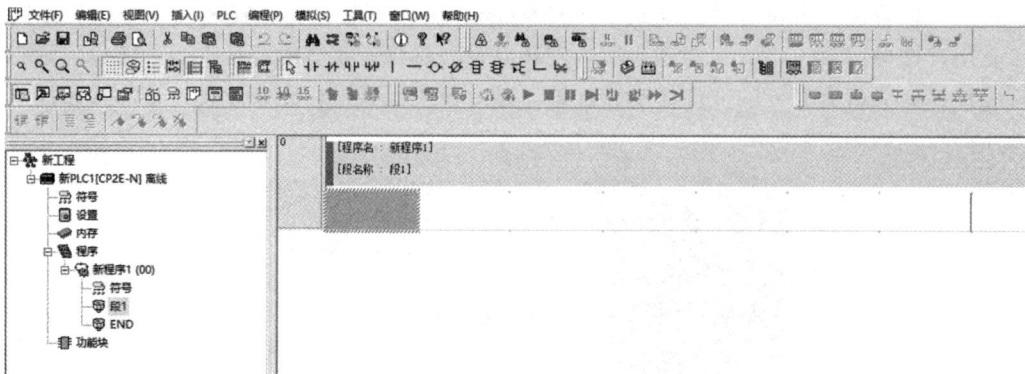

图 6-6 完成工程新建

二、 CX-Programmer 常用输入模式

CX-Programmer 提供了两种输入模式：智能输入模式和经典输入模式。

1. 智能输入模式

智能输入模式是 CX-Programmer 的默认输入模式，旨在提高编程的效率和便利性。

它具有以下特点：

① 自动完成：在输入指令或参数时，智能输入模式会根据已输入的内容自动匹配可能的选项，并提供自动完成功能，减少输入错误和节省时间。

② 上下文感知：智能输入模式会根据当前的上下文环境（例如所在的功能块或程序段）智能推测可能的输入选项，减少输入过程中的猜测和查找。

③ 预设参数：智能输入模式会根据已输入的指令或参数自动填充相关的默认值或常用选项，简化输入过程。

④ 错误检测：智能输入模式会检测常见的语法错误或不一致性，并给出相应的警告或错误提示。

2. 经典输入模式

提供了传统的文本输入方式，适用于那些更习惯传统编程方式的用户。

它具有以下特点：

① 手动输入：在经典输入模式下，用户需要手动输入指令、参数和其他相关信息，没有自动完成或上下文感知的功能。

② 指令代码：用户需要直接输入指令的代号或代码，没有智能推测或预设参数的功能。

③ 代码结构：经典输入模式采用类似传统编程语言的输入结构，用户需要按照特定的语法规则编写代码。

用户可以根据自己的偏好和习惯选择使用智能输入模式或经典输入模式。智能输入模式在提供便利和减少错误方面具有优势，而经典输入模式则提供更传统的编程方式和更精确的控制。

三、CX-Programmer 常用编程语言

在 CX-Programmer 软件环境下，PLC 编程既可以采用其独有的编程语言——梯形图进行编程，也可以采用命令语句表达式进行编程，分别介绍如下。

（一）梯形图编程简介

继电器梯形图语言是 PLC 首先采用的编程语言，也是 PLC 最普遍采用的编程语言。梯形图编程语言是从继电器控制系统原理图的基础上演变而来，与继电器控制系统原理图的基本思想一致，只是在使用符号和表达方式上有一定区别。继电器线路图采用硬逻辑并行运行方式，而 PLC 的梯形图使用的是内部继电器、定时/计数器等，都是由软件实现的，使用方便，修改灵活，是继电器梯形图的硬接线无法比拟的。如图 6-7 所示。

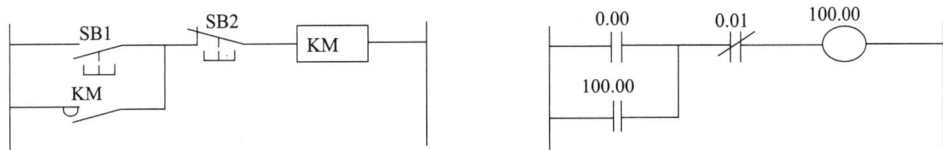

图 6-7 继电器控制系统原理图与梯形图对比

梯形图按自上而下、从左到右的顺序排列。一般每个继电器线圈对应一个逻辑行。梯形图的最左边是起始母线，每一逻辑行必须从起始母线开始画起，然后是触点的各种连接，最后结束于继电器线圈。梯形图的最右边是结束母线，有时可以省去不画。在梯形图中的每个编程元件应按一定的规则加注字母和数字串，不同的编程元件常用不同的字母符号和数字串

来表示。

PLC 梯形图具有以下特点：

① 梯形图中的继电器不是物理继电器，每个继电器实际上是映像寄存器中的一位，因此称为"软继电器"。相应位的状态为 1，表示该继电器线圈通电，其常开触点闭合，常闭触点断开；相应位的状态为 0，表示该继电器线圈失电，其常开触点断开，常闭触点闭合。梯形图中继电器线圈是广义的，除了输出继电器、辅助继电器线圈外，还包括定时器、计数器、移位寄存器以及各种算术运算等。

② 每个继电器对应映像寄存器中的一位，其状态可以反复读取，因此可以认为继电器有无限多个常开触点和常闭触点，在程序中可以被反复引用。

③ 梯形图是 PLC 形象化的编程手段，梯形图两端是没有任何电源可接的。梯形图中并没有真实的物理电流流动，而仅只是"概念"电流，"概念"电流只能从左向右流动，是用户程序满足输出执行条件的形象表示方式。

④ 输入继电器供 PLC 接收外部输入信号，而不是由内部其他继电器的触点驱动，因此，梯形图中只出现输入继电器的触点，而不出现输入继电器的线圈。输入继电器的触点表示相应的输入信号。

⑤ 输出继电器供 PLC 作输出控制用。它通过开关量输出模块对应的输出开关去驱动外部负载。因此，当梯形图中输出继电器线圈满足接通条件时，就表示在对应的输出点有输出信号。

⑥ 当 PLC 处于运行状态时，PLC 就开始按照梯形图符号排列的先后顺序（从上到下、从左到右）逐一处理，PLC 对梯形图是按扫描方式顺序执行程序。

⑦ 用户程序运算时，输入触点和输出线圈状态是从 I/O 映像寄存器中读取的，不是运算时现场开关的实际状态，梯形图中前面程序运算的结果马上可以被后面程序的运算所利用。

⑧ PLC 内部集成了多种自我保护机制，如断电保护、过载保护、短路保护等，能够在出现异常情况时，保护设备和系统的安全。

（二）命令语句表达式编程

1. 语句表达式编程简介

使用语句表达式进行编程是通用的编程方式。在语句表达式中，编程者使用一系列指令或操作符来描述控制逻辑。语句是用户程序的基础单元，每个控制功能由一个或多个语句组成的用户程序来执行，语句表是一种与汇编语言类似的助记符编程表达式。每条语句是规定 CPU 如何动作的指令，它的作用和微机的指令一样；PLC 的语句也由操作码和操作数组成，故其表达式也和微机指令类似。

以下是一些 PLC 编程中常用的指令：

① LD：将一个数值或位数值装入寄存器或寄存器组中。

② MOV：将一个指定通道内容传送到另一个通道中去。

③ AND：逻辑与指令，用于对两个操作数进行逻辑与运算。

④ OR：逻辑或指令，用于对两个操作数进行逻辑或运算。

⑤ OUT：输出指令，用于将数据输出到输出设备。

⑥ ANB：电路块连接指令，用于将两个或多个逻辑块进行连接。

⑦ ORB：另一个电路块连接指令，用于将两个或多个逻辑块进行连接。

⑧ SET：置位指令，用于将位地址的 ON/OFF 状态设置为 ON。

⑨ RST：复位指令，用于将位地址的 ON/OFF 状态设置为 OFF。

⑩ END：程序结束指令，用于标记程序块的结束。

这些指令是 PLC 编程中的常用指令，一般可以根据实际应用场景和需求进行选择使用。

2. PLC 编程语句表达式的组成

PLC 的语句：操作码＋操作数。

操作码用来指定要执行的功能，告诉 CPU 该进行什么操作；操作数内包含为执行该操作所必需的信息，告诉 CPU 用什么地方的数据来执行此操作。

操作数给 CPU 指明为执行某一操作所需要信息的所在地，所以操作数的分配原则如下：

① 为了让 CPU 区别不同的编程元件，每个独立的元件应指定一个互不重复的地址。

② 所指定的地址必须在该型机器允许的范围之内。超出机器允许的操作参数，PLC 不予响应，并以出错处理。

图 6-8 所示的 PLC 语句表达式，是一个简单的 OMRON 的 PLC 语句表达式，用于实现一个简单的逻辑控制功能。

```
1    LD X0.0   // 读取输入信号X0.0的状态
2    AND X0.1  // 与输入信号X0.1的状态进行逻辑与运算
3    OR X0.2   // 或输入信号X0.2的状态进行逻辑或运算
4    OUT Y0.0  // 将输出信号Y0.0的状态设置为上述逻辑运算结果
```

图 6-8　简单的 PLC 语句示例

上述语句表达了将输入信号 X0.0、X0.1 和 X0.2 进行逻辑运算，并将结果输出到输出信号 Y0.0 中。在实际应用中，可以根据具体的需求和逻辑关系，编写更加复杂的 PLC 程序，实现更丰富的控制功能。需要注意的是，具体的 PLC 厂商和型号可能会有不同的语法和指令集。因此，在实际编程中，需要根据所使用的 PLC 的具体文档和手册来进行编写。

（三）PLC 的开发环境

PLC 开发环境是程序员用来编写、调试和测试 PLC 程序的工具。不同的 PLC 厂商提供了各自的开发环境，但整体上具有以下几个共同的特点。

（1）编程界面直观友好

PLC 开发环境的界面通常采用直观友好的图形化设计，使得程序员可以直观地展示和编辑 PLC 程序的各个部分。通过拖拽、配置参数等方式，实现对 PLC 设备的灵活配置。

（2）内置丰富的函数库

PLC 开发环境通常会内置丰富的函数库，包含了各种常用的功能块和指令，可以直接调用这些函数库来实现特定的控制功能。这些函数库包括了数学计算、逻辑判断、运动控制等各方面的功能。

（3）强大的调试功能

PLC 开发环境提供了强大的调试功能，可以对 PLC 程序进行单步调试、断点调试等操作，帮助程序员发现和排除各种错误。在调试过程中，可以查看变量的值、输入输出状态、程序执行路径等信息，快速定位问题。

四、 PLC 基本工作过程

（一）PLC 基本结构

PLC 完成控制任务是在其硬件的支持下，通过执行反映控制要求的用户程序来完成。这一点是和计算机的工作原理一致的，所以 PLC 工作的基本原理是建立在计算机工作原理基础上。从广义上讲，PLC 实质上也是一种计算机控制系统，只不过它具有比计算机更强的与工业过程相连的接口，具有更适用于控制要求的编程语言。PLC 硬件结构见图 6-9。

继电器控制装置采用硬逻辑并行运行的方式，即如果一个继电器的线圈通电或断电，该继电器的所有触点（包括它的常开触点或常闭触点）不论在继电器线路的哪个位置上，都会立即同时动作，即常开触点关闭，常闭触点断开。然而 PLC 的 CPU 则采用按顺序逐条地扫描用户程序的运行方式，即如果一个输出线圈或逻辑线圈被接通或断开，该线圈的所有触点（包括它的常开触点或常闭触点）不会立即动作，必须等扫描到该触点时才会动作。

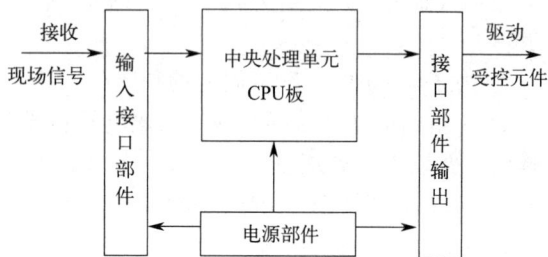

图 6-9 PLC 硬件结构

为了消除两者之间由于运行方式不同而造成的这种差异，考虑到继电器控制装置中各类触点的动作时间一般在 100ms 以上，而 PLC 扫描用户程序的时间一般均小于 100ms，因此，PLC 采用了一种不同于一般微型计算机的运行方式——周期扫描。这样，对于 I/O 响应要求不高的场合，PLC 与继电器控制装置在 I/O 的处理结果上就没有什么差别了。

（二）PLC 器件工作的主要过程

PLC 扫描的工作过程主要分三个阶段，即输入采样阶段、用户程序执行阶段和输出刷新阶段。

1. 输入采样阶段

在读取输入阶段，PLC 扫描所有输入端子，并将各输入端的通/断状态存入相对应的输入映像寄存器中，刷新输入映像寄存器的值。此后，输入映像寄存器与外界隔离，无论外设输入情况如何变化，输入映像寄存器的内容都不会改变。输入端状态的变化只能在下一个循环扫描周期的读取输入阶段才被读取。这样可以保证在一个循环扫描周期内使用相同的输入信号状态。因此，要注意输入信号的宽度要大于一个扫描周期，否则很可能造成信号的丢失。

2. 程序执行阶段

可编程控制器的用户程序由若干条指令组成，指令在存储器中按顺序排列。当 PLC 处于运行模式执行程序时，CPU 对用户程序按顺序进行扫描。如果程序用梯形图表示，则按先上后下、从左至右的顺序逐条执行程序指令。每扫描到一条指令，所需要的输入信号的状态均从输入映像寄存器中读取，而不是直接使用现场输入端子的通/断状态。在执行用户程序过程中，根据指令做相应的运算或处理，每一次运算的结果不是直接送到输出端子立即驱动外部负载，而是将结果先写入输出映像寄存器中。输出映像寄存器中的值可以被后面的读指令所使用。

3. 输出刷新阶段

执行完用户程序后，进入输出刷新阶段。可编程控制器将输出映像寄存器中的通/断状态送到输出锁存器中，通过输出端子驱动用户输出设备或负载，实现控制功能。输出锁存器的值一直保持到下次输出刷新。

在输出刷新阶段结束后，CPU进入下一个循环扫描周期，如图6-10所示。

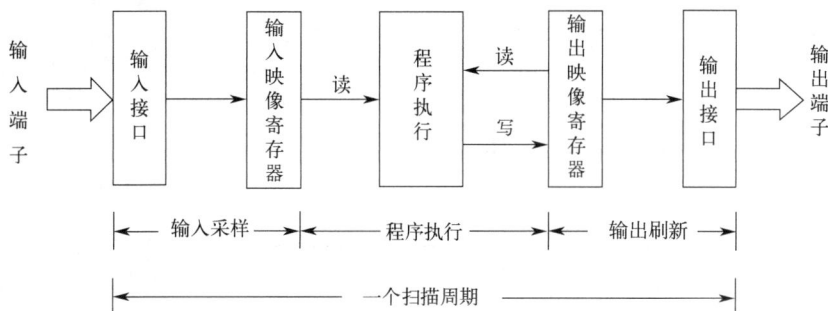

图6-10 PLC的一个扫描周期

模块四 基于PLC的高速公路隧道机电控制系统控制训练

一、车道指示灯的控制训练

项目目标：控制车道指示灯，实现正行、逆行、禁行的控制，同时反馈当前车道指示灯状态。

工程文件编写：

① 规划I/O接口。根据PLC的I/O规划表，确定车道指示灯的输出位地址为101.06、101.07，见图6-11。

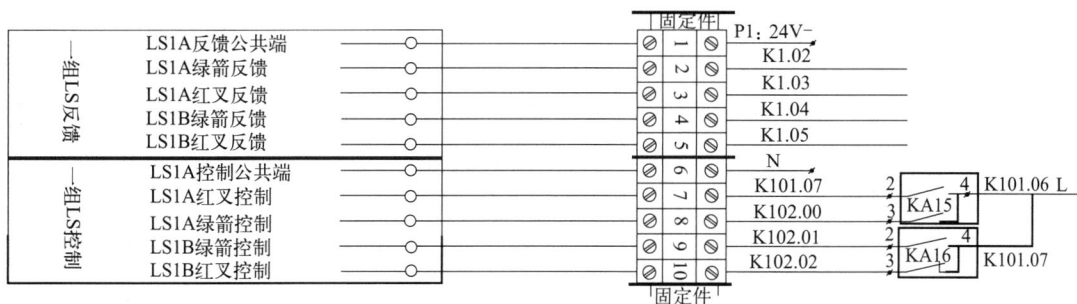

图6-11 车道指示灯接线图

② 确定项目需求。正行（正前方绿箭背面红叉），逆行（正前方红叉背面绿箭），禁行（正前方以及背后均红叉），反馈（将传感器控制地址赋值给反馈地址）。

③ 给车道指示灯预留一个地址，规划使用D1101地址。

④ 判断D1101地址值是否与无符号十进制数 &9、&6、&10 相等；如果等于 &9，101.06和101.07位地址均设为OFF状态；如果等于 &6，101.06位地址设为ON状态、101.07位地址设为OFF状态；如果等于 &10，101.06位地址设为OFF状态、101.07位地

址设为 ON 状态。如图 6-12 所示。

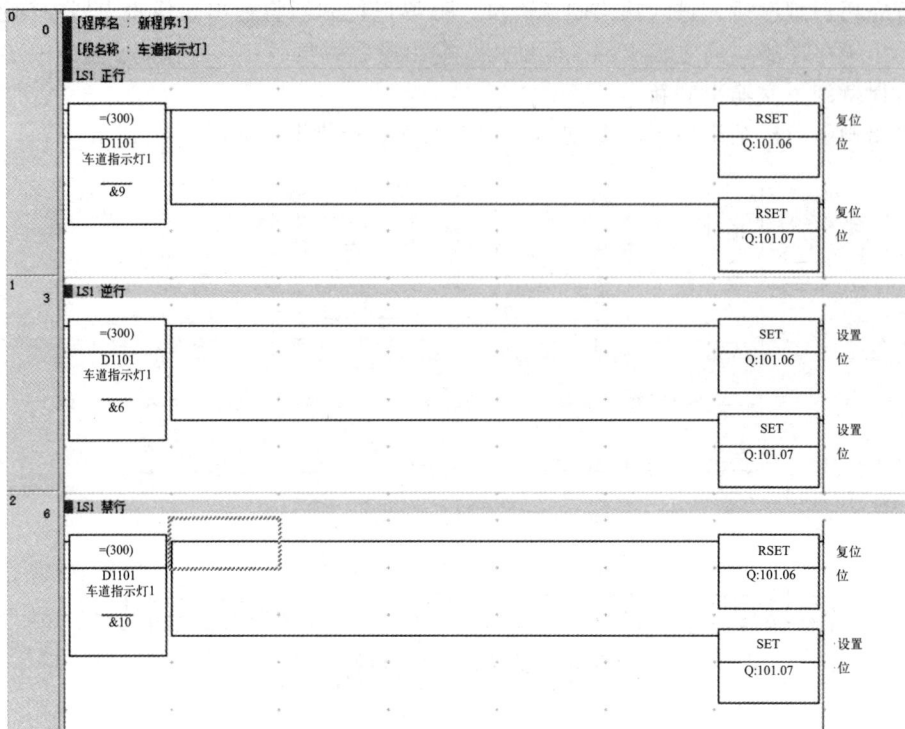

图 6-12　车道指示灯梯形图程序控制

⑤ 反馈。输入为常通，输出将寄存器 D1101 地址的值赋值给寄存器 D1100。如图 6-13 所示。

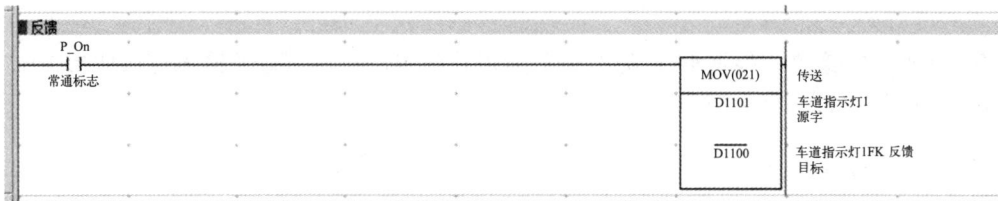

图 6-13　车道指示灯梯形图程序控制反馈

二、交通信号灯的控制训练

项目目标：控制交通信号灯，实现红灯、黄灯、绿灯、转向的控制，同时反馈当前交通信号灯状态。

工程文件编写：

① 规划 I/O 接口。根据 PLC 的 I/O 规划表，确定交通信号灯的输出位地址为 101.02、101.03、101.04、101.05，对应的分别为红灯、黄灯、绿灯和绿箭的控制。见图 6-14。

② 确定项目需求。红灯（红灯控制信号处于 ON，其他灯控制信号为 OFF），黄灯（黄灯控制信号处于 ON，其他灯控制信号为 OFF），绿灯（绿灯控制信号处于 ON，其他灯控制信号为 OFF），转向（绿箭控制信号为 ON，红灯控制信号为 ON，其他灯 OFF）。

③ 给交通信号灯控制信号预留一个地址，这里规划使用的是 D1131 地址。

图 6-14 交通信号灯接线图

④ 红灯：判断 D1131 地址值是否与无符号十进制数 &1 相等，如果等于 &1，101.02 地址的继电器设为 ON 状态，其他输出位继电器设置为 OFF 状态。如图 6-15 所示。

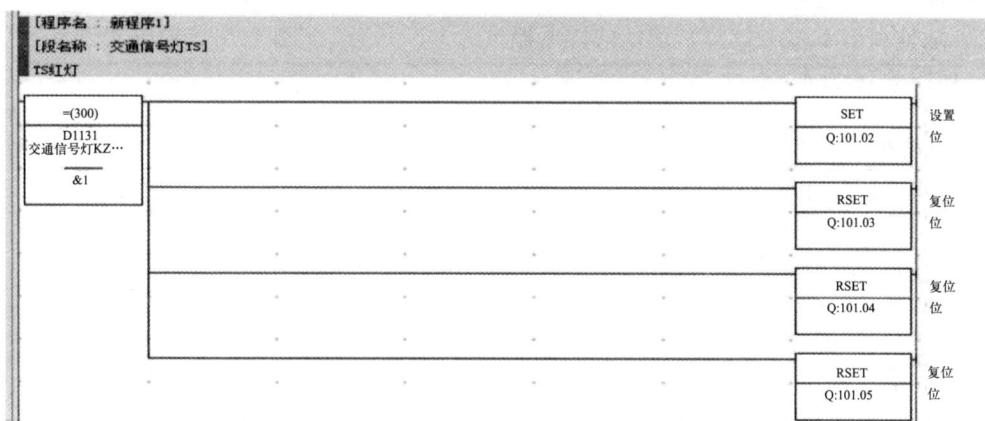

图 6-15 交通信号灯（红灯）梯形图程序控制

⑤ 黄灯：判断 D1131 地址值是否与无符号十进制数 &2 相等，如果等于 &2，则设置 101.03 地址的继电器为 ON 状态，其他输出位继电器设置为 OFF 状态。如图 6-16 所示。

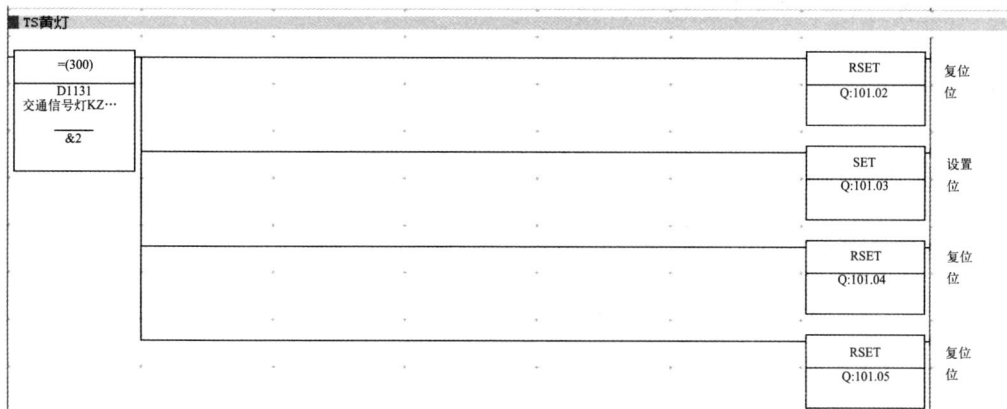

图 6-16 交通信号灯（黄灯）梯形图程序控制

⑥ 绿灯：判断 D1131 地址值是否与无符号十进制数 &4 相等，如果等于 &4，101.04 地址的继电器设为 ON 状态，其他输出位继电器设置为 OFF 状态。如图 6-17 所示。

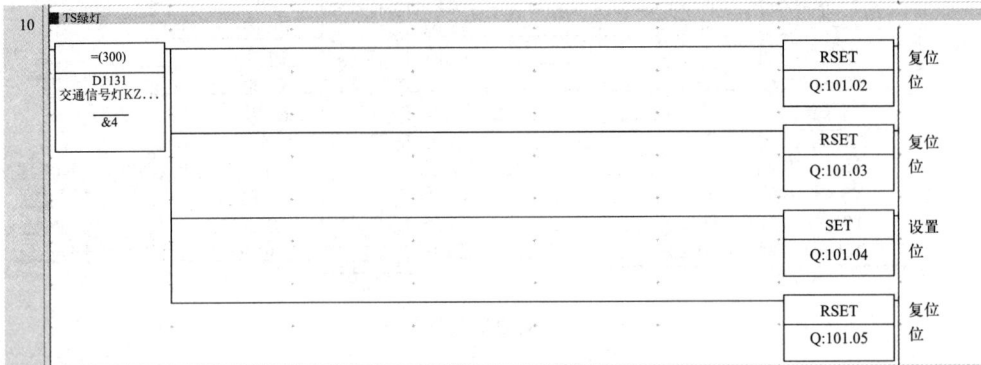

图 6-17　交通信号灯（绿灯）梯形图程序控制

⑦ 转向：判断 D1131 地址值是否与无符号十进制数 &9 相等，如果等于 &9，101.05（绿箭）地址和 101.02（红灯）地址的继电器设为 ON 状态，其他输出位继电器设置为 OFF 状态。如图 6-18 所示。

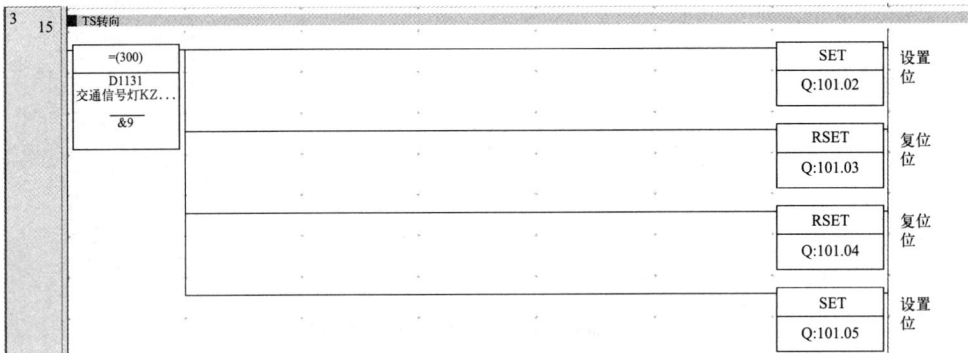

图 6-18　交通信号灯（转向）梯形图程序控制

⑧ 关闭：判断 D1131 地址值是否与无符号十进制数 &0 相等，如果等于 &0，所有输出位继电器设置为 OFF 状态。如图 6-19 所示。

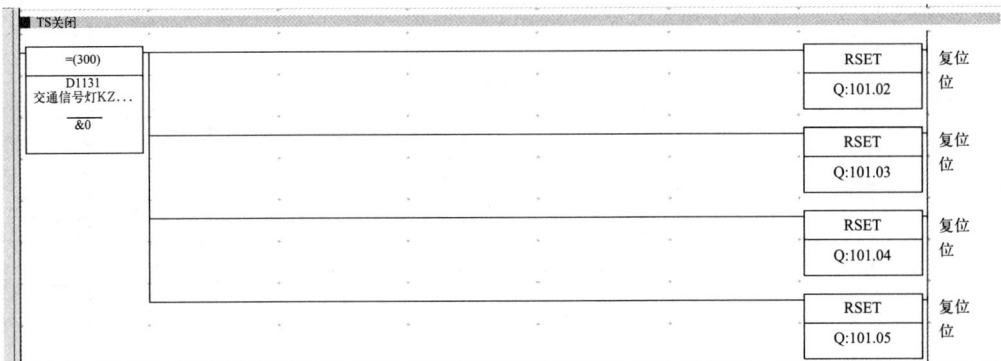

图 6-19　交通信号灯关闭梯形图程序控制

⑨ 反馈。输入为常通，输出将 D1131 地址的值赋值给 D1130。如图 6-20 所示。

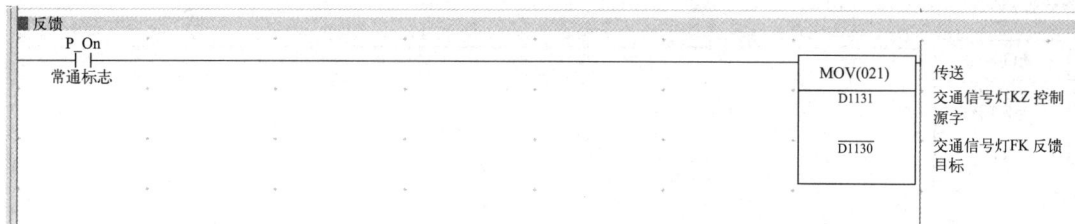

图 6-20 交通信号灯梯形图程序控制反馈

三、可调 LED 灯和普通照明灯的控制训练

项目目标：控制可调 LED 灯和普通照明灯的打开和关闭。

工程文件编写：

① 规划 I/O 接口。根据 PLC 的 I/O 规划表，确定可调 LED 灯输出位地址为 100.00，普通照明灯的输出位地址为 100.01。见图 6-21。

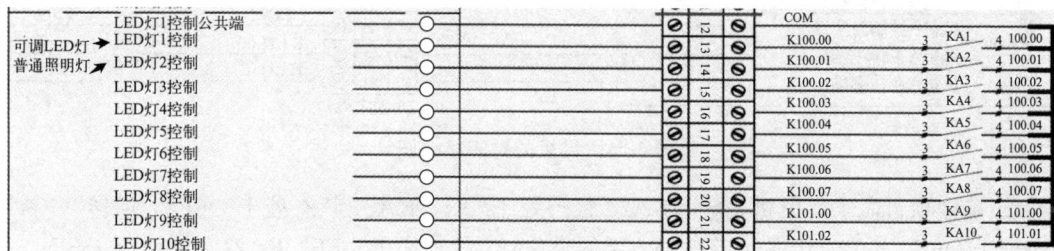

图 6-21 可调 LED 灯与普通照明灯接线图

② 确定项目需求。可调 LED 灯的打开（KA1 状态处于 ON）和关闭（KA1 状态处于 OFF）；普通照明灯的打开（KA2 状态处于 ON）和关闭（KA2 状态处于 OFF）。

③ 给可调 LED 灯和普通照明灯各预留一个寄存器地址，这里可调 LED 灯使用的是 D1200 地址，普通照明灯使用的是 D1201 地址。

④ 可调 LED 灯的打开和关闭。判断 D1200 地址值是否与无符号十进制数 &1 相等，如果等于 &1，100.00 地址输出信号；如果不等于 &1，100.00 地址不输出信号。见图 6-22。

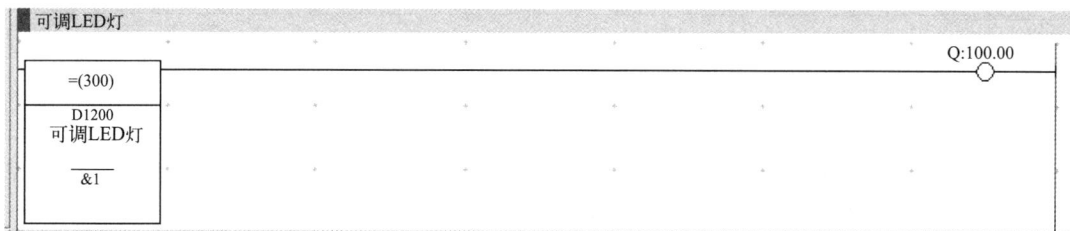

图 6-22 可调 LED 灯梯形图程序控制

⑤ 普通照明灯的打开和关闭。判断 D1201 地址值是否与无符号十进制数 &1 相等，如果等于 &1，100.01 地址输出信号；如果不等于 &1，100.01 地址不输出信号。见图 6-23。

四、风机的控制训练

项目目标：控制隧道中风机的正转、逆转和关闭。

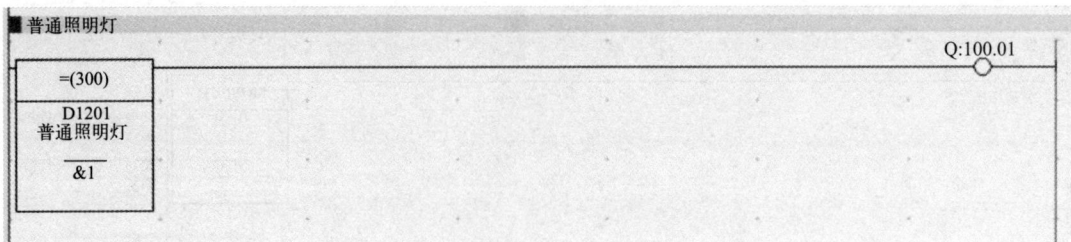

图 6-23　普通照明灯梯形图程序控制

工程文件编写：

① 规划 I/O 接口。根据 PLC 的 I/O 规划表，确定风机的输出位地址为 102.06、102.07，对应控制风机正转和逆转。见图 6-24。

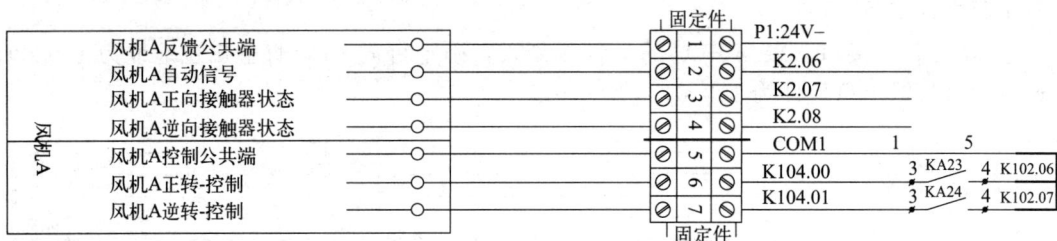

图 6-24　风机的控制接线图

② 确定项目需求。风机正转（KA23 状态处于 ON，KA24 状态处于 OFF），逆转（KA23 状态处于 OFF，KA24 状态处于 ON），关闭（KA23 状态处于 OFF，KA24 状态处于 OFF）。

③ 给风机预留一个寄存器地址，这里使用的是 D1300 地址。

④ 风机的正转。判断 D1300 地址值是否与无符号十进制数 &1 相等，如果等于 &1，102.06 地址的继电器设为 ON，102.07 地址的继电器设为 OFF。见图 6-25。

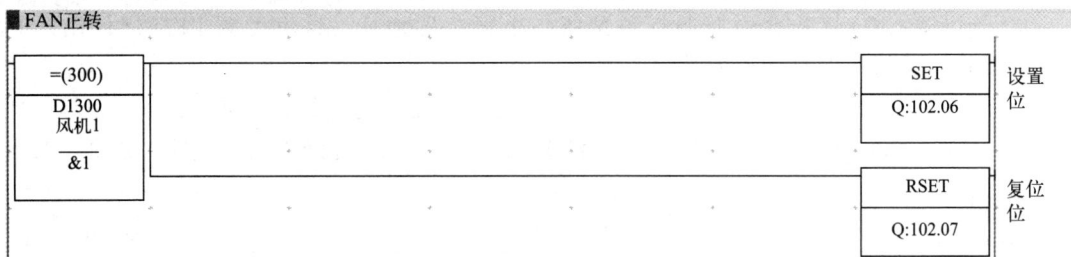

图 6-25　可调风机正转梯形图程序控制

⑤ 风机的逆转。判断 D1300 地址值是否与无符号十进制数 &2 相等，如果等于 &2，102.06 地址的继电器设为 OFF，102.07 地址的继电器设为 ON。见图 6-26。

⑥ 关闭。判断 D1300 地址值是否与无符号十进制数 &0 相等，如果等于 &0，102.06 地址的继电器设为 OFF，102.07 地址的继电器设为 OFF。见图 6-27。

五、模拟量采集控制训练

项目目标：读取一氧化碳（CO）、洞内光强（LI）、洞外光强（LO）、能见度（VI）、风速（WS）、风向（WD）的值并进行模拟量数值的换算。

工程文件编写：

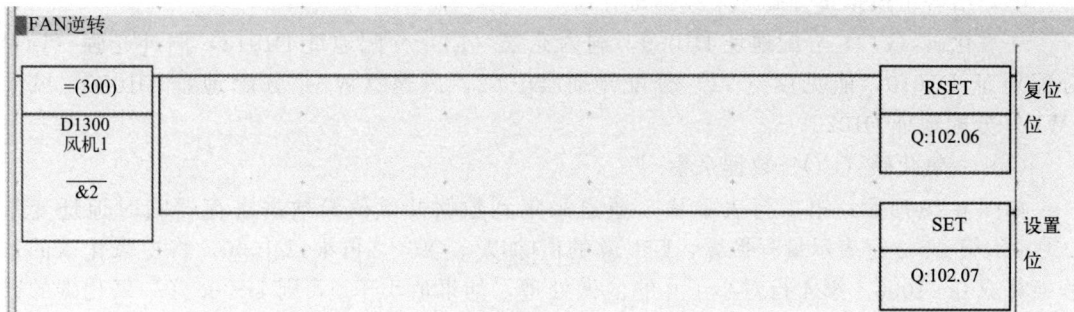

图 6-26　可调风机逆转梯形图程序控制

图 6-27　可调风机关闭梯形图程序控制

（1）规划 I/O 接口

根据 PLC 的 I/O 规划表，确定模拟量的输入地址：LO（洞外光强，3），LI（洞内光强，4），CO（一氧化碳，5），VI（能见度，6），WS（风速，7），WD（风向，8）。见图 6-28。

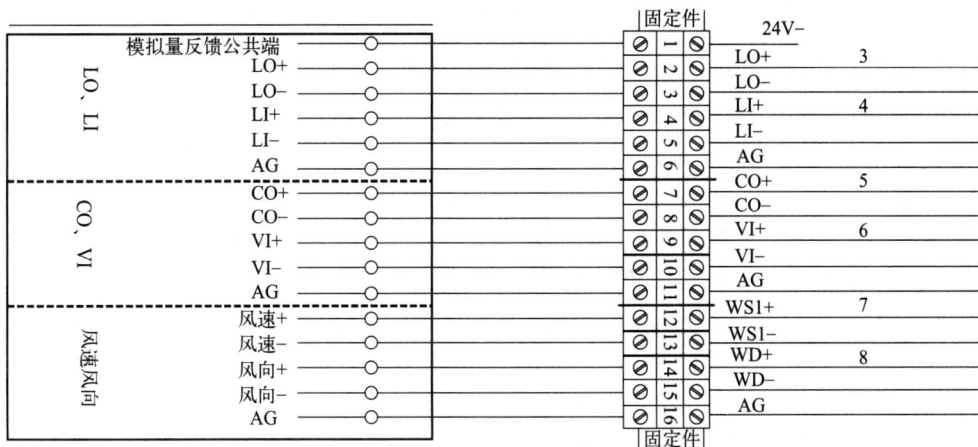

图 6-28　模拟量采集接线图

（2）确定项目需求

读取一氧化碳（CO）、洞内光强（LI）、洞外光强（LO）、能见度（VI）、风速（WS）、风向（WD）的值并进行换算。

（3）给各个模拟量分配一个数据寄存器

一氧化碳（CO）分配地址 D1000，洞内光强（LI）分配地址 D1012，洞外光强（LO）分配地址 D1010，能见度（VI）分配地址 D1002，风速（WS）分配地址 D1020，风向（WD）分配地址 D1022。

（4）一氧化碳（CO）数据采集

如图 6-29 所示，第 1 行表示从 5 通道采集到数据并赋值给数据寄存器临时地址变量 D5000。第 2、3 行表示量程换算，D5000 的值除以 6×10^3，再乘以 1000，将一氧化碳的量程换算成 0~1000。第 4 行对小于 0 的值做处理，如果值小于 0，则 D1000（一氧化碳的数据寄存器地址）的值为 0。第 5 行对大于 6000 的值做处理，如果值大于 6000，则 D1000（一氧化碳的数据寄存器地址）的值为 1000。

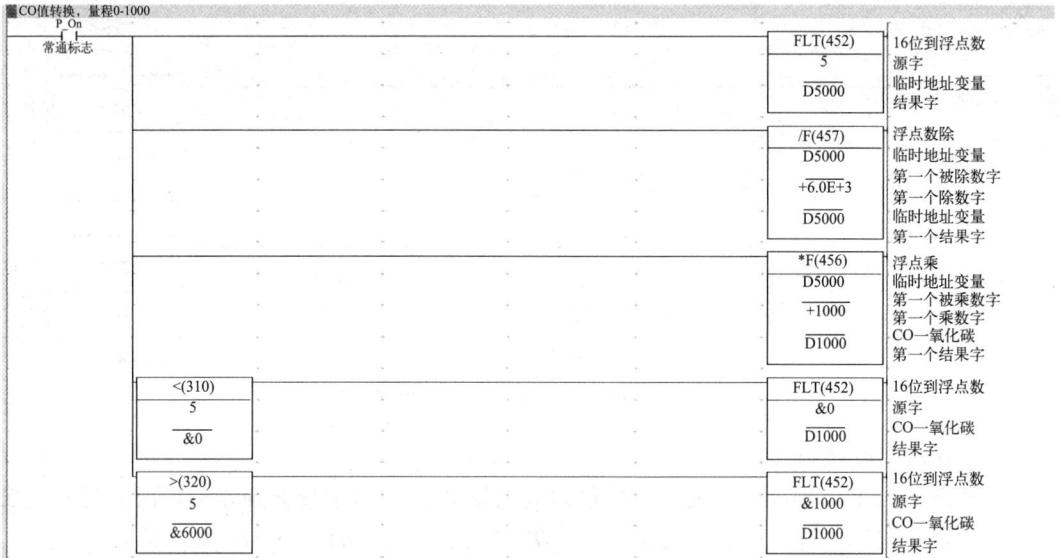

图 6-29　一氧化碳（CO）数据采集梯形图控制程序

（5）能见度（VI）数据采集

如图 6-30 所示，第 1 行表示从 6 通道采集到数据并赋值给数据寄存器临时地址变量 D5000。第 2、3 行表示量程换算，D5000 的值除以 6×10^3，再乘以 1000，将能见度（VI）的量程换算成 0~1000。第 4 行对小于 0 的值做处理，如果值小于 0，则 D1002（能见度的数据寄存器地址）的值为 0。第 5 行对大于 6000 的值做处理，如果值大于 6000，则 D1002 的值为 1000。

（6）洞外光强（LO）数据采集

如图 6-31 所示，第 1 行表示从 3 通道采集到数据并赋值给数据寄存器临时地址变量 D5000。第 2、3 行表示量程换算，D5000 的值除以 6×10^3，再乘以 200000，将洞外光强（LO）的量程换算成 0~200000。第 4 行对小于 0 的值做处理，如果值小于 0，则 D1010（洞外光强的数据寄存器地址）的值为 0。第 5 行对大于 6000 的值做处理，如果值大于 6000，则 D1010 的值为 200000。

（7）洞内光强（LI）数据采集

如图 6-32 所示，第 1 行表示从 4 通道采集到数据并赋值给数据寄存器临时地址变量 D5000。第 2、3 行表示量程换算，D5000 的值除以 6×10^3，再乘以 200000，将洞内光强（LI）的量程换算成 0~200000。第 4 行对小于 0 的值做处理，如果值小于 0，则 D1012（洞内光强的数据寄存器地

■ VI值转换，量程0-1000

	FLT(452)	16位到浮点数
常通标志	6	源字
	$\overline{D5000}$	临时地址变量 结果字
	/F(457)	浮点数除
	$\overline{D5000}$	临时地址变量 第一个被除数字
	+6.0E+3	第一个除数字
	$\overline{D5000}$	临时地址变量 第一个结果字
	*F(456)	浮点乘
	$\overline{D5000}$	临时地址变量 第一个被乘数字
	+1000	第一个乘数字
	$\overline{D1002}$	VI能见度 第一个结果字
<(310)	FLT(452)	16位到浮点数
6	&0	源字
$\overline{\&0}$	$\overline{D1002}$	VI能见度 结果字
>(320)	FLT(452)	16位到浮点数
6	&1000	源字
$\overline{\&6000}$	$\overline{D1002}$	VI能见度 结果字

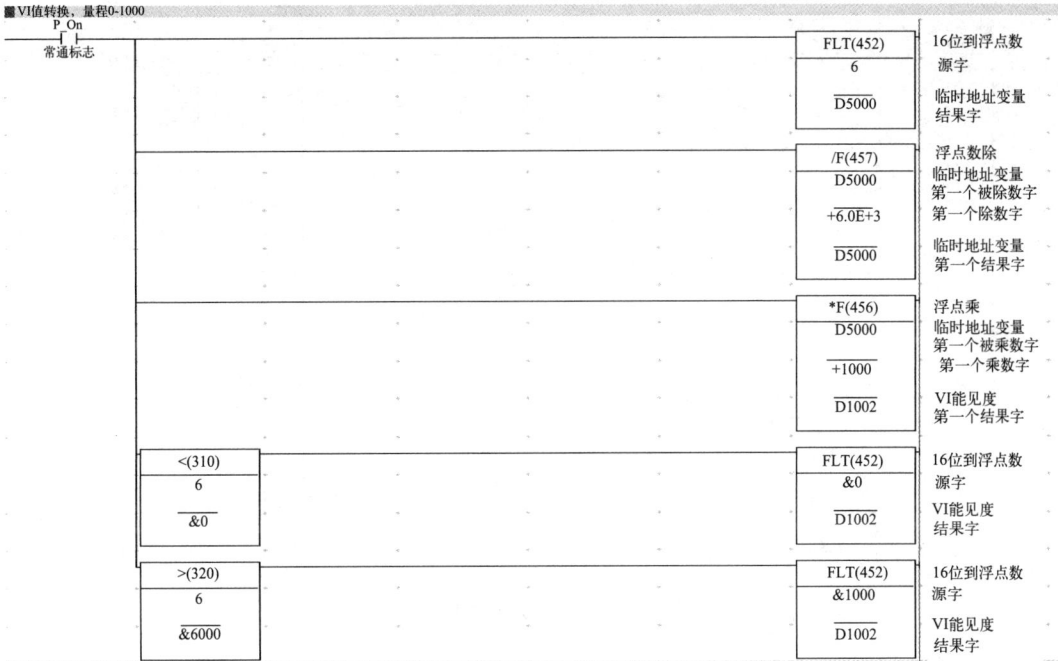

图 6-30　能见度（VI）数据采集梯形图控制程序

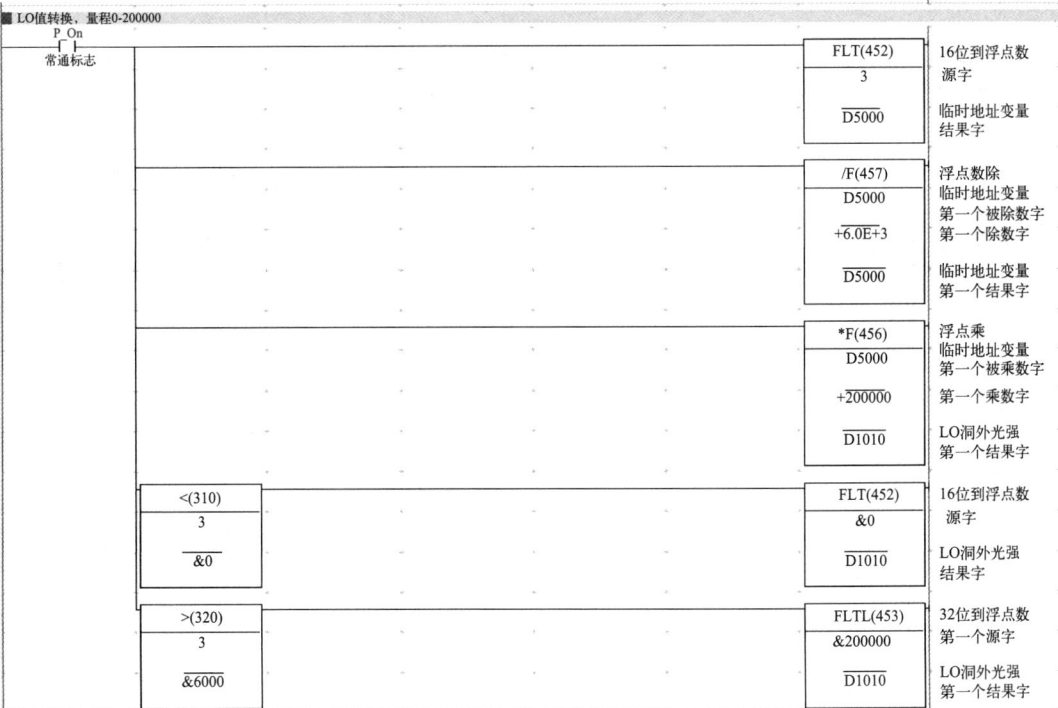

■ LO值转换，量程0-200000

	FLT(452)	16位到浮点数
常通标志	3	源字
	$\overline{D5000}$	临时地址变量 结果字
	/F(457)	浮点数除
	$\overline{D5000}$	临时地址变量 第一个被除数字
	+6.0E+3	第一个除数字
	$\overline{D5000}$	临时地址变量 第一个结果字
	*F(456)	浮点乘
	$\overline{D5000}$	临时地址变量 第一个被乘数字
	+200000	第一个乘数字
	$\overline{D1010}$	LO洞外光强 第一个结果字
<(310)	FLT(452)	16位到浮点数
3	&0	源字
$\overline{\&0}$	$\overline{D1010}$	LO洞外光强 结果字
>(320)	FLTL(453)	32位到浮点数
3	&200000	第一个源字
$\overline{\&6000}$	$\overline{D1010}$	LO洞外光强 第一个结果字

图 6-31　洞外光强（LO）数据采集梯形图控制程序

址）的值为 0。第 5 行对大于 6000 的值做处理，如果值大于 6000，则 D1012 的值为 200000。

（8）风速（WS）数据采集

如图 6-33 所示，第 1 行表示从 7 通道采集到数据并赋值给数据寄存器临时地址变量

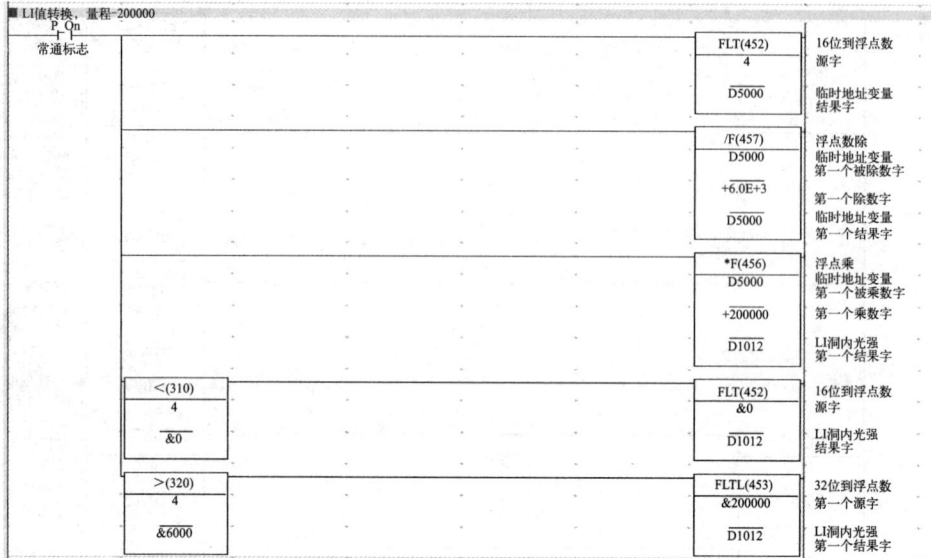

图 6-32　洞内光强（LI）数据采集梯形图控制程序

D5000。第 2、3 行表示量程换算，D5000 的值除以 6×10^3，再乘以 50，将风速（WS）的量程换算成 0～50。第 4 行对小于 0 的值做处理，如果值小于 0，则 D1020（风速的数据寄存器地址）的值为 0。第 5 行对大于 6000 的值做处理，如果值大于 6000，则 D1020 的值为 50。

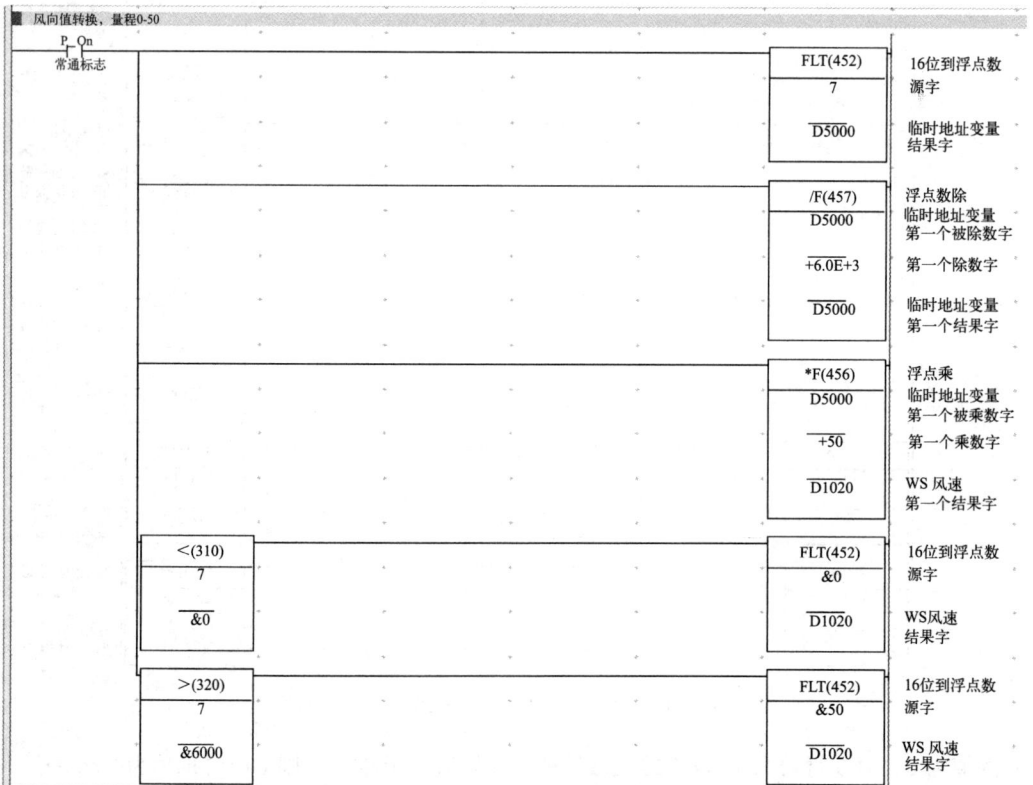

图 6-33　风速（WS）数据采集梯形图控制程序

（9）风向（WD）数据采集

如图第 6-34 所示，第 1 行表示从 8 通道采集到数据并赋值给数据寄存器临时地址变量 D5000。第 2、3 行表示量程换算，D5000 的值除以 6×10^3，再乘以 360，将风向（WD）的量程换算成 0～360。第 4 行对小于 0 的值做处理，如果值小于 0，则 D1022（风向的数据寄存器地址）的值为 0。第 5 行对大于 6000 的值做处理，如果值大于 6000，则 D1022 的值为 360。

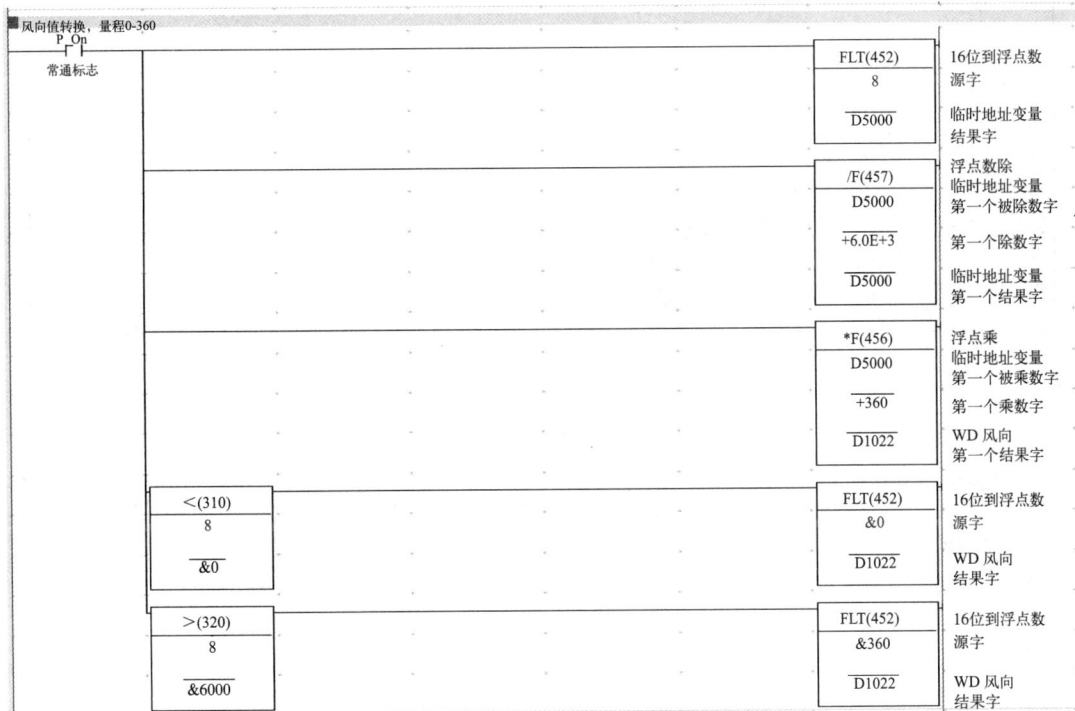

图 6-34 风向（WD）数据采集梯形图控制程序

模块五 KEPServerEX、WinCC 组态软件应用训练

一、KEPServerEX 软件操作训练

KEPServerEX 是一个用于设备通信和数据采集的常用工具。它可以将 PLC 与各传感器采集的模拟量转换成开关量，并通过 WinCC 进行应用界面展示。用户也可操作应用界面，经过 KEPServerEX 数据处理，使 PLC 完成相应的指令操作。KEPServerEX 实质是 CX-Programmer 与 WinCC 之间的桥梁，可完成数据相应的转换。

① 界面介绍：下载驱动菜单后，点击工具栏白色图标可以进行新建通道。寻找需要连接的 PLC，然后选择以太网方式进行欧姆龙 PLC 的连接，完成通道的建立。如图 6-35 所示。

② 建立好通道后，点击增加设备，会出现上一步选择的欧姆龙系列的 PLC，查看 PLC 属性，根据项目设计需要，建立变量组。见图 6-36。

③ 修改 FINS 网络配置，修改源节点为 PC 机 IP 地址网段最后两/三位；修改目标节点

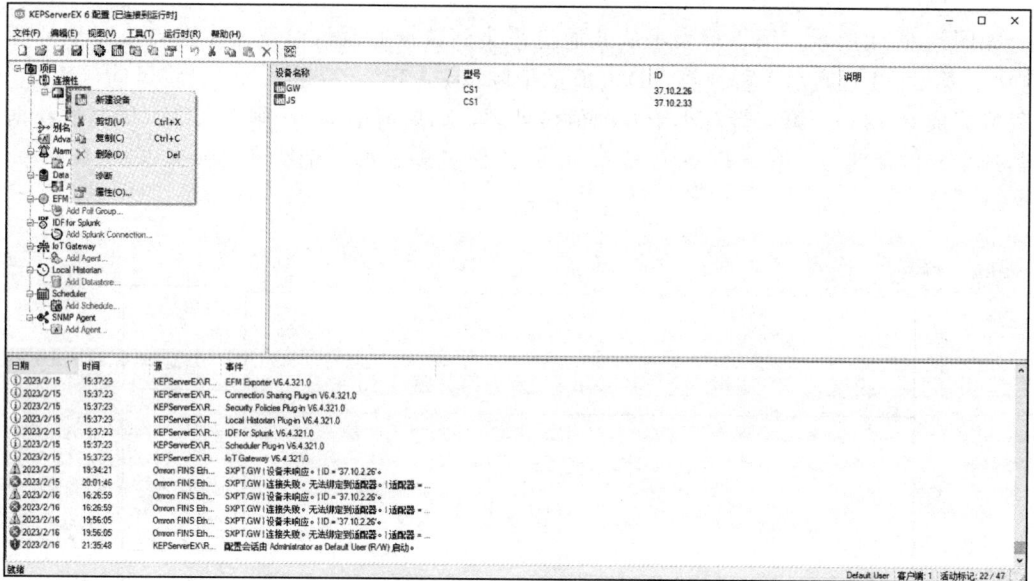

图 6-35　界面介绍

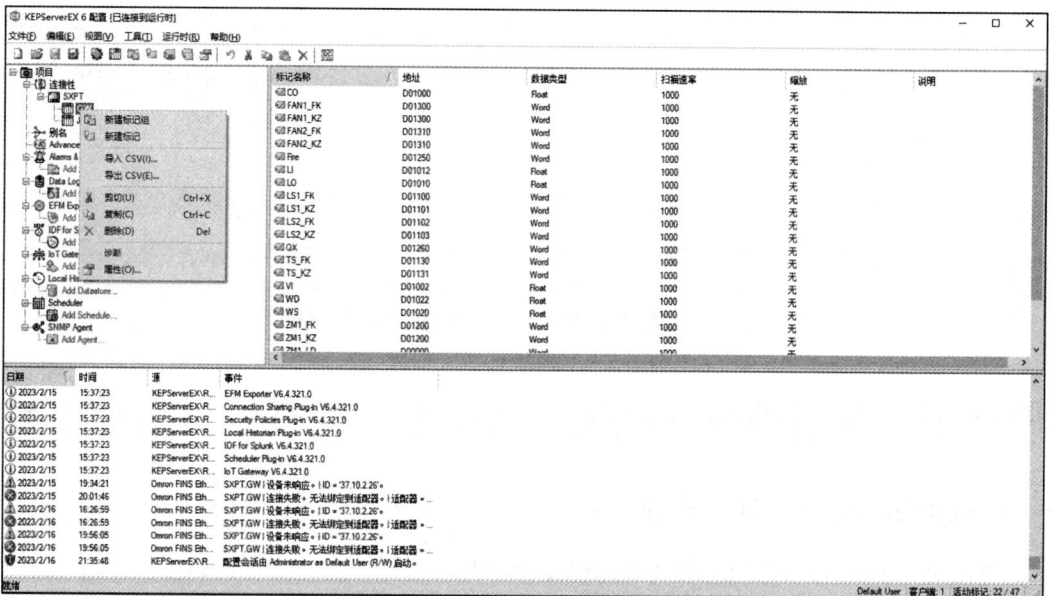

图 6-36　在 PLC 下建立变量组

为 PLC 的 IP 地址网段最后两/三位，查看具体变量属性，并查看事件日志运行情况，保障项目的稳定运行。见图 6-37。

二、 WinCC 软件操作训练

WinCC（Windows Control Center）视窗控制中心软件能够自由编写可视化界面，用于创建隧道机电控制系统人机界面和可视化操作。基本操作如下：

① 启动 WinCC：首先打开 WinCC 软件，其主界面包括功能菜单、项目停止、项目启动、功能内容展示页等内容。见图 6-38。

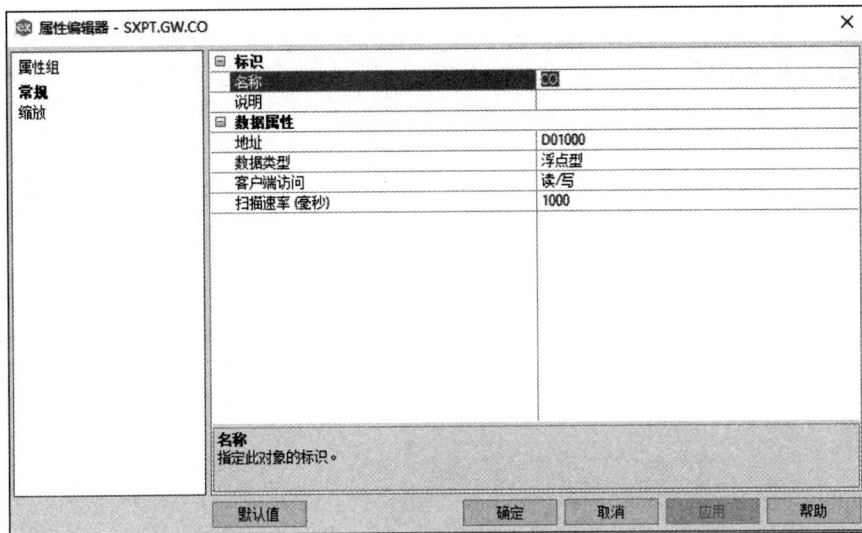

图 6-37 查看具体变量属性

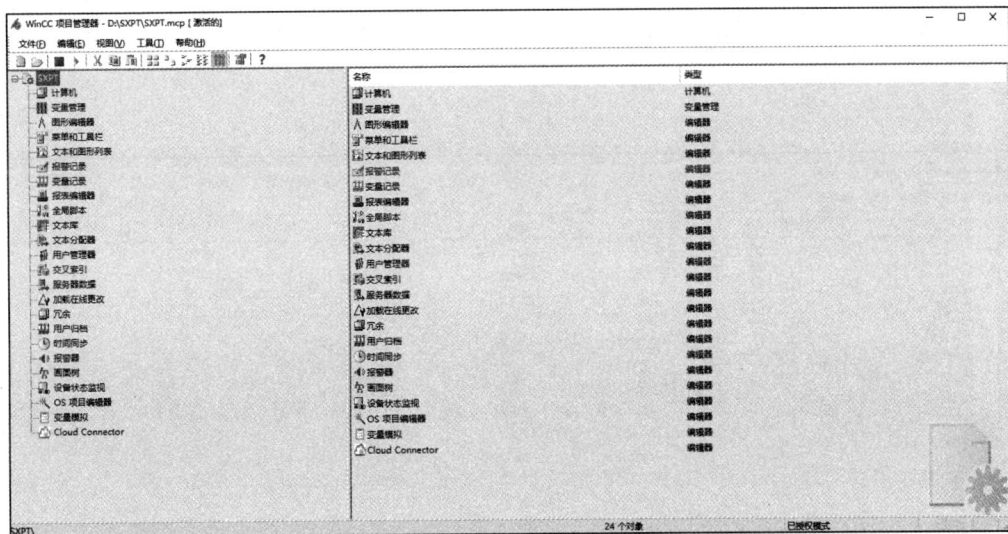

图 6-38 界面介绍

② 添加变量：双击变量管理，进入到变量管理界面。查看变量从 KEPServerEX 中传到 WinCC 软件的值，根据项目需要添加变量到 WinCC 中。见图 6-39。

③ 图形编辑：返回主界面，单击图形编辑器，在右侧内容展示页面找到对应页面进入。使用 WinCC 的编程工具，编写逻辑来响应用户输入、执行控制操作和处理数据。见图 6-40。

④ 绘制图形：图形编辑器可以绘制多种图形。在功能菜单中点击图形编辑器，打开 WinCC 的画面组态，并可以将该图形响应赋予 KEPServerEX 中添加好的 PLC 标签。同时，在图形编辑器中完成对组件的修改，保存修改的图形界面，回到管理界面进行项目启动。见图 6-41。

⑤ 项目启动后，进入到实验平台界面，输入用户名及密码进行登录，即可完成对项目的整体调试。

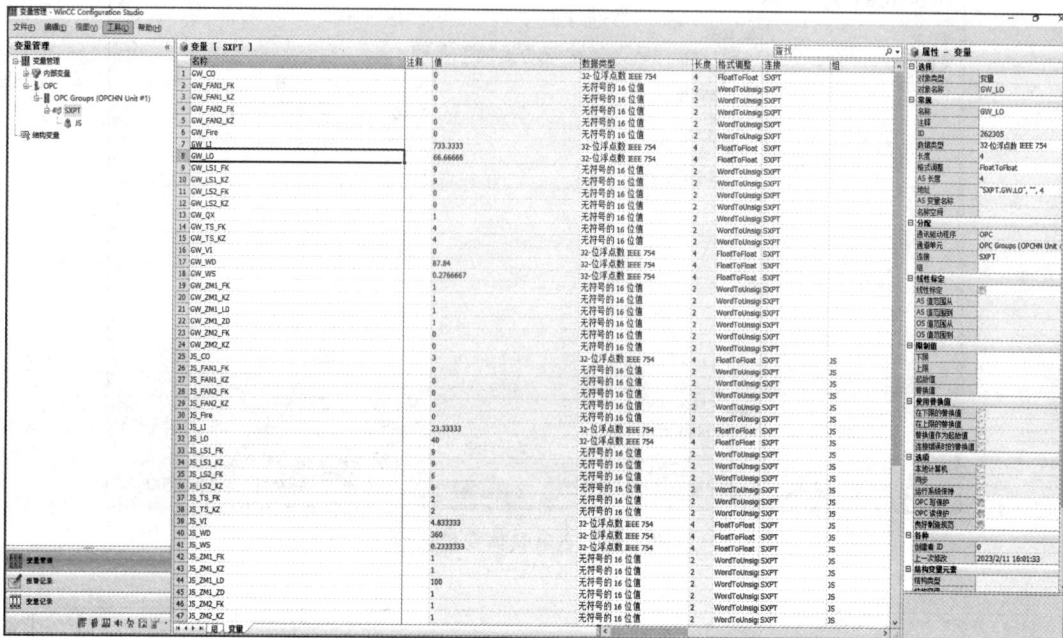

图 6-39　添加变量

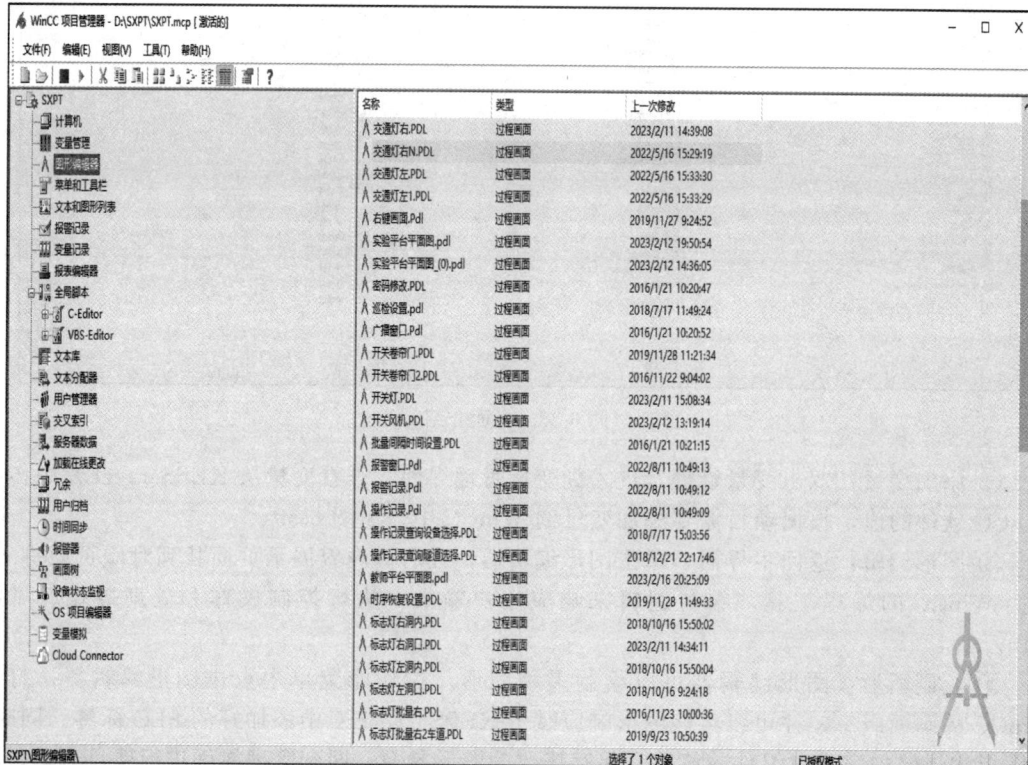

图 6-40　图形编辑

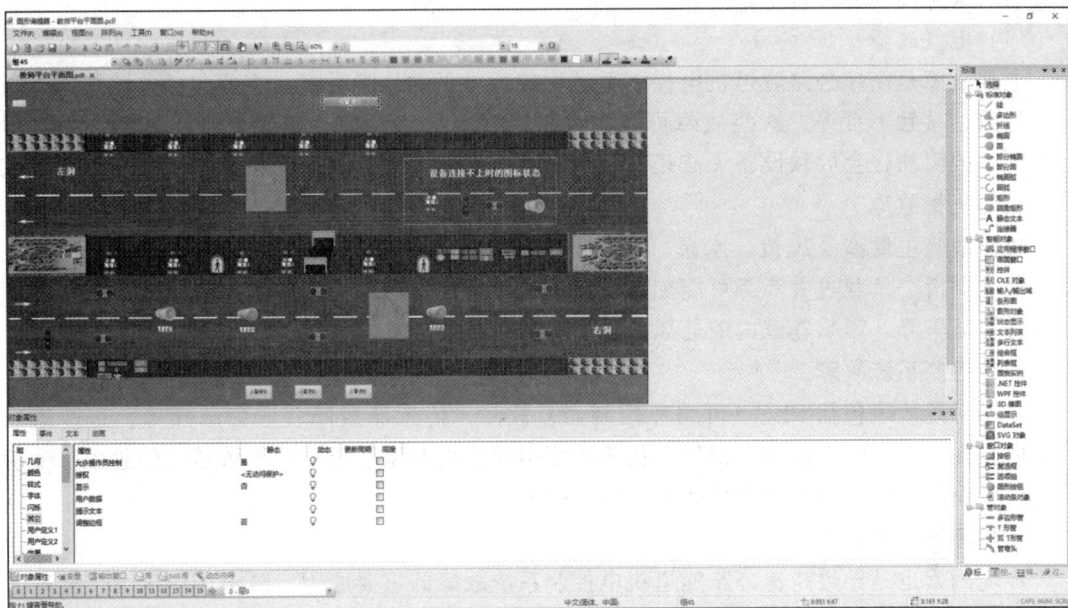

图 6-41 绘制图形

模块六 高速公路隧道机电控制系统的日常维护

一、熟悉高速公路隧道机电控制系统的日常维护

高速公路隧道机电控制系统是确保隧道安全运营的重要组成部分，涵盖了通风、照明、监控、消防、供配电等多个关键环节。随着汽车运输量的不断增加，高速公路隧道的通行压力也随之增大。隧道机电设备的稳定、高效运行成为隧道安全运营的重要保障。日常维护能够及时发现并处理设备故障，防止故障扩大，确保隧道内车辆通行的安全和顺畅。

① 通风系统维护：定期检查风机叶片的转动灵活性、电机的绝缘电阻以及接线牢固程度。运行测试时，密切关注风机的风量、风压以及自动控制功能，确保在紧急情况下通风系统能迅速响应。

② 照明系统维护：定期检查并更换损坏的 LED 照明灯，确保照明亮度符合标准。调整灯光角度，为车辆的安全通行提供清晰的指引。

③ 监控系统维护：定期对摄像头进行清洁和调试，确保图像清晰、稳定。检查监控设备的运行情况，保证数据传输准确无误。

④ 消防系统维护：定期测试火灾报警系统，确保其在危险时刻能够迅速发出警报。对灭火器、消火栓等消防设施进行定期检查和维护，确保其状态良好。

⑤ 供配电系统维护：对配电室进行巡检，检查设备运行状态，确保电力供应稳定可靠。对备用电源进行测试和维护，保证其在紧急情况下能够及时启动。

二、熟悉高速公路隧道机电控制系统的故障分析

高速公路隧道机电控制系统的故障分析是一项复杂而重要的工作。通过深入了解故障类型和成因，采用合适的故障分析方法，结合有效的预防措施，可以显著降低故障发生率，提

高隧道的安全性和运营效率。

（1）电气故障

电气故障是高速公路隧道机电控制系统中较为常见的故障类型，主要包括电路短路、断路、过载、接触不良等。这些故障可能由设备老化、线路腐蚀、接线松动、雷击等因素引起。电气故障往往会导致设备无法正常工作，甚至引发火灾等安全隐患。

（2）机械故障

机械故障主要涉及风机、水泵、电机等转动设备的磨损、断裂、变形等问题。长期使用、缺乏润滑、负载过大等都可能加速设备的机械磨损，进而引发故障。机械故障通常会导致设备性能下降，影响隧道内的通风、排水等关键功能。

（3）控制系统故障

控制系统故障包括 PLC（可编程控制器）故障、传感器故障、通信故障等。这些故障可能由软件错误、硬件损坏、信号干扰等因素引起。控制系统故障会导致监控信息无法准确传递，影响隧道内设备的自动控制和远程监控。

（4）环境因素影响

环境因素也是导致高速公路隧道机电控制系统故障的重要原因。隧道内湿度大、温度波动大、灰尘多等恶劣环境会加速设备老化，降低设备性能。此外，隧道内外的温差、振动等也可能对设备造成损害。

项目总结

本项目主要是了解和熟悉高速公路隧道机电控制系统的相关基础知识和技能。大家要学习和掌握的重点包括以下几个方面：

① 了解控制系统的基本构成：高速公路隧道机电控制系统包括通风、照明、消防、监控、供配电等子系统。

② 熟悉控制系统在高速公路隧道领域的作用：实时监控隧道的运行状态，一旦监测到异常情况，系统会及时发出警报，并启动相应的应急措施。

③ 了解高速公路隧道机电控制系统的控制方式，主要分为远程自动控制、远程手动控制和现场手动控制三种。

④ 掌握高速公路隧道机电控制系统的组态软件，如 WinCC 组态软件、CX-Programmer 组态软件、KEPServerEX 6 组态软件，以及它们的作用。

⑤ 掌握 PLC 的高速公路隧道机电控制系统控制训练以及梯形图的设计。

⑥ 了解高速公路隧道机电控制系统的组态软件 WinCC、KEPServerEX 6 在项目中如何使用。

⑦ 熟悉高速公路隧道机电控制系统的日常维护和故障分析的方法。

自测练习

在线测试

一、填空题

1. 电器从专业角度上来讲，主要指用于对电路进行接通、分断，对电路参数进行变换，以实现对电路或用电设备的控制、_____、变换、检测和保护等作用的电工装置、设备和元件。

2. 高速公路隧道机电控制系统的控制方式主要分为远程自动控制、_____和现场手动控制三种。

3. CX-Programmer 欧姆龙编程软件提供了两种输入模式：智能输入模式和_____。

4. 可编程控制器是一种数字运算操作的电子系统，专为在工业环境下应用而设计。它采用可编程序的存储器，用来在其内部存储执行逻辑运算、_____、定时、计数和算术运算等操作的指令。

5. PLC 的硬件主要由中央处理单元、_____、外设接口、输入/输出单元、电源、编程器六大部分构成。

二、多选题

1. PLC 的特点是（　　）。

A. 可靠性高、抗干扰能力强　　　　　　B. 编程简单、使用方便

C. 编程简单、使用方便　　　　　　　　D. 设计安装简单、维护方便

E. 体积小、重量轻、能耗低

2. PLC 的工作过程包括（　　）。

A. 输入采样阶段　　　　　　　　　　　B. 程序执行阶段

C. 输出刷新阶段　　　　　　　　　　　D. 动作开始阶段

三、判断题

1. PLC 是在电器控制技术和计算机技术的基础上开发出来的，并逐渐发展成为以微处理器为核心，将自动化技术、计算机技术、通信技术融为一体的新型工业控制装置。（　　）

2. 一般 I/O 点数越多则能够实现的控制任务越复杂，控制能力越强大。按控制规模可分为小型 PLC、中型 PLC、大型 PLC 三种。（　　）

3. 电气控制图绘制规则，原理图一般分为主电路和辅助电路两部分。（　　）

4. 主电路是电气控制线路中大电流通过的部分，包括从电源到电机之间相连的电器元件；一般由组合开关、主熔断器、接触器主触点、热继电器的热元件和电动机等组成。（　　）

5. 辅助电路是控制线路中除主电路以外的电路，其流过的电流比较小。辅助电路包括控制电路、照明电路、信号电路和保护电路。其中控制电路是由按钮、接触器和继电器的线圈及辅助触点、热继电器触点、保护电器触点等组成。（　　）

四、简答题

高速公路通信系统一般的管理架构由哪几部分组成，具体的功能是什么？

拓展思考

随着我国数字孪生、车路云一体化网络的不断发展，将来隧道机电设备控制将更加地精准、高效，为人们的出行提供更方便的服务。

请自行查找并学习相关资料，并思考在车路云运行管理机制下，高速公路隧道机电控制系统加入数字孪生技术后，如何实现对高速公路隧道机电设备的动态控制，达到安全高效运行的目的。

项目七

了解智能化发展下的高速公路机电系统

项目描述

物联网、大数据、人工智能、5G 等新一代信息技术的日益成熟和普及，正在赋能交通行业智慧化发展。请通过网络、书籍、实地调研等多种途径，收集新一代信息技术在高速公路中应用的实际案例，了解智能化发展下的高速公路机电系统。

学习目标

(1) 知识目标

➤了解新一代信息技术及其发展状况。

➤了解新一代信息技术对高速公路机电系统发展的影响。

➤初步熟悉和掌握新一代信息技术在高速公路机电系统中的主要应用。

(2) 技能目标

➤能够正确描述新一代信息技术的基本概念。

➤能够描述新一代信息技术在高速公路领域的主要应用。

➤能够较为全面地描述新一代信息技术对高速公路机电系统的影响。

(3) 素养目标

➤主动关注行业发展，树立奉献意识。

➤增强创新意识，助力行业创新发展。

拓展阅读

据统计，2023 年中国新能源汽车产销量双双突破 900 万辆，连续 9 年居世界第一。2024 年 1～9 月新能源汽车累计出口 92.8 万辆，同比增长 12.5%。在全球电动汽车销量中，中国占据了超过一半的市场份额，凸显中国新能源汽车在全球市场中的重要地位。我国新能源汽车相关技术已经处于世界领先地位，我国汽车技术和产业实现了从燃油汽车跟跑到新能源汽车领先的跨越式发展。我国新能源汽车产业的快速发展，体现了国家的前瞻性布局和我国相关企业强大的创新能力，也为汽车后续进一步的智能化发展和车路协同智慧高速的实现打下了坚实基础。

模块一　了解快速发展的新一代信息技术

一、什么是新一代信息技术？

相关资料中经常可以看到"新一代信息技术"这个名词，但是，关于"新一代信息技术"现在尚无公认的确切定义。通常认为，新一代信息技术，是相对于传统信息技术而言的，是对近年来不断出现的信息采集、传输、分析和处理等方面的新技术的总称。通过使用新一代信息技术，可以更好地实现信息的高效自动采集、可靠传输、智能化处理。

通常说的新一代信息技术，主要包括：物联网技术、5G 技术、大数据技术、云计算技术、人工智能技术等相关的信息采集、传输、分析和处理技术。

二、新一代信息技术所包含的具体技术

新一代信息技术，是多种具体技术的总称。具体包含了如下几种主要技术。

（一）物联网技术

物联网（internet of things，IoT）技术是一种将物品互联成网的技术，被称为信息科技产业的第三次革命。物联网技术通过信息传感设备，按约定的协议，对需要联网的物品实现信息相互连接，以实现对现实世界物品的种类和状态的识别、位置的定位和动态跟踪，以及物品状态的远程遥控等功能。

物联网技术，是新一代的信息采集技术，可提供更为高效、全面的信息采集手段，从而为社会相关行业的信息化、智能化管理提供信息基础。

（二）5G 移动通信技术

5G 技术是指第五代移动通信技术，相对于以前的移动通信技术，5G 通信技术可以实现更多设备的信息连接、更快的信息传输速率和更低的信息传输时延。5G 通信技术所具有的"广连接、高速率、低时延"的特点，使其在社会生产领域得到了非常广泛的应用，比如自动化码头、车路协同自动驾驶、智慧农业、智慧矿山、远程医疗等诸多社会生产领域，都应用了 5G 通信技术。所谓"4G 改变生活，5G 改变社会"，正是 5G 对社会生产影响的真实写照。

5G 移动通信技术作为新一代信息接入和传输技术，提供了一种大容量、高速率、低延时的信息接入和传输手段，尤其适合于终端移动场合下的新一代信息接入和传输。

（三）大数据技术

大数据技术是新兴的数据处理技术，指通过一系列技术和工具，包括数据存储和管理、数据分析和挖掘、数据可视化、实时数据处理、数据安全和隐私保护等，来处理、分析和应用大数据的一系列技术总称。应用大数据技术可以高效地存储、管理和处理海量数据，从数据中提取有价值的信息，支持决策制定和业务优化。

随着我国数字经济的不断发展，社会生产相关行业产生的数据量呈爆发式增长，加之相关行业积累的大量历史性数据，导致需要处理的数据量巨大。这些海量的数据信息，需要应用大数据技术进行处理，以便挖掘其中蕴含的信息价值，为相关行业的决策和管理提供有效辅助。

（四）云计算技术

云计算（cloud computing）是一种基于互联网的计算新方式，通过互联网上分布式的

相关资源为个人和企业用户提供按需即取的计算服务。由于资源是在互联网上，而在计算机流程图中，互联网常以一个云状图案来表示，因此，通常将这种利用互联网上的分布式资源开展计算的方式，形象地称为云计算。

云计算被认为是继计算机、互联网之后信息时代的又一次革新，是信息时代的一个大飞跃。云计算的资源是动态易扩展且虚拟化的，可以在满足企业开展高性能计算的同时，节省企业相关硬件购置和维护费用，因而得到了日益广泛的应用。

（五）人工智能技术

人工智能（artificial intelligence，英文缩写为 AI），是研究开发用于模拟、延伸和扩展人的智能的理论、方法、技术及应用系统的一门新的技术科学，被认为是新一轮科技革命和产业变革的重要驱动力量。人工智能已经广泛应用于机器人、语言识别、图像识别、自然语言处理、专家系统、机器学习、计算机视觉等多个领域。现在，基于人工智能的通用大模型和专注于某个领域的专业化模型，正在不断被开发出来，推动人工智能的应用步入发展快车道。

上述各种新一代信息技术应用于交通领域，极大地推动了交通智能化的发展，也有效推动了交通智慧化程度的提高。

模块二 了解新一代信息技术在高速公路中的主要应用

一、高速公路交通形态的发展历程

高速公路建设和运行管理的形态，随着相关技术的产生和发展，从传统高速公路向信息化高速公路、智能高速公路、智慧高速公路不断发展演进，主要发展历程包括：

① 传统高速公路阶段：20 世纪 80 年代至 90 年代初，我国高速公路建设初期，以传统的道路建设为主，注重道路的通行能力和基础设施建设。

② 信息化高速公路阶段：90 年代中后期，随着信息技术的快速发展，高速公路开始引入电子收费系统、监控系统等，实现了初步的信息化管理。

③ 智能高速公路阶段：21 世纪初，我国开始将智能交通系统应用于高速公路建设，如智能导航、自动驾驶技术、车联网等，提高了道路通行效率和安全性。

④ 智慧高速公路起步阶段：近年来，以大数据、云计算、人工智能等新技术为支撑，智慧高速公路应运而生，进一步提升了高速公路智慧化管理和运营水平，为用户提供了更加便捷、舒适的出行体验。

⑤ 智慧高速公路未来发展：随着新一代信息技术自身的不断发展，以及其在高速公路领域的应用更加深入，今后一段时期，高速公路智慧化水平还将不断提升。

二、车路云一体化与高速公路智慧化

（一）车路云一体化发展不断加速

为推动交通智慧化的发展，在前期车路协同发展试点的基础上，我国工业和信息化部、公安部、自然资源部、住房和城乡建设部、交通运输部五部委，于 2024 年 1 月 15 日联合发布了《关于开展智能网联汽车"车路云一体化"应用试点工作的通知》，通知要求，通过选择相应城市和项目试点验证后，力争 2026 年搭建起统一共用的智能网联汽车"车路云一体化"标准体系，并于 2024 年 7 月 3 日公布了首批 20 个"车路云一体化"应用试点城市名单，大力推动以"聪明的车"＋"智慧的路"＋"强大的云"为途径的车路云一体化发展。

(二) 车路云一体化推动高速公路智慧化发展

虽然现在车路云一体化试点主要聚焦于城市交通场景，但车路云一体化的交通运行和管理思想，以及车路云一体化所带动的相关技术发展，必将为高速公路带来新的发展机遇，主要体现在：

① 高速公路通过开放自动驾驶专用道，为自动驾驶车辆提供协同感知、协同决策、协同控制服务，形成新的增值服务，带来新的收入增长点。如我国已经建成的京雄高速主线上已规划了 108 公里的自动驾驶专用车道，并部署了配套的智能感知和通信设备。如图 7-1 所示。

图 7-1　高速公路上设置的自动驾驶专用车道示意图

② C-V2X 车载通信终端的广泛搭载，可以革命性地解决高速公路管控措施和出行服务的用户触达问题，提升智慧高速的用户获得感。

③ 大幅减少因疲劳驾驶、违规行为、注意力不集中等人为因素导致的交通事故，提升道路安全性。

④ 基于车路协同、车车协同、车云协同，实现准全天候安全通行，缩短因恶劣天气导致的封路时间。

(三) 高速公路智慧化发展对高速公路机电系统的影响

新一代信息技术在高速公路建设和运行管理应用中的不断普及和深化，以及今后车路云一体化所带来的高速公路智慧化发展，必然会给高速公路机电系统的集成和维护带来不可避免的影响。主要包括：

① 车路云一体化，需要以道路自身基础设施状态的全面实时感知为基础，为此必须利用物联网技术，在高速公路沿线部署更为全面的交通状态感知系统。

② 车路协同以及进一步的车路云一体化，在增设高速公路沿线的状态感知和数据采集系统的同时，不仅要实现高速公路监控和收费系统内部的信息传输，而且要实现高速公路新增路侧设备与高速移动状态下车辆的相互通信。因此，必须进一步完善高速公路的通信系统，实现数字光纤数字系统、5G 移动通信网络、蜂窝汽车专用通信网络等多种形式的相互协同，才能有效满足高速公路智慧化应用场景下的通信需求。

③ 车路云一体化过程中，需要构建包括边缘云、区域云等不同层次的云端设施，这就需要在高速公路沿线增设相应的边缘计算设备，并在高速公路监控和管理中心构建区域云相关设备。云端设备将是以后高速公路机电系统中必须增加的一类机电设备。

④高速公路智慧化管理的一个重要基础，在于对高速公路交通相关的各种监控信息的智慧化处理和分析，大数据、云计算、人工智能等相关信息处理技术的应用，也必然要求在高速公路机电系统中，进一步增加相应的信息处理设备。高速公路信息分析与处理系统，将成为高速公路除传统的监控、收费、通信三大机电子系统之外的又一个重要子系统。

⑤ 高速公路智慧化发展，在对高速公路机电系统的集成构建提出更高要求的同时，各种新一代信息技术的发展和应用，也可为高速公路机电系统的维护提供新的思路和技术手段，在不断提高维护工作效率的同时，通过对机电系统工作状态的大数据分析，预判机电设备的故障状态，推动高速公路机电系统的维护从事后的故障维修，更多地转向事前的故障提早发现和及时预防，有效降低高速公路机电设备的故障发生率，提高机电设备的使用效益。

综上可见，高速公路交通智慧化发展，必将带来高速公路机电系统的优化和完善，有鉴于此，现在的高速公路机电系统，已经更多地被称为"高速公路智能交通系统工程"，以凸显高速公路机电系统的智能化发展趋势。

模块三 了解物联网技术在高速公路智慧化中的应用

一、物联网技术在交通设施状态采集中的应用

（一）交通设施状态是影响交通安全、高效运行的重要因素

在高速公路交通运行过程中，高速公路本身的路基、路面、边坡、桥梁、隧道以及道路沿线的门架、立杆、各种信息采集和发布设备等附属设施的状态，均会影响高速公路通行的安全和效率。

比如，2024 年 5 月 1 日梅大高速路面发生塌陷，造成 23 辆车陷落、52 人死亡的特别重大安全事故。再如 2024 年 7 月 19 日晚，G4015 丹宁高速水阳段山阳方向 K46＋200 处，柞水县杏坪镇严坪村二号桥局部发生单侧垮塌，造成坠河车辆 25 辆、死亡失踪 62 人的特别重大安全事故。如图 7-2、图 7-3 所示。

图 7-2 广东高速塌方事故

图 7-3 陕西高速桥梁塌方事故

两起特别重大交通安全事故的发生，一个共同的主要原因就在于：未能及时监测到天气变化所导致的道路路基和桥梁等道路设施本身状态的改变，因而未能及时向过往车辆发出相应的预警信息和采取相应的交通管制措施，从而造成巨大的人员生命和财产损失。其他高速公路也时常会发生道路设施损毁导致的重大安全事故。根据相关统计，将近 70％的高速公路交通事故与洪水、台风、强降水等自然灾害所导致的交通设施状态劣化密切相关，因此，

尽可能全面地感知周边环境变化和道路设施本身状态变化，是有效保障高速公路交通安全的重要举措。

（二）物联网技术提供了高速公路交通设施状态监测的高效手段

迅速发展并日渐成熟的物联网技术，为高速公路道路环境和设施状态监测提供了高效手段：通过在高速公路灾害易发路段部署相应的无线传感网，实时监测道路本身的路基、边坡、桥梁和其他道路设施状态，以及一定范围内的周边环境地质和水文信息，并将监测信息汇总后，结合当期气象信息，运用大数据和人工智能技术，进行梳理分析，即可有效监测道路设施的状态变化，并在危险状态发生前及时发出预警信息，使得相关部门能及时采取交通管制措施和对相关设施开展有效维护，从而避免重大安全事故的发生。

（三）物联网技术在高速公路设施监测中的应用案例

1. 采用物联网技术实现高速公路边坡监测

山区高速公路的边坡滑坡和落石，是引发高速公路安全事故的主要原因之一，采用物联网技术收集边坡的位移、形变、渗流等情况的数据，如图7-4所示，并进行深入分析，则可有效监测高速公路边坡状态变化，并给出及时预警，以便相关部门及时采取相关措施，减少高速公路安全事故的发生。

图 7-4　利用物联网技术实现高速公路边坡监测示意图

2. 采用物联网技术实现高速公路桥梁监测

桥梁是高速公路的重要组成部分，也是引发高速公路安全事故的一个重要原因。采用物联网技术，通过在桥梁部署相应传感器，采集桥梁安全相关的状态数据（如图7-5、图7-6所示），并对所采集数据进行梳理分析，即可实时监测桥梁状态的变化，有效预防因桥梁状态异常引发高速公路安全事故。

3. 采用物联网技术实现路基状态监测

高速公路的路基非正常沉降也可能引发交通安全事故。采用物联网技术布设相应的传感器，采集路基相关状态信息，则可监测路基状态的变化，以便及时开展路基病害整治，减少高速公路安全事故的发生。

图 7-5 利用物联网技术实现桥梁状态监测示意图

图 7-6 桥梁下安装的状态监测传感器

二、物联网技术在交通运行状态采集中的应用

在高速公路交通管理过程中,需要随时了解高速公路交通运行的相关状态,比如:路段车流量大小、车辆运行速度、有无交通事故等。物联网技术,为高速公路交通运行状态提供了高效的信息采集手段,比如通过在高速公路沿线安装视频摄像机和雷达设备,并构建相应的信息采集网络,就可以很好地实现相应路段的交通运行状态的信息采集。

(一)高速公路交通运行状态的雷视融合检测

在高速公路交通运行状态信息采集过程中,视频检测和雷达检测各有自己的优势和短板。

1. 视频检测方式的优势和不足

(1) 视频检测方式的优势

视频检测方式采集的信息直观、丰富,便于人工观看并对场景细节信息进行检测和识别,比如视频检测可对车牌、车辆类型、车身颜色、车牌颜色等特征进行识别,且检测区域较大,可检测多条车道。

(2) 视频检测方式的不足

视频检测易受光照变化以及雨、雪、风沙等天气因素的影响,检测可靠性有待提高。同时，视频检测方式由于需要获取车辆和驾驶人员的视频图像，容易造成隐私信息泄露的风险。

2. 雷达检测方式的优缺点

（1）雷达检测方式的优点

相对于视频检测，雷达检测方式在测距和测速方面有着更为良好的性能，在雨雪、大雾等恶劣环境条件下也能保持稳定，不易受环境影响；而相对于地磁检测方式，激光雷达还有着易于维护、性价比高的优点。同时，雷达检测方式能够更好地保护相关人员的隐私信息。

（2）雷达检测方式存在的不足

① 对静止或低速车辆的检测不够精准。

② 相对于视频检测，信息形式比较单一，难以对车辆目标的颜色、方向、车牌等特征进行高精度分辨。

高速公路交通的精细化监控和管理，对高速公路监控系统的信息检测的可靠性和精确性的要求日益提高，依靠单一的视觉检测或雷达检测手段，均难以很好地满足现实的信息检测需求。

那么，能否将雷达检测手段和视频检测手段有效融合起来，以发挥各自所长、克服各自存在的不足呢？

3. 雷视融合检测

经过相关科研人员的不懈努力，雷视融合技术应运而生，并在高速公路交通状态采集中得到日益广泛的应用。

所谓雷视融合技术，是指将雷达检测技术和视频检测技术有效融合，以提高信息检测可靠性和有效性的一种信息采集技术。雷视融合既包括了在硬件设备中将雷达设备和视频摄像机融为一体，即开发雷视一体机，也包括开发配套的能综合处理雷达检测信息和视频检测信息的配套软件。

（二）雷视融合检测在交通领域中的应用

现在已经有多家厂商开发了雷视一体机，并应用于实际的交通监控系统中。某公司开发的雷视一体机，如图 7-7 所示。

该雷视一体机在硬件结构、目标检测、数据处理、应用场景等多维度上深度融合，将 80GHz 毫米波雷达、高清 AI 摄像单元、LED 暖光灯等硬件设备融为一体，视频可覆盖 4

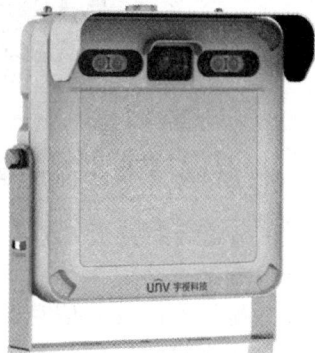

图 7-7　雷视一体机

车道，雷达可覆盖 12 车道，配合信息融合处理软件，可实现 250m 范围内、256 个目标同时检测，能够全天候高精准检测目标，广泛应用于数字道路、智能路口、全息隧道、盲区预警、超速提醒等场景。

模块四　了解大数据和人工智能技术在高速公路智慧化中的应用

一、高速公路数字化建设的推进为大数据技术应用提供坚实基础

推进包括高速公路建设和运行管理在内的交通数字化建设，是我国发展数字经济的重要

抓手，数字交通是我国数字经济发展的先行官。为此，我国交通运输部 2023 年 9 月专门发布了《关于推进公路数字化转型加快智慧公路建设发展的意见》，推动公路建设、养护、运营等全流程数字化转型，助力公路交通与产业链供应链深度融合，大力发展公路数字经济，为加快建设交通强国、科技强国、数字中国提供服务保障。而物联网技术在高速公路建设和运行管理中的广泛应用，则为高速公路的数字化提供了强大的技术助力。

高速公路前期信息化建设的长期积累，加之高速公路数字化的不断推进、高速公路信息采集网络的不断完善，使高速公路不但积累了大量历史性数据，更是每天都在产生海量的实时数据。高速公路领域的数据量正在爆发式增长，这为大数据分析与处理技术在高速公路领域中的应用，提供了坚实的数据基础。

二、大数据和人工智能技术为高速公路智慧化插上腾飞翅膀

有了海量数据的坚实基础，并通过引入大数据技术和人工智能技术，即可对相关数据进行大数据智能化分析，并将分析结果进行可视化呈现（如图 7-8 所示），从而为高速公路智慧化发展提供强大助力。

图 7-8　交通信息大数据分析结果可视化呈现

大数据技术和人工智能技术在高速公路领域已经得到了日益广泛的应用。具体如下。

（一）高速公路流量监测与预警

通过实时采集交通流量、车速和道路状况信息，并利用大数据和人工智能技术，对所采集的数据进行智能化分析，可以实时监控并预测重点路段交通流量的变化情况，如图 7-9 和图 7-10 所示，对可能产生的交通拥堵进行提前预警：一方面，可以通过车载广播和导航设备、高速公路沿线布置的信息发布系统，提醒车主提前避开可能拥堵路段；另一方面，提醒高速交通管理人员及时采取相应的交通管控措施，从而避免交通拥堵的形成和发展。

（二）助力高速公路交通运营效率提高

一方面，通过在线收集网站和车载导航中的用户导航路线信息，结合区域交通相关社会事件信息，对所收集信息进行大数据智能化分析，可以预测一定时间段内高速路段的交通需求。高速公路运行管理和维护单位，可以根据大数据分析结果，及时调整高速公路养护计划和交通管理措施，从而提高高速公路运营效率。

另一方面，承担道路客、货运输的单位，则可以通过对以前所积累的历史运营数据进行

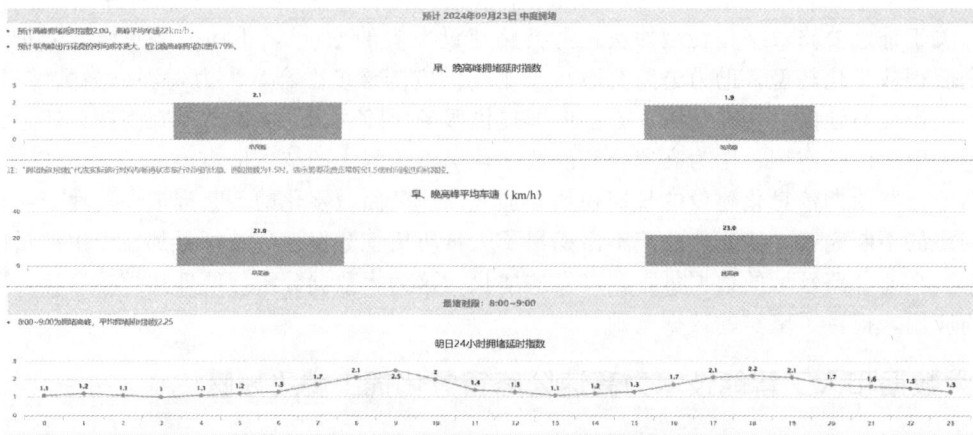

图 7-9　某导航软件利用大数据分析预测道路拥堵情况

图 7-10　车载导航显示高速公路拥堵提醒信息

大数据智能化分析，并结合所经高速公路的运行预警信息，更合理地分配运力和资源，更有效地规划和调度运输路线，从而降低运营成本，提高货物和人员的运输效率。

（三）提高高速公路交通运行的安全性

通过运用人工智能和大数据技术，对以往交通事故产生的原因进行智能化分析，可以梳理和发现高速公路事故发生的规律，以及导致事故的主要原因，进而采取相应措施，比如：

① 对以往事故原因的大数据分析结果显示：疲劳驾驶是导致高速公路交通事故的主要原因之一，可通过及时采取强制休息的管理措施，或者采用研发和安装车载疲劳提醒设备等技术措施，减少因疲劳驾驶导致的高速公路事故，从而提高高速公路交通运行的安全性。

② 对以往事故原因的大数据分析结果显示：恶劣天气是导致高速公路交通事故的主要原因之一，遭遇大雾、严重雨雪、风沙等恶劣天气时，高速交通管理部门可采取及时调整车辆限速、增设信息发布设备并及时发布提醒信息以提醒车辆谨慎驾驶，及时除去路面的积水和冰雪，甚至封闭高速路段等手段，以减少因恶劣天气而导致的高速交通事故。

③ 大数据分析显示，超速行驶也是高速公路交通事故的主要原因之一，高速公路管理部门可根据不同路段、不同情况下的通行条件，合理设置并及时调整高速路段的限速要求，同时加强对高速超速的监测和处罚，从而减少因超速导致的高速公路交通事故。

④ 通过引入大数据和人工智能技术，还可以对高速公路自身设施（路基、路面、桥梁、

隧道、边坡、机电系统）的工作状态进行大数据分析，找出相关设施工作状态变化的规律，明确需要重点监测的路段和设施类别。根据监测需求，强化技术监测和人工巡查，及时开展设施养护，从而尽可能减少路基塌方、边坡滑坡、桥梁坍塌、隧道事故等对高速公路交通的影响，提高高速公路交通运行的安全性。

模块五　了解车路协同技术对高速公路机电系统的影响

一、初步认识车路协同技术

（一）车辆协同技术简介

车路协同是指采用先进的无线通信和新一代互联网等技术，全方位实施车车、车路动态实时信息交互，并在全时空动态交通信息采集与融合的基础上开展车辆主动安全控制和道路协同管理，充分实现人车路的有效协同，保证交通安全，提高通行效率，从而形成的安全、高效和环保的道路交通技术。

（二）车路协同是实现车辆自动驾驶的一个主要路径

1. 车辆自动驾驶及其实现

随着汽车从电动化到智能化的不断发展，实现车辆在道路上的自动驾驶，成为了人们追求的主要目标和车辆发展的重要趋势。所谓车辆自动驾驶，是指在没有车上人员直接干预的情况下，车辆能够自动沿预先设定的路径安全、高效地行驶到目的地。

从实现过程来说，车辆自动驾驶的实现通常分为如下几个重要发展阶段，也被称为五个不同的自动驾驶级别。

（1）L1 辅助驾驶

这是自动驾驶的最低级别和最初级阶段，车辆主要依赖驾驶员的操控。在此阶段，车辆可能配备了一些辅助驾驶功能，如自适应巡航控制，可以自动调整车速以与前车保持安全距离，但驾驶员仍需双手操控方向盘，不能完全放手。

（2）L2 半自动驾驶

在 L2 级别，车辆可以在某些情况下自动完成部分驾驶任务，如车道保持、自动加速和减速等。然而，驾驶员仍需保持对车辆的持续监控，并准备在必要时接管驾驶任务。

（3）L3 高度自动驾驶

在 L3 级别，车辆可以在特定条件下实现高度自动驾驶，如高速公路上的自动驾驶。此时，驾驶员无需持续监控车辆，但系统可能要求驾驶员在某些紧急情况下接管驾驶任务。这要求驾驶员保持对车辆行驶状态的关注，以便在系统需要时及时响应。

（4）L4 更高级别的自动驾驶

L4 级别的自动驾驶系统可以在更广泛的场景下实现自动驾驶，包括城市道路和复杂交通环境。在这些场景下，系统可以完全控制车辆，而驾驶员则无需进行任何驾驶操作或监控。然而，L4 级别的自动驾驶技术仍处于研发和完善阶段，尚未实现大规模商业化应用。

（5）L5 最高级别的自动驾驶

L5 级别是自动驾驶技术的终极目标，也称为无人驾驶。在这一阶段，车辆将完全摆脱对人类驾驶员的依赖，能够在任何道路和环境条件下实现自主驾驶。驾驶员无需参与任何驾驶任务，车辆将完全依靠其智能驾驶系统来完成行驶任务。L5 级别的自动驾驶技术将为出行带来前所未有的便利性和安全性，但同时也面临着技术、法律和伦理等多方面的挑战。

2. 车辆自动驾驶的主要实现路径

从实现技术方面看，车辆自动驾驶有两种不同的公认实现路径：一是依靠单车智能的实现路径，另一个是通过车路协同的实现路径。

（1）依靠单车智能的实现路径

该实现路径依靠车辆自身的高度智能化来实现车辆的自动驾驶。基本思想是通过在车辆上安装多种传感器，感知车辆周边的环境，从而使车辆能够根据自身对外部行驶环境的全面感知，自主调整自身行驶状态，从而实现车辆的自动驾驶。如图 7-11 所示。

图 7-11　能够实现自主行驶的车辆

依靠单车智能实现车辆自动驾驶的优势在于：不需要对现有道路设施进行改造，道路适应范围广泛，特别适合基建能力不强、大规模道路改造相对困难的国家和地区。西方国家大都选择单车智能的路径推动车辆自动驾驶技术发展。

依靠单车智能实现车辆自动驾驶也存在较大的不足，主要包括：

① 单车成本较高。基于单车智能的自动驾驶需要在车辆上安装较多的传感器，并需要为车辆配备信息处理能力较强的车载计算机，从而造成单车制造成本过高，车辆价格昂贵。

② 安全性难以可靠保证。由于车辆自身高度有限、传感器自身可靠性和周边环境遮挡等方面因素的存在，依靠车辆自身的传感器，不可避免地存在信息感知盲区，从而给车辆安全行驶带来较大隐患，并影响车辆的行驶效率。如图 7-12 所示。

（2）通过车路协同的实现路径

车路协同路径在车辆自身具备较高智能的基础上，对道路设施进行智能化改造，增加路侧感知和信息处理设备，感知路面状况和周边环境信息，通过车路之间的实时信息交互和协同，实现车辆的自动驾驶。如图 7-13 所示。

相对于依靠单车智能实现路径，车路协同路径的优势主要在于：

图 7-12　传感器自身可靠性缺陷导致
自动驾驶车辆事故

① 能够通过车路之间的信息交互和相互协同，有效弥补车辆自身信息感知存在的不足。

② 便于实现交通的智慧化管理，更好地保障交通安全，并提高交通运行效率。

图 7-13　车路协同示意图

车路协同路径存在的不足主要在于：

①需要对道路设施进行智能化改造，在道路里程长、环境复杂多样的情况下，需要投入的资金量巨大，且回报周期漫长。

②大范围道路设施智能化的实现，需要较强的基建能力和政府推动能力。

考虑到我国强大的基础设施建设能力，和"集中力量办大事"的制度优势，我国车辆自动驾驶的实现主要选择车路协同路径，并进一步发展为"车路云一体化"。我们国家已经于 2024 年 7 月开始在全国范围内开展较大规模的车路云一体化试点工作，相信必将快速推动我国车辆自动驾驶技术的发展和普及。

二、车路协同技术对高速公路机电系统的影响

车路协同的实现需要完成一系列道路设施的改造和升级，主要包括：

（1）布设完善的智能感知设备

实现高速公路场景的车路协同，首先需要在高速公路沿线布设一系列信息感知设备，以便感知高速公路交通的相关信息。主要包括：

① 视频采集设备。安装高清、智能摄像头以捕捉高速公路设施自身情况、路面车辆行为和交通异常事件的发生。

② 雷达设备。在普通路段安装毫米波雷达，以用于全天候、全时段监测道路上车辆的行驶速度和位置。在重点路段安装激光雷达，以实现大范围、高精度交通状态感知。

③ 其他传感器。如气象传感器、路面结冰传感器、桥梁状态监测传感器以及高速公路隧道相关的光照度传感器、CO 浓度探测和火灾报警传感器等，以实现道路设施状态的信息感知。

（2）布设路侧通信单元（RSU）

车路协同的实现，需要道路和车辆之间实现信息的实时交互，因此需要部署路侧单元（road side unit，简称 RSU，见图 7-14），负责将车辆自动驾驶需要的各种道路信息和交通管理信息发送给一定范围内的车辆，并接收一定范围内自动驾驶车辆所发送的相关信息，以便实现智能化交通管理。

（3）布设边缘计算单元（MEC/RSCU）

在高速公路沿线或关键位置部署边缘计算单元（图 7-15），进行一定范围内的道路和车

图 7-14 某公司研发的车路协同路侧单元（RSU）设备

辆信息的本地化处理和分析，以便降低云端处理压力，并减少信息传输时延。部署边缘计算单元能够快速响应车辆和道路基础设施的实时需求，提供更精准、更快速的服务。

图 7-15 边缘计算单元

（4）完善信息传输网络

车路协同的实现，还需要不断完善高速公路信息传输网络，以实现道路路侧单元、边缘计算单元和交通信息中心之间的信息传输。大规模车辆自动驾驶的实现，使得高速公路交通将有海量的信息需要进行实时、高效传输，因此需要对现有信息传输网络进行扩容和升级改造。高速公路信息传输网络通常采用光纤传输网络，或者采用公用移动通信网络（比如 5G 或者 6G 移动通信网络）。

（5）构建智能信号控制系统

必须升级或新建高速公路智能信号控制系统，根据实时交通流数据和车辆行驶状态，动态调整路段限速以及其他高速公路交通管理措施，优化交通流量和减少拥堵。

（6）搭建智能交通管理平台

搭建和完善智能交通管理平台，对车路协同系统的各类设施进行集中管理和监控。通过平台实现数据收集、分析、处理和可视化展示，为交通管理和决策提供科学依据。

（7）增强网络信息和数据安全系统

加强网络安全和数据保护措施，确保车路协同系统中数据传输、存储和处理过程的安全性。采用加密技术、防火墙等安全措施，防止数据泄露和非法访问。

上述各种相关设备和系统的完善，需要安装大量的设备和敷设相应的光纤传输线路，并需要在后期运营过程中，安排专门技术人员负责相关设备的运行管理和日常维护工作。

自测练习

在线测试

一、单项选择题

1. 新一代信息技术中能够用于交通信息高效采集的技术是（　　）。

A. 大数据技术　　　B. 人工智能技术　　C. 物联网技术　　　D. 云计算技术

2. 新一代信息技术中可用于交通监控信息传输的是（　　　）。

A. 5G 移动通信技术　　　　　　　　B. 大数据分析技术

C. 云计算技术　　　　　　　　　　D. 人工智能技术

二、多项选择题

1. 通常认为新一代信息技术具体包括（　　　）。

A. 物联网技术　　　　　　　　　　B. 大数据技术

C. 云计算技术　　　　　　　　　　D. 人工智能技术

E. 5G 移动通信技术

2. 通过采用新一代信息技术，可以实现交通信息的（　　　）。

A. 高效自动采集　　　　　　　　　B. 可靠传输

C. 设备自动控制　　　　　　　　　D. 智能化处理

3. 采用物联网技术可以实现高速公路交通相关的（　　　）。

A. 道路边坡状态监测　　　　　　　B. 桥梁运行状态监测

C. 路面异常事件监测　　　　　　　D. 路基状态监测

4. 应用大数据和人工智能技术可以实现（　　　）。

A. 高速公路流量监测与预警　　　　B. 助力交通运营效率提高

C. 提高高速公路交通安全　　　　　D. 全系统无人化操作

5. 相对于基于单车智能的车辆自动驾驶，基于车-路协同技术的自动驾驶主要优势在于（　　　）。

A. 可以提高车辆自动驾驶的安全性

B. 可以更全面地收集高速公路交通运行的相关信息

C. 可以更好地实现高速公路交通的智慧化管理

D. 可以提高车辆自身的智能化水平

三、判断题

1. 车路云一体化发展必将促进高速公路机电系统的智慧化发展。　　　　　　　（　　　）

2. 高速公路交通的车路云一体化实现，需要增加高速公路沿线的边缘计算设备。

（　　　）

3. 应用新一代信息技术，可以提高高速公路机电系统的维护效率和高速公路机电系统运行的可靠性。　　　　　　　　　　　　　　　　　　　　　　　　　　　（　　　）

4. 主流的车辆自动驾驶技术可以分为基于单车智能的车辆自动驾驶和基于车路协同的自动驾驶两大类。　　　　　　　　　　　　　　　　　　　　　　　　　　　（　　　）

5. 采用车路协同技术可以更好地实现车辆自动驾驶。　　　　　　　　　　　（　　　）

四、简答题

1. 新一代信息技术主要包括哪些具体的技术？

2. 高速公路交通车-路协同车辆自动驾驶的实现，需要高速公路机电系统做出哪些方面的调整和完善？

参考文献

［1］ 杨仁钊，王晓春.国内智慧高速建设研究综述［J］.上海公路，2024，（02）：120-126，257.

［2］ 徐晓亮，秦通，王学凯.国外高速公路路衍经济发展的经验及启示［J］.运输经理世界，2023（06）：59-61.

［3］ 朱烨宁，周贤宏，丁骁楠，等.杭宁高速公路智慧化升级实践与展望［J］.中国交通信息化，2024（09）：28-30，34.DOI：10.13439/j.cnki.itsc.2024.09.003.

［4］ 储诚赟，程伟，于江浩.智慧高速公路建设技术现状综述［J］.中国交通信息化，2023（08）：26-28.DOI：10.13439/j.cnki.itsc.2023.08.002.

［5］ 张呈奕，邵楚薇.智慧高速公路建设运行实践与思考——以杭绍台高速为例［J］.运输经理世界，2024（28）：65-67.

［6］ 杨志伟，林晓辉.高速公路机电系统集成与维护［M］.北京：人民交通出版社，2014.

［7］ 闫晓茹，王华，蒋永林.高速公路机电系统集成与应用［M］.北京：人民交通出版社，2023.

［8］ JT/T 489—2019，收费公路车辆通行费车型分类［S］.

［9］ JTG 6310—2022，收费公路联网收费技术标准［S］.

［10］ DB11/T 1165.1—2015，收费公路联网收费系统　第1部分：系统构成及硬件技术要求［S］.